Stimmen zum Buch

»In den zurückliegenden acht Jahren war *Lean UX* meine erste Empfehlung für Teams, die gemeinsam an der Gestaltung großartiger Nutzererfahrungen arbeiten wollen. Diese aktuelle Auflage geht noch einen Schritt weiter, indem sie die Erkenntnisse in einem leicht verständlichen Format und anhand von Beispielen aus der Praxis vertieft. Dies ist eine Pflichtlektüre für jedes moderne Produktentwicklungsteam.«

Melissa Perri

CEO, Produx Labs, Senior Lecturer,
Harvard Business School

»*Lean UX* hat meine Karriere stark beeinflusst, und ich war begeistert von der neuesten Auflage. Jeff und Josh entwickeln ihre Ideen weiter und setzen sie in die Praxis um.«

David J. Bland

Autor von Testing Business Ideas

»Was Siskel und Ebert für US-amerikanische Filmkritik sind, das sind Gothelf und Seiden für den digitalen Transformationsprozess großer Unternehmen. Aufgrund ihrer geballten Branchenerfahrung, die vom agilen Tech-Start-up bis zum Jahrhundertunternehmen reicht, ist das Buch erfrischenderweise eher eine Anleitung von echten Praktikern, wie Sie Ihre Probleme tatsächlich in den Griff bekommen, als das neueste Wundermittelchen eines Schreibtisch-Agilisten.«

John Maeda

SVP Chief Experience Officer bei Everbridge

»*Lean UX* hat die Software-Entwicklung für immer verändert ... zum Besseren. Es zeigt Produktentwicklern, wie sie gemeinsam mit ihren Kunden designen und mit deren Wachstum Schritt halten, und dadurch hat *Lean UX* eine neue Produktgeneration ermöglicht, die nicht nur gut aussieht, sondern tatsächlich richtig gut ist.«

Christina Wodtke

Dozentin, Stanford Computer Science Department,
und Autorin von Radical Focus

»Mit der neuesten Auflage von Lean UX zeigen Jeff und Josh einmal mehr, warum sie seit über einem Jahrzehnt zu den Vordenkern im Designsektor gehören. Dieses Buch ist ein zeitloser Klassiker, der im Regal eines jeden Designers stehen sollte.«

Teresa Torres

Autorin von Continuous Discovery Habits

»Jeff und Josh haben das maßgebliche Buch über die Verknüpfung von UX-Design mit anderen Aspekten der Produktentwicklung geschrieben, einschließlich agiler Frameworks wie Scrum. In dieser Auflage haben sie den Stil und die praktischen Ideen rund um die kollaborative Natur dieser Aufgabe noch einmal vertieft – es ist offensichtlich, dass die Autoren umfangreiche praktische Erfahrungen mit dem Aufbrechen von funktionalen Silos und auf Hand-offs basierenden Workflows gesammelt haben.«

Gary Pedretti

Scrum-Trainer und Gründer von Sodoto Solutions

Lean UX

Jeff Gothelf unterstützt Unternehmen bei der Entwicklung besserer Produkte und Führungskräfte bei der Entwicklung einer Kultur, die bessere Produkte hervorbringt. Er begann als Software-Designer und arbeitet heute als Coach, Berater und Keynote-Speaker, der Unternehmen dabei hilft, die Lücken zwischen geschäftlicher Agilität, digitaler Transformation, Produktmanagement und menschenzentriertem Design zu schließen.

Josh Seiden ist Designer, Autor und Coach. Er hilft Teams dabei, echte Probleme für Kunden zu lösen und Mehrwert für Unternehmen zu schaffen. Als Coach hilft er Teams, ihre Arbeitsweise zu verbessern, eine effektivere Zusammenarbeit aufzubauen und die Reise der Produktentwicklung zu genießen.

3. AUFLAGE

Lean UX

Mit agilen Teams erfolgreiche Produkte designen

Jeff Gothelf & Josh Seiden

Deutsche Übersetzung von
Isolde Kommer & Christoph Kommer

O'REILLY®

Jeff Gothelf, Josh Seiden

Lektorat: Sandra Bollenbacher
Übersetzung: Isolde Kommer, Christoph Kommer
Copy-Editing: Petra Heubach-Erdmann, Düsseldorf
Satz: III-satz, *www.drei-satz.de*
Herstellung: Stefanie Weidner
Umschlaggestaltung: Michael Oréal, *www.oreal.de*
Druck und Bindung: mediaprint solutions GmbH, 33100 Paderborn

Bibliografische Information der Deutschen Nationalbibliothek
Die Deutsche Nationalbibliothek verzeichnet diese Publikation in der Deutschen Nationalbibliografie; detaillierte bibliografische Daten sind im Internet über *http://dnb.d-nb.de* abrufbar.

ISBN:
Print 978-3-96009-198-1
PDF 978-3-96010-688-3
ePub 978-3-96010-689-0
mobi 978-3-96010-690-6

3. Auflage 2022

Wieblinger Weg 17
69123 Heidelberg

Authorized German translation of the English edition of *Lean UX, 3E*

Hinweis:
Dieses Buch wurde auf PEFC-zertifiziertem Papier aus nachhaltiger Waldwirtschaft gedruckt. Der Umwelt zuliebe verzichten wir zusätzlich auf die Einschweißfolie.

PEFC zertifiziert
Das Papier für dieses Buch stammt aus nachhaltig bewirtschafteten Wäldern und kontrollierten Quellen.
PEFC/04-31-0810 www.pefc.de

Schreiben Sie uns:
Falls Sie Anregungen, Wünsche und Kommentare haben, lassen Sie es uns wissen:
kommentar@oreilly.de

5 4 3 2 1 0

Für Carrie, Grace und Sophie

... und Vicky, Naomi, Amanda und Joey

Inhaltsverzeichnis

Geleitworte

Mit der Lektüre von *Lean UX* begeben Sie sich auf eine Entdeckungsreise durch eine neue Arbeitswelt. Wenn Sie bereits mit traditionellen Managementtechniken vertraut sind, mag diese ein wenig verwirrend wirken. Manchmal stelle ich mir gerne vor, wie es wäre, das typische moderne Unternehmen aus der Vogelperspektive zu betrachten. Von oben könnten Sie jeden Silo der funktionalen Kompetenz einzeln beobachten: Marketing, Betrieb, Fertigung, IT, Technik, Design und so weiter – alle in ordentlichen, gut geführten Silos.

Stellen wir uns vor, Sie würden den Deckel von einem dieser Silos abnehmen, um ins Innere zu schauen. Was würden Sie sehen? Da es sich um ein modernes Unternehmen handelt, würden Sie erkennen, dass jeder Silo auf maximale Effizienz getrimmt ist. Deshalb würden Sie wahrscheinlich einen stark iterativen, kundenorientierten Ansatz zur Problemlösung vorfinden. In der Fertigung würden Sie auf das traditionelle Lean-Denken stoßen, in der Technik oder IT vielleicht eine Variante der agilen Entwicklung vorfinden. Im Marketing das Customer Development. Im operativen Bereich DevOps. Und im Design natürlich die aktuellen Design-Thinking-, Interaktionsdesign- und Nutzerforschungstechniken.

Zurück auf unserem Aussichtspunkt würden wir denken: »Dieses Unternehmen wendet zahlreiche stringente, hypothesengesteuerte, kundenorientierte und iterative Methoden an. Sicherlich ist es äußerst agil, kann schnell auf veränderte Marktbedingungen reagieren und kontinuierlich Innovationen auf den Markt bringen!« Wenn Sie in einem modernen Unternehmen arbeiten, wissen Sie jedoch, wie weitab dies von der Realität ist.

Wie kann es sein, dass unsere Fachbereich-Silos agil arbeiten, unsere Unternehmen aber hoffnungslos starr und langsam sind? Von unserem Aussichtspunkt aus haben wir etwas Wesentliches übersehen. Die Abteilungen legen zwar Wert auf Agilität, aber die Verbindungen zwischen ihnen verharren in einer antiquierten industriellen Vergangenheit.

Nehmen wir nur ein Beispiel, das Ihnen hoffentlich bekannt vorkommt. Ein Unternehmen beschließt, dass es innovativ sein muss, um zu überleben. Es beauftragt ein (internes oder externes) Designteam damit, die Branche zu untersuchen und innovative neue Produkte zu empfehlen, die die Zukunft sichern könnten. Eine aufregende Zeit bricht an. Kunden werden interviewt, beobachtet, analysiert. Experimente, Umfragen, Fokusgruppen, Prototypen und Smoke-Tests folgen aufeinander. In schneller Folge werden Konzepte entworfen, getestet, verworfen und optimiert.

Und was passiert am Ende? Die Designer präsentieren mit Stolz – und das Unternehmen feiert begeistert – eine umfangreiche Spezifikation mit Ergebnissen und Empfehlungen. Iterationen, Experimente und Erkundungen nehmen ein Ende. Jetzt ist die Entwicklung gefordert, diesen Plan umzusetzen. Und auch wenn der Entwicklungsprozess agil sein mag, das Spezifikationsdokument ist es nicht – es ist starr. Was passiert, wenn die Softwareingenieure feststellen, dass die Spezifikation nicht umsetzbar oder sogar fehlerhaft ist? Wenn die Konzepte im Labor gut funktioniert haben, aber kommerziell nicht attraktiv sind? Wenn sich die Marktbedingungen seit dem ursprünglichen »Lernprozess« geändert haben?

Ich beriet einmal ein Unternehmen, das zu horrenden Kosten eine Mehrjahresstudie über die Entwicklung seiner Branche in Auftrag gegeben hatte. Das Ergebnis war eine beeindruckende Präsentation mit einem »Blick in die Zukunft«, die extra in der Unternehmenszentrale ausgestellt wurde. Der Ausstellungsraum zeigte eine Prognose, wie die nächsten 10 Jahre in der Branche aussehen würden, komplett mit funktionierenden Demos von futuristischen Produktkonzepten. Sie denken sich schon, was in den folgenden 10 Jahren geschah: absolut nichts. Das Unternehmen schleuste Hunderte oder Tausende von Führungskräften, Managern und Mitarbeitenden durch diesen Blick in die Zukunft. Und tatsächlich: 10 Jahre später sieht der Raum nicht mehr futuristisch aus. Entgegen allen Erwartungen erwiesen sich die Prognosen als weitgehend zutreffend. Und doch hatte das Unternehmen es versäumt, auch nur eine einzige Empfehlung aus dem zugehörigen Lastenheft zu vermarkten. Also fragte ich nach, was das Unternehmen als Nächstes zu tun gedenke. Sie erklärten mir, dass sie die damaligen Designer der Präsentation erneut bitten würden, eine Prognose für die nächsten 10 Jahre zu erstellen! Das Unternehmen gab den Ingenieuren und Managern, nicht den Designern, die Schuld an der nicht stattgefundenen Umsetzung.

Wenn ich diese Geschichte Nicht-Designern erzähle, sind sie entsetzt und wollen mir weismachen, dass die angesagte Designagentur schuld ist. Wenn ich sie Führungskräften erzähle – sowohl in großen Firmen als auch in Start-ups –, zucken sie zusammen. Sie werden ständig mit Beschwerden aus jeder einzelnen Unternehmensfunktion überschwemmt, dass sie schnell und innovativ seien, aber die anderen Abteilungen das Unternehmen ausbremsen würden. Wenn es dem Unternehmen als Ganzem nicht gelingt, neue Wachstumsfelder zu erschließen, gibt es jede Menge Schuldzuweisungen zu verteilen.

Aber der Fehler liegt nicht bei den Designern, den Ingenieuren oder gar den Führungskräften. Das Problem ist das System, nach dem unsere Unternehmen aufgebaut sind. Wir bauen nach wie vor lineare Organisationen in einer Welt auf, die ständige Veränderungen verlangt. Wir bauen nach wie vor Silos in einer Welt, die eine umfassende Zusammenarbeit erfordert. Und wir investieren nach wie vor in Analysen, streiten über Spezifikationen und produzieren Deliverables in einer Welt, die ständiges Experimentieren erfordert, um kontinuierliche Innovation zu erreichen.

Als dieses Buch 2012 zum ersten Mal erschien, stand Lean Startup noch in den Kinderschuhen. Inzwischen ist es fünfzehn Jahre her, dass ich begonnen habe, über dieses damals sehr neue Konzept zu schreiben und zu referieren, und 2021 ist auch der zehnte Jahrestag der Veröffentlichung von *The Lean Startup: How's Today's Entrepreneurs Use Continuous Innovation to Achieve Radically Successful Businesses* (Crown Business, 2011). In dieser Zeit habe ich erlebt, wie Ideen wachsen und sich verbreiten – von Branche zu Branche, von Fachgebiet zu Fachgebiet, von Abteilung zu Abteilung. Jedes Mal, wenn wir auf neues Terrain gestoßen sind, haben uns weitsichtige Führungskräfte geholfen, die Kernprinzipien zu übersetzen und neue Umsetzungen zu entwickeln. Wir haben enorm viel darüber gelernt, wie Lean Startup genutzt werden kann, und Anwenderinnen und Anwender auf der ganzen Welt haben neue Instrumente und Methoden beigesteuert.

Lean UX ist ein wichtiger Schritt in dieser Entwicklung. Und dank des Engagements von Jeff Gothelf und Josh Seiden, Lean UX weiterzuentwickeln, baut diese neue Auflage auf dem bereits umfassenden Einblick in die Anwendung der Lean-Startup-Prinzipien im Designumfeld auf. Die darin vorgestellten Werkzeuge und Techniken für eine bessere Zusammenarbeit, eine schnellere Bereitstellung und – was am wichtigsten ist – entscheidend verbesserte Produkte wurden um neuere Elemente wie das Lean UX Canvas und die Hypothesenpriorisierungsmatrix erweitert. Es gibt auch zusätzliche Informationen über das Verhältnis zwischen Lean UX und Story Mapping sowie über Design Sprints.

Lean Startup ist ein weites Feld. Es baut auf bewährten Ideen aus vielen Disziplinen auf, von der Lean Production bis hin zum Design Thinking. Es schenkt uns ein gemeinsames Vokabular und gibt uns eine Reihe von Konzepten an die Hand, mit denen wir im gesamten Unternehmen schneller Ergebnisse erzielen. Wir müssen keine Zeit mehr mit Schuldzuweisungen und Machtgerangel zwischen den Abteilungen verschwenden.

Lassen Sie uns alle Jeffs Aufruf beherzigen, aus dem Geschäft mit den Deliverables auszusteigen und uns auf das Wesentliche zu konzentrieren, indem wir das ganze Unternehmen für seine dringendste Aufgabe in die Pflicht nehmen: Kunden zu begeistern.

Brechen wir die Silos auf, vereinigen wir die Clans und machen wir uns an die Arbeit.

Eric Ries
28. Juli 2021
San Francisco, Kalifornien

Diese Auflage von Lean UX ist ein zeitgemäßer Beitrag zur sich entwickelnden Welt von Design, Unternehmertum und Innovation. Noch vor zehn Jahren mussten wir im Rahmen unserer Unternehmensberatung Führungskräfte vom Wert über ihr Kerngeschäft hinausreichender Innovationen überzeugen. Diese Debatte hat sich inzwischen weitgehend erledigt. Heutige Führungskräfte sind davon überzeugt, dass Innovation der beste Weg ist, um das langfristige Wachstum ihres Unternehmens zu fördern.

Zwar erkennen sie inzwischen den Wert von Innovationen, aber es bleibt eine weitere Herausforderung. Nur sehr wenige Führungskräfte sind mit der Innovationsleistung ihres Unternehmens zufrieden. Offensichtlich unterliegt ein großer Teil der Arbeit von Innovationsteams keineswegs einem wiederholbaren Prozess. Die folgende Frage stellen uns Führungskräfte immer wieder: Welche Strukturen und Prozesse müssen wir schaffen, um wiederholt Innovationen durchführen zu können?

Aus diesem Grund ist diese Auflage von *Lean UX* so zeitgemäß. Wir sind der Überzeugung, dass Innovation ein Beruf ist, und nicht nur eine Berufung für einige wenige Auserwählte. Um die Innovation zu professionalisieren, müssen wir geeignete Werkzeuge und Verfahren entwickeln, die die Innovatoren bei ihrer täglichen Arbeit einsetzen können. Wenn sie lernen, mit diesen Werkzeugen umzugehen, werden sie in der Lage sein, immer wieder neuen Nutzen für ihr Unternehmen zu schaffen. Dies ist der bleibende Beitrag, den *Lean UX* leistet.

Auch nach der Veröffentlichung der ersten Auflage von *Lean UX* ist die größte Lüge in der Software- und Produktentwicklung immer noch die Phase zwei. Die Idee ist, dass die Teams alles umsetzen dürfen, was sie auf ihrer Roadmap haben, und sich dann nach der Markteinführung (d. h. in der zweiten Version des Produkts) um alle Kundenprobleme kümmern. Das Problem ist, dass es nie zu Phase zwei kommt und mangelhafte Produkte auf dem Markt verbleiben. Wahrscheinlich ist genau das der Grund, warum 7 von 10 Produkteinführungen scheitern.

Wie können wir diese Problematik also angehen? Zunächst brauchen wir Werkzeuge, die dem Wesen der Innovation entsprechen. *Lean UX* basiert auf der Erkenntnis, dass Innovation keine technologische oder organisatorische Aufgabe ist. Die Teams sind vielmehr gefordert, nach Wertversprechen zu suchen, die bei den Kunden Anklang finden, und nach Geschäftsmodellen, die rentabel sind.

Diese Suche erfordert, dass die Teams mit Komplexität und Unsicherheiten zurechtkommen. Sie ist nicht linear und basiert nicht auf einfachen Ursachen und Wirkungen.

Lean UX bietet Teams einen Weg, sich in dieser komplexen Welt zurechtzufinden, iterativ und kreativ durch die trüben Gewässer der Innovation zu steuern, bis sie etwas gefunden haben, das tatsächlich funktioniert.

Wir arbeiteten einmal mit einer Führungskraft, die ihre Teams immer wieder aufforderte, ihr 10 Ideen zu liefern. Wir versuchten, die Führungskraft sanft zu überzeugen, dass es für sie und ihr Team unmöglich sei, am ersten Tag 10 Ideen zu entwickeln. Führungskräfte können keine zündenden Ideen herbeizaubern; sie können nur den Rahmen schaffen, in dem sich diese entwickeln können. Mithilfe des in *Lean UX* beschriebenen Prozesses können Teams gemeinsam ihre Geschäftsideen in kurzer Zeit skizzieren und testen. Die besten Ideen entstehen aus diesen Tests und Iterationen. Von der Idee bis zum Design, den Tests und der Markteinführung ist es ein weiter Weg. Diese Aufgaben erfordern eine interdisziplinäre Zusammenarbeit. Die Schwierigkeit besteht darin, dass in vielen Unternehmen immer noch Silos und Hand-offs die Möglichkeiten der Teams zur Zusammenarbeit einschränken.

Wir haben mit verschiedenen Organisationen zusammengearbeitet, in denen Innovationsteams für die Durchführung von Experimenten die Genehmigung der Rechtsabteilung und der Compliance-Abteilung einholen müssen. In einer solchen Organisation dauerte es über zwei Monate, bis ein einfaches Wizard-of-Oz-Experiment genehmigt wurde. *Lean UX* beschreibt praktische Möglichkeiten zur Überwindung solcher Innovationshindernisse.

Auch nach der Produkteinführung hilft die in Lean UX beschriebene Denkweise den Teams, weiter zu skizzieren und zu testen. Es ist wichtig, dass die Teams die Markteinführung eines Produkts nicht als Projektende betrachten. Es ist wichtig, dass sie ihr Angebot mithilfe von Lean-UX-Methoden weiter verbessern. Es ist wichtig, sich immer daran zu erinnern, dass es Unternehmen nicht darum geht, Produkte zu liefern, sondern Kunden zu begeistern!

Wir hoffen, dass Sie dieses wunderbare Buch nicht nur mit Vergnügen lesen, sondern dass die Erkenntnisse auch in Ihre tägliche Arbeit einfließen werden.

Alex Osterwalder
30. Mai 2021
Lausanne, Schweiz

Tendayi Viki
30. Mai 2021
Harare, Simbabwe

Danksagungen

Als wir die dritte Auflage dieses Buchs planten, wurde uns bewusst, dass der Einfluss einer immer vielfältigeren Gruppe von Praktikern, Autoren, Coaches und Beratern zum Wachstum und zur Weiterentwicklung von Lean UX beitragen hat, sodass Lean UX den sich ändernden Anforderungen von Softwaredesign und -entwicklung stets gerecht werden kann. Wir wollten uns einen Moment Zeit nehmen, ihnen zu danken.

Wir lernen kontinuierlich von Kollegen und Weggefährten, die ihr Wissen und ihr Feedback mit uns teilen, darunter Tendayi Viki, Teresa Torres, Melissa Perri, Hope Gurion, Barry O'Reilly, Sam McAfee, Andy Polaine, David Bland, Andi Plantenberg, Jonathan Bertfield, Kate Leto, Daniel Stillman, Beth Temple, Jocelyn Miller, Bob Gower, David Bland, Douglas Ferguson, Martina Hodges-Schell, Erin Stadler, Jeff Patton, Petra Wille, Janet Bumpas, Jonathan Berger und Adrian Howard. Unsere Konzepte basieren auf ihren Ideen und denen unserer Kunden.

Wie immer möchten wir uns bei den vielen Menschen bedanken, die Material, Geschichten, Recherchehinweise, Tweets, Know-how und emotionale Unterstützung zu diesem Buch beigetragen haben. Insbesondere danken wir Andrew Bourne, Ike Breed, Steven Cohn, Regine Gilbert, Victor M. Gonzalez, Zach Gottlieb, Jamila Isoke, Liz Laub, Jon Loyens, Dan Maccarone, Jono Mallanyk, Lin Nie, Greg Petroff, Steve Portigal, Leisa Reichelt, Delphine Sassi, Alexander Schardt, Kristin Skinner, Erik Skogsberg, Jessica Tiao, Kate Towsey, Ben Walker, Rosie Webster und Lee Weiss.

Wir danken dem Team von Scrum, darunter Dave West. Steve Porter, Erik Weber und Gary Pedretti, sowie allen Scrum-Trainern, die wir dort kennengelernt und die uns geholfen haben, unsere Arbeit der Scrum-Community vorzustellen und unser Verständnis für deren Bedürfnisse zu schärfen.

Wir danken Eric Ries für die kontinuierliche Unterstützung von Lean UX und der anderen Autoren und Titeln der Lean-Reihe sowie Melissa Duffield, Angela Rufino, Mary Treseler und Jennifer Pollock von O'Reilly, die den fortlaufenden Erfolg dieses Buchs weiterhin möglich machen.

Schließlich wäre es nachlässig, wenn wir nicht den Mitgliedern der Arbeitsgruppe Balanced Team danken würden, in der wir vor vielen Jahren mit der Ausarbeitung unserer Ideen begonnen haben. Wir danken Lane Goldstone dafür, dass sie der Katalysator und die treibende Kraft bei der Zusammenstellung dieser Gruppe war und so viele wunderbare Menschen zusammengebracht hat. Insbesondere sind wir Janice Fraser zu Dank verpflichtet, die uns zum ersten Mal mit den Ideen von Lean Startup bekannt gemacht und die den Begriff »Lean UX« geprägt hat.

Danksagung von Jeff

Während unsere Partnerschaft in ihr zweites Jahrzehnt geht, betrachte ich Josh weiterhin als Freund, Kollegen und immer logisch klingenden Resonanzboden. Die Umsetzung unserer Ideen hat sich gegenüber den frühen Tagen geändert, aber da sich die Anforderungen des Markts und die Realitäten der Welt ebenfalls verändert haben, versuchen wir weiter gemeinsam, neue Wege zu finden, die Arbeitsprozesse in der Unternehmenswelt zu verbessern. Dafür bin ich dankbar – und für Joshs unermüdliches Streben nach perfektem hausgemachtem Sauerteig und Corned Beef.

Natürlich geht das alles nicht ohne die Unterstützung und Liebe der Familie. Carrie, Grace und Sophie unterstützen immer noch meine Arbeit, meine Autorentätigkeit und meine schlechten Witze. Mehr kann ich mir nicht wünschen. Ich liebe euch alle. Danke.

Danksagung von Josh

In diesem Buch beschreiben Jeff und ich einen Arbeitsstil, der stark auf Zusammenarbeit ausgerichtet ist. Das ist mein bevorzugter Arbeitsstil – ich habe immer das Gefühl, dass ich im Team mehr lerne und effektiver bin. Was immer ich zu diesem Buch beitragen konnte, ist das Ergebnis der fantastischen Zusammenarbeit, von der meine Karriere geprägt war. Sie alle wissen, wen ich meine. Ich bin Ihnen allen sehr dankbar.

Es gibt jedoch eine Kollaboration, die ich besonders hervorheben muss: Es war mir eine große Freude, wieder mit Jeff zusammenzuarbeiten. Jeff bringt so viel in unsere Partnerschaft ein, was ich nicht kann – unter anderem Optimismus bei Deadlines, kühne Ziele und unermüdliche Überzeugungsarbeit. Er ist ein kluger, fleißiger und uneitler Partner. Witzig ist er allerdings nicht. Wenn Witze gefragt sind, muss normalerweise ich liefern.

Nicht zuletzt vielen Dank an Vicky, Naomi und Amanda. Ich liebe euch.

Jeff und Josh

Anmerkung der Verfasser

Wieder sind fünf Jahre vergangen, seit wir dieses Buch zuletzt aktualisiert haben. Nach wie vor sind wir beeindruckt von der Gemeinschaft und Zusammenarbeit, die die Ideen in diesem Buch hervorgebracht haben. Vieles hat sich verändert, und doch sind zahlreiche Probleme, mit denen Softwaredesign- und -entwicklungsteams konfrontiert sind, unverändert geblieben. Die Herausforderung bestand schon immer darin, nicht nur eine breitere, interdisziplinäre Zusammenarbeit aufzubauen, sondern auch eine kontinuierliche Kommunikation mit dem Kunden, die unsere Arbeit beeinflusst. Die gute Nachricht ist, dass mit der tieferen Integration von Agile und Scrum sowie dem Zielsetzungsrahmen von Objectives and Key Results (OKRs) die Unternehmen noch genauer hinschauen, wie sie agiler und kundenorientierter arbeiten können. Auch wir haben gelernt, die Techniken von Lean UX noch effektiver anzuwenden. Wir freuen uns darauf, dies mit Ihnen zu teilen.

Jedes Mal, wenn wir Lean UX lehren oder in unserer täglichen Arbeit anwenden, finden wir einen noch besseren Anwendungsweg. Wir probieren etwas Neues aus, überprüfen es, passen uns an das Gelernte an und verändern unser Denken. Wir vermuten, dass Sie dasselbe tun, und wir würden uns freuen, wenn Sie uns davon berichten.

Bitte bleiben Sie mit uns in Kontakt und teilen Sie uns Ihre Gedanken mit. Sie können uns unter *jeff@jeffgothelf.com* und *josh@joshuaseiden.com* erreichen. Wir freuen uns immer, von Ihnen zu lesen.

Vorwort

Die größte Lüge in der Softwarebranche ist *immer noch* Phase zwei.

Wenn Sie in den letzten 30 Jahren Zeit auch nur irgendetwas mit der Entwicklung digitaler Produkte zu tun hatten – egal, in welcher Rolle –, haben Sie die Auswirkungen dieser Lüge bestimmt schon zu spüren bekommen. Und wenn Ihr Team behauptet, agil zu sein – ist Phase zwei dann überhaupt noch ein gültiges Konzept? Teams priorisieren Features und Ideen für jeden Sprint und hetzen auf den Launch zu, während nicht priorisierte Ideen in die nächste Phase verschoben werden. Nur kommt diese nie, und die Features sind verschwunden – auf Nimmerwiedersehen. Als Designer, Produktmanager, Coaches und Berater haben wir Hunderte, wenn nicht Tausende von Wireframes, Product-Backlog-Items und Workflows erlebt, die in irgendeiner Schublade landeten.

Aber wurden diese Ideen aufgegeben, weil sie fehlerhaft waren? Weil sich auf dem Markt etwas geändert hat? Haben die bereitgestellten Features tatsächlich die Kundenanforderungen und Geschäftsziele erfüllt? Oder hat das Team sie einfach in der Schublade vergessen? Für sie hat es niemals eine Phase zwei gegeben.

In seinem Buch *Lean Startup* erläutert Eric Ries seine Vision davon, wie Sie sichergehen können, dass den wertvollsten Ideen die meisten Ressourcen zugeteilt werden. Die von Ries propagierte Methode stützt sich auf Experimente, schnelle Ideen-Iterationen und evolutionäre Prozesse. In einer wirklich agilen Umgebung bringen die Teams kontinuierlich neue Funktionen auf den Markt, sodass die tatsächliche Bereitstellung des Codes keine Rolle spielt. Das gesamte Konzept der zweiten Phase ist überflüssig geworden.

Die Verbindung von Lean Startup und User Experience (UX) Design – und deren symbiotische Koexistenz – das ist *Lean UX*.

Was ist Lean UX?

Die der Lean-Startup-Methode zugrunde liegenden Lean-Prinzipien gelten in dreifacher Hinsicht auch für Lean UX. Erstens helfen sie uns, Verschwendung in unserem UX-Designprozess zu vermeiden. Wir arbeiten gerade so viel – in

Design, Nutzerforschung, Copyediting oder was auch immer –, dass die Gespräche zwischen Design, Entwicklung und Produkt in Gang und dann vorankommen. Damit vermeiden wir die langwierigen Verhandlungen, die durch überdokumentierte Hand-offs ausgelöst werden. Stattdessen werden in einem schlanken UX-Prozess nur die Design-Artefakte erstellt, die nötig sind, um den Lernprozess im Team zu fördern. Zweitens harmonisieren wir durch die Lean-Prinzipien unser »System« aus Designern, Entwicklern, Produktmanagern, Qualitätssicherungsingenieuren, Marketingfachleuten und anderen in einer transparenten, funktionsübergreifenden Zusammenarbeit, die auch Nicht-Designer in unseren Designprozess einbezieht. Lean UX ist ein transparenter Prozess, der nicht die Arbeit von Designern für alle Teammitglieder öffnet, sondern auch deren Beteiligung fördert.

Der letzte und vielleicht wichtigste Punkt ist das Umdenken, das wir durch die Übernahme eines auf Experimenten und validiertem Lernen basierenden Modells erreichen. Wir verlassen uns nicht mehr darauf, dass eine einzelne Person – der Chefdesigner, der leitende Ingenieur oder ein Stakeholder des Unternehmens – die beste Lösung aus einem einzigen Blickwinkel heraus erkennt, sondern nutzen schnelle Experimente und Messungen, um die von uns geschaffene Erfahrung von außen nach innen zu betrachten. Wir drängen darauf, schnell herauszufinden, wie gut (oder schlecht) unsere Ideen die Bedürfnisse unsere Kunden zufriedenstellen. Bei all dem entwickelt sich die Rolle des Designers über die bloße Erstellung von Artefakten hinaus und wird zu einer Design-Moderation – und damit übernehmen wir zahlreiche neue Aufgaben.

Neben Lean Startup besteht Lean UX aus noch zwei weiteren Bausteinen: Design Thinking und agile Entwicklungsphilosophien. Design Thinking hilft uns, unsere Arbeit über Schnittstellen und Artefakte hinaus zu erweitern. Design Thinking betrachtet das System als Ganzes und hilft uns, Designtools auf umfassende Probleme anzuwenden. Zusammenarbeit, Iteration, Herstellung und Empathie werden zu Grundpfeilern der Problemlösung. Die vielleicht wichtigste Erkenntnis aus dem Design Thinking ist die Konzentration auf den Aufbau von Empathie – im gesamten Team – für den Endnutzer. Lean UX zu praktizieren bedeutet, dass das gesamte Team dieses Einfühlungsvermögen entwickelt. Agile Softwareentwicklung konzentriert sich auf kürzere Zyklen, die regelmäßige Bereitstellung von Nutzen und kontinuierliches Lernen. Sie stellen Ideen (oft in Form von funktionierender Software) rasch dem Kunden bereit, erfahren, wie er darauf reagiert, und passen sich daran an. Wie der *Scrum Guide* es ausdrückt: Überprüfen und Anpassen.

Auf dieser Basis verbindet Lean UX die Geschwindigkeit von Agile und die Notwendigkeit von Design im Lebenszyklus der Produktentwicklung miteinander. Wenn Sie sich schon immer gefragt haben, wie UX-Design in agilen Umgebungen funktionieren kann: Lean UX ist die Antwort.

Lean UX durchbricht die Barrieren, die Software-Designer bisher von den tatsächlichen Geschäftsanforderungen einerseits und der tatsächlichen Implementierung andererseits isoliert haben. Lean UX holt nicht nur die Designer an den Tisch, sondern auch unsere Partner aus Produktmanagement, Geschäftsführung und Entwicklung ans Whiteboard, um gemeinsam mit uns kontinuierlich die besten Lösungen zu erarbeiten.

Zu Beginn seiner Karriere arbeitete Jeff für einen großen Pharmakunden. Dieser hatte die Agentur, in der Jeff beschäftigt war, mit der Neugestaltung seiner E-Commerce-Plattform beauftragt. Das Ziel war, den Umsatz um 15 % zu steigern. Jeff war der leitende Interaktionsdesigner in dem Team. Im luftleeren Raum ihres Büros verbrachten Jeff und sein Team Monate damit, das aktuelle System, die Lieferkette, die Wettbewerber, die Zielgruppe und die kontextbezogenen Nutzungsszenarien zu untersuchen. Sie untersuchten Personas und stellten strategische Modelle zusammen. Jeff entwarf eine neue Informationsarchitektur für den Produktkatalog und gestaltete eine brandneue Einkaufs- und Kassenerfahrung.

Das Projekt dauerte Monate. Und als die Arbeit abgeschlossen war, verpackte das Team alles in eine PowerPoint-Präsentation. Die Foliensammlung war beachtlich – und das musste auch so sein, wenn man bedenkt, dass es 600.000 Dollar gekostet hatte! Das Team suchte den Kunden auf und verbrachte einen ganzen Acht-Stunden-Tag damit, jedes einzelne Pixel und jedes Wort in dieser PowerPoint-Präsentation durchzugehen. Als es fertig war, klatschte der Kunde Beifall. (Ehrlich.) Jeff und das Team waren erleichtert. Die Arbeit löste Begeisterung beim Kunden aus. Und Jeffs Team schaute sich diese Folien nie mehr an.

Sechs Monate nach diesem Treffen hatte sich auf der Website des Kunden nichts geändert. Der Kunde schaute sich die Folien ebenfalls nie wieder an.

Die Moral von der Geschichte: Eine pixelgenaue Spezifikation mag ein Mittel sein, um sechsstellige Beratungshonorare zu kassieren, aber sie eignet sich nicht, um ein echtes Produkt, das für echte Benutzer wichtig ist, sinnvoll zu verändern. Sie ist auch nicht der Grund, warum ein Designer in das Produktdesigngeschäft eingestiegen ist. Wir sind angetreten, um wertvolle Produkte und Dienstleistungen zu entwickeln, nicht, um uns Spezifikationen auszudenken.

Wenn wir Lean UX praktizieren, stellen wir sicher, dass wir ein echtes Problem für echte Kunden auf eine sinnvolle Weise lösen. Einige Teams, mit denen wir heute zusammenarbeiten, entwickeln völlig neue Produkte oder Dienstleistungen. Sie arbeiten nicht innerhalb eines bestehenden Produktrahmens oder einer Struktur. Bei solchen Projekten auf der grünen Wiese versuchen wir gleichzeitig herauszufinden, wie dieses neue Produkt oder diese neue Dienstleistung genutzt wird, wie sie sich verhält und wie wir sie entwickeln sollen. Vor allem aber wollen wir sicherstellen, dass wir ein echtes Problem unserer Zielgruppe lösen. Dieses Umfeld verändert sich ständig, und es stehen nicht viel Zeit und Muße für die Planung und das Design im Vorfeld zur Verfügung.

Andere Teams arbeiten mit etablierten Produkten, die mit traditionellen Design- und Entwicklungsmethoden erstellt wurden. Sie stehen vor anderen Herausforderungen. Als die Systeme, an denen sie arbeiten, entwickelt wurden, erfüllten sie die zu einem bestimmten Zeitpunkt bestehenden Anforderungen. Die rasanten Veränderungen auf dem Markt bedeuten, dass diese Anforderungen sich wahrscheinlich geändert haben. Die Teams müssen die bestehenden Plattformen optimieren, um den neuen Gegebenheiten gerecht zu werden und gleichzeitig den Umsatz und den Markenwert zu steigern. Sie verfügen in der Regel über mehr Ressourcen als ein Start-up-Unternehmen, müssen diese jedoch effizient einsetzen und herausfinden, wie sie die Ressourcen am besten nutzen können, um die Produkte und Dienstleistungen zu entwickeln, die sich ihre Kunden tatsächlich wünschen.

Eine der vielleicht schwierigsten Veränderungen, die Lean UX von uns verlangt, ist die Überwindung des Gefühls, dass wir unsere Arbeit in einem »unfertigen« oder »hässlichen« Zustand präsentieren. Selbst heute, nach fast 15 Jahren, haben wir immer noch damit zu kämpfen. Wir haben im Laufe der Jahre gelernt, dass unser erster Versuch zwangsläufig überarbeitet werden muss. Je eher wir also unsere Ideen veröffentlichen, desto eher können wir herausfinden, wie diese Überarbeitungen aussehen sollten. Zu lange mit dem Feedback zu warten, ist Verschwendung. Wir investieren dann zu viel in den ursprünglichen Entwurf und sind aufgrund der bereits geleisteten Arbeit weniger offen für Änderungen. Je früher wir erfahren, welche Änderungen vorgenommen werden müssen, desto weniger haben wir in die aktuelle Idee investiert. Es tut nicht so weh, den Kurs zu ändern. Die Akzeptanz des iterativen Charakters von Design und im weiteren Sinne von Software erfordert die Unterstützung eines gut funktionierenden, bescheidenen und kooperativen Teams. Sie müssen wissen – als Team –, dass Sie nicht beim ersten Mal alles richtig machen werden und dass Sie sich alle gemeinsam Ihren Weg durch Iterationen bahnen werden. Der Erfolg eines Lean-UX-Teams lässt sich nicht an der Bereitstellung des Codes messen, sondern am positiven Einfluss, den Sie auf Ihre Kunden ausüben.

Es gibt viele Elemente, die den Erfolg digitaler Systeme beeinflussen. Das Design ist sicherlich eine wichtige Komponente, aber auch Produktmanagement, Entwicklung, Marketing, die Rechtsabteilung, Compliance und Copywriting (um nur einige zu nennen) haben einen Einfluss auf das System. Keine einzelne Disziplin hat alle Antworten. Daher ist auch keine einzelne Sichtweise der Weisheit letzter Schluss. Je größer die Vielfalt in Ihrem Team ist – in puncto Geschlecht, Alter, ethnischer Herkunft usw. –, desto innovativer und weitreichender sind die Lösungen, die das Team erarbeitet. Inklusivität ist der Schlüssel zu einer erfolgreichen Zusammenarbeit. Das liegt in der Natur unseres digitalen Mediums. Eine breite Zusammenarbeit führt zu besserer Arbeit. Überarbeitung und Iteration führen zu besseren Produkten. Auf diesen Buchseiten haben wir die Erkenntnisse und Strategien zusammengefasst, die es uns ermöglicht haben, diesen Standpunkt einzunehmen und echte Erfolge für Produkt- und Geschäftsteams zu erzielen – und echte Zufriedenheit für die Kunden.

Für wen ist Lean UX geeignet?

Dieses Buch richtet sich in erster Linie an Produktdesigner, die wissen, dass sie mit ihren Teams einen größeren Beitrag leisten und effektiver sein können. Wir glauben jedoch, dass »Benutzererfahrung« die Summe aller Interaktionen eines Benutzers mit Ihrem Produkt oder Ihrer Dienstleistung ist. Sie entsteht durch alle Entscheidungen, die Sie und Ihr Team in Bezug auf das Produkt oder die Dienstleistung treffen. Es geht nicht nur um die Benutzeroberfläche oder die Funktionalität. Es geht auch um die Preisgestaltung, die Kauferfahrung, das Onboarding, den Support usw. Mit anderen Worten: Die Benutzererfahrung wird vom gesamten Team gestaltet. Aus diesem Grund richtet sich dieses Buch auch an Produktmanager, die ihre Produkte gemeinsam mit ihren Teams besser definieren und mit ihren Kunden validieren möchten. Es richtet sich auch an Scrum-Master und Entwickler, die verstehen, dass eine kollaborative, agile Teamumgebung zu besserem Code und sinnvollerer Arbeit führt. Und schließlich ist es für Manager gedacht – Manager von UX-Teams, Projektteams, Geschäftsbereichen, Abteilungen und Unternehmen –, die wissen, welchen Unterschied eine großartige UX machen kann.

Was ist für Sie drin?

Dieses Buch ist in vier Abschnitte gegliedert.

Teil I bietet einen Überblick und eine Einführung in Lean UX und seine Grundprinzipien. Wir erläutern, warum die Entwicklung des UX-Designprozesses so wichtig ist, und beschreiben Lean UX. Wir beschäftigen uns auch mit den zugrunde liegenden Prinzipien, die Sie verstehen müssen, damit Lean UX in Ihrer agilen Arbeitsumgebung erfolgreich ist.

In Teil II stellen wir das Lean UX Canvas vor und gehen seine acht Felder durch. Sie erhalten auch Beispiele dafür, wie wir und andere diese Felder in der Praxis umgesetzt haben.

Teil III wirft einen eingehenden Blick auf die Zusammenarbeit zwischen Designern und anderen Disziplinen und stellt Tools und Fallstudien vor, die verschiedene beliebte Arbeitsweisen wie Design-Sprints, Design-Systeme und kollaborative Forschung mit Lean UX zusammenbringen. Abschließend stellen wir einige Überlegungen zur besseren Integration von Lean UX in die Rhythmen eines agilen Prozesses an.

Teil IV beschäftigt sich mit der Integration von Lean UX in Ihre Organisation. Wir gehen auf die organisatorischen Veränderungen ein, die auf Ebene des Unternehmens, der Teams und der einzelnen Mitarbeiter stattfinden müssen, damit sich diese Ideen wirklich durchsetzen können.

Wir hoffen, dass dieses Buch den UX-Designern, ihren Kollegen und den Produktteams in allen Unternehmen, die noch auf Phase 2 warten, als Wegweiser dienen wird. Auch wenn das Buch mit Strategien und Techniken gefüllt ist, die Ihnen bei der Entwicklung Ihrer Prozesse helfen, möchten wir Sie daran erinnern, dass es sich bei Lean UX im Kern um eine Denkweise handelt.

Jeff und Josh

TEIL I

Einführung und Grundsätze

Über Teil I

In diesem ersten Teil erhalten Sie eine Einführung in Lean UX und seine Grundprinzipien. Wir erklären, warum die Weiterentwicklung des Produktdesign- und -entwicklungsprozesses so wichtig ist, und wir beschreiben, was Lean UX ist. Wir erörtern auch die zugrunde liegenden Prinzipien, die Sie kennen müssen, damit Lean UX in Ihrem Unternehmen funktioniert.

In Kapitel 1, »Wichtiger als je zuvor«, gibt es einen kurzen Überblick über die Geschichte von Produktdesign und -entwicklung und Sie erfahren, warum es an der Zeit ist, diese Prozesse weiterzuentwickeln.

In Kapitel 2, »Grundsätze«, werfen wir einen detaillierten Blick auf die wichtigsten Prinzipien, die den Lean-UX-Prozess bestimmen. Diese bieten einen Rahmen für einen schlankeren Produktdesign- und -entwicklungsprozess und außerdem grundlegende Managementrichtlinien für die beteiligten Teams. Sie sind entscheidend für den Erfolg von Lean UX und haben, wenn sie in Ihre Organisation integriert sind, einen tief greifenden Einfluss auf Ihre Kultur sowie auf die Produktivität und den Erfolg Ihrer Teams.

Kapitel 3, »Ergebnisse«, konzentriert sich auf das Konzept der Ergebnisse, die im Rahmen von Lean UX schon immer wichtig waren. Im Lauf der Jahre haben wir jedoch neue Wege entwickelt, um mit ihnen zu arbeiten. Da Ergebnisse für Lean UX so wichtig sind, haben wir unsere Herangehensweise an dieses Konzept erweitert. In diesem Kapitel erfahren Sie mehr darüber.

| 1

Wichtiger als je zuvor

Einmal ist keine Iteration.

– **Jeff Patton**

Design entwickelt sich ständig weiter

Als die Designer in den 1980er- und 1990er-Jahren ihr Handwerk zum ersten Mal mit Software umsetzten, entsprach ihre Herangehensweise der Arbeit mit den Materialien, die sie bis zu diesem Zeitpunkt verwendet hatten. Im Industriedesign, im Druckdesign, im Modedesign und in allen anderen Bereichen, in denen es um physische Produkte geht, ist der Herstellungsprozess von zentraler Bedeutung. Bei der Entwicklung von Produkten aus greifbarem Material müssen die Designer herausfinden, was sie herstellen wollen, *bevor* sie mit der Fertigung beginnen, denn diese ist teuer. Es ist teuer, eine Fabrikhalle zur Herstellung von Gebrauchsgütern oder Kleidungsstücken bereitzustellen; es ist teuer, eine Druckmaschine für einen Druckvorgang einzurichten.

Die Arbeit mit Software stellte die Designer vor neue Herausforderungen. Sie mussten die Sprache dieses neuen Mediums erlernen, und dabei entstanden neue Spezialgebiete wie Interaktionsdesign und Informationsarchitektur. Der *Prozess*, mit dem sie arbeiteten, blieb jedoch weitgehend unangetastet. Sie entwickelten ihre Produkte nach wie vor bis ins kleinste Detail, denn sie hatten es weiterhin mit einem »Fertigungs«-Prozess zu tun: Das Produkt musste auf Disketten und CDs vervielfältigt werden, die dann auf genau dieselbe Weise wie physische Waren auf den Markt gebracht wurden. Die Fehlerkosten blieben hoch. Paradoxerweise hinderte diese Arbeitsweise aber niemanden wirklich daran, Fehler zu machen. Allzu oft arbeiteten die Designer isoliert, bevor sie ihre Arbeit an die Entwickler weitergaben, die wiederum in einem Silo arbeiteten, bevor sie die Arbeit an die Qualitätssicherung weitergaben – und so weiter. Und alle erhielten nur begrenztes Feedback vom Markt.

Heute sind wir mit einer neuen Realität konfrontiert. Die Softwareproduktion hat sich zu einem kontinuierlichen Prozess gewandelt. Die Bereitstellung von

Software hat sich durch das Internet verändert. Die Verbreitung von mobilen Geräten, Wearables und dem Internet der Dinge hat den Konsum von Software verändert. Wir sind nicht mehr an einen physischen Herstellungsprozess gebunden und können unsere digitalen Produkte und Dienstleistungen in einem Tempo an die Kundschaft weitergeben, das noch vor wenigen Jahren unvorstellbar war.

Dadurch hat sich alles geändert.

Die Teams stehen nun unter starkem Wettbewerbsdruck, da die Konkurrenz Techniken wie agile Softwareentwicklung, Continuous Integration und Continuous Deployment einsetzt, um ihre Entwicklungszyklen radikal zu verkürzen. Nehmen Sie Amazon: *Der E-Commerce-Riese stellt seinen Kunden in jeder einzelnen Sekunde jeder Minute neuen Code zur Verfügung.*[1] Und diese kurzen Zyklen sind ein Wettbewerbsvorteil für Amazon: Das Unternehmen wirft seine Produkte früh und häufig auf den Markt, holt sich Feedback vom Markt und iteriert auf Basis der gewonnenen Erkenntnisse, um einen kontinuierlichen Dialog mit den Kunden zu führen. Im Grunde *erkundet* Amazon das Produkt zur gleichen Zeit, zu der es *bereitgestellt* wird. Dies hat zahlreiche Konsequenzen – und das sind vielleicht die wichtigsten beiden:

- die Möglichkeit, kontinuierlich und schnell zu ermitteln, wie gut die Produkte die Kundenbedürfnisse erfüllen
- die Erhöhung der Kundenerwartungen hinsichtlich der Produktqualität und der Reaktionszeit des Unternehmens auf ihre Anliegen und ihr Feedback

Zudem basiert diese neue Arbeitsweise nicht auf teuren Technologien. Die benötigten Plattformen und Dienste sind für fast alle Start-up-Teams kostenlos oder nahezu kostenlos verfügbar. Für etablierte Unternehmen ist dies eine noch neue Bedrohung. Vor allem sind die Markteintrittsbarrieren in fast allen Bereichen so niedrig wie noch nie. Ohne die Notwendigkeit, ein physisches Produkt zu »fertigen«, kann jeder mit Zugang zum Internet Dienstleistungen konzipieren, programmieren und anderen bereitstellen. Angesichts dieser neuen Bedrohungen sind herkömmliche Ansätze, die darauf abzielen, »erst mal eine Lösung zu entwickeln«, einfach nicht praktikabel. Wie sollten Produktteams also vorgehen?

Es ist Zeit für eine Veränderung.

---

1 Jon Jenkins, »Velocity 2011: Jon Jenkins, ›Velocity Culture‹«, O'Reilly, 20. Juni 2011, YouTube-Video, 15:13, *https://oreil.ly/Yh7Co*; Joe McKendrick, »How Amazon Handles a New Software Deployment Every Second«, ZDNet, 24. März 2105, *https://oreil.ly/zXFoo*; Werner Vogels, »The Story of Apollo – Amazon's Deployment Engine«, All Things Distributed, 12. November 2014, *https://oreil.ly/HrMRs*.

Lean UX ist die Weiterentwicklung von Produktdesign und Teamzusammenarbeit. Es nutzt die besten Elemente aus dem Werkzeugkasten des Designers, kombiniert sie mit agiler Softwareentwicklung und Lean-Startup-Denken und macht all das dem gesamten Produktteam zugänglich. So können Teams die neue Realität nutzen, um den Lernprozess zu maximieren, kontinuierlich den besten Weg in die Zukunft zu erkunden und dem Kunden Gehör zu verschaffen.

Lean UX ist äußerst kollaborativ und interdisziplinär, da Designer, Produktmanager und Softwareentwickler sich nicht mehr in ihre Komfortzone zurückziehen und isoliert voneinander arbeiten können. Die Tage des Wasserfallmodells sind vorüber. Unsere Arbeit ist ein kontinuierlicher Prozess geworden. Wir können es uns nicht leisten, auf die Arbeit anderer zu warten, noch können wir andere auf unsere Arbeit warten lassen. Wenn wir erfolgreich sein wollen, müssen wir uns stattdessen täglich und beständig mit unseren Kollegen austauschen. Durch diese kontinuierliche Zusammenarbeit können wir auf schwerfällige Deliverables (und die Zeit, die wir für ihre Erstellung benötigen) zugunsten von Techniken verzichten, durch die wir und unsere Teamkollegen ein übereinstimmendes Konzept erhalten. Dank dieses gemeinschaftlichen Ansatzes können unsere Teams schneller Entscheidungen treffen, und wir können verstärkt strategische Gespräche führen. Ja, wir sind immer noch für die Details verantwortlich: Wir müssen ansprechende Oberflächenelemente und elegante Workflows konzipieren und über all die kleinen Dinge nachdenken, die ein Produktdesign ausmachen, von der Zugänglichkeit bis zu den Ladezeiten der Seite und von der Beschriftung der Buttons bis zu den Fehlermeldungen. Aber weil der ganze Kommunikations-Überbau wegfällt, gewinnen wir Zeit, uns auf grundlegende Aktivitäten wie das Sammeln von Informationen zu konzentrieren, die für strategische Entscheidungen von Bedeutung sein können.

Mit Lean UX verändert sich auch unsere Kommunikation in Bezug auf Design. Wir sprechen nicht mehr über Features und Dokumente, sondern wir sprechen darüber, *was funktioniert* – die *Ergebnisse*, die wir schaffen möchten. Diese neue Realität bietet uns mehr Möglichkeiten für Marktfeedback als je zuvor. Auf diese Weise können wir Diskussionen über das Design im Hinblick auf objektive Unternehmens-, Kunden- und Nutzerziele neu gestalten. Wir können ermitteln, was funktioniert, daraus lernen und es anpassen.

Lean UX ist dreierlei. Es beginnt als Verfahrensänderung für Designer und Produktteams. Aber es ist viel mehr: Es ist ein Kulturwandel, der es uns ermöglicht, unsere Arbeit mit Bescheidenheit anzugehen; wir akzeptieren, dass unsere anfänglichen Lösungen wahrscheinlich falsch sein werden, und nutzen viele Erkenntnisquellen, um unser Denken kontinuierlich zu verbessern. Und schließlich erfordert es eine Reihe von organisatorischen Veränderungen bei der Organisation und Führung von Softwaredesign- und -entwicklungsteams, um mehr Inklusion, Kooperation und Transparenz zu erreichen. Auf jeden dieser Aspekte von Lean UX gehen wir im weiteren Verlauf des Buchs näher ein.

Am besten lässt sich diese Einführung aber vielleicht so zusammenfassen: Lean UX ist der Weg, den wir mit unseren Projekten jetzt beschreiten müssen.

Grundsätze

Hier lang – ganz schnell! Wenn dir etwas in die Quere kommt, dreh um!

– Lanny dreht auf (1985)

Im Herzen von Lean UX finden Sie eine Reihe von Grundsätzen, die den *Designprozess*, die *Teamkultur* und die *Teamorganisation* bestimmen. Betrachten Sie diese Grundsätze als Framework. Fangen Sie an, damit Ihre Teams in die richtige Richtung zu lenken, und behalten Sie sie im Hinterkopf, wenn Sie mit der Implementierung der später in diesem Buch beschriebenen Lean-UX-Prozesse beginnen. Sie sollten unbedingt verstehen, dass Lean UX *kein* Regelwerk ist, sondern ein Ansatz, den Sie sich zu eigen machen. Angesichts der unendlichen Vielfalt an Kontexten, in denen Produktteams arbeiten, und der unterschiedlichen Branchen, Unternehmen, Kulturen, Vorschriften, Kunden und Aufgaben, mit denen sich Designer beschäftigen, ist eine Anpassung der von uns beschriebenen Prozesse unvermeidlich, damit sie in Ihrer Organisation funktionieren. Die Grundsätze in diesem Kapitel sollen Ihnen helfen, diese Veränderungen vorzunehmen.

Wenn Sie die Grundsätze anwenden können, werden Sie merken, wie sich die Kultur Ihres Teams verändert. Einige Prinzipien erlangen mehr Einfluss als andere, und einige lassen sich schwerer umsetzen als andere. Unabhängig davon werden Ihnen die hier beschriebenen Prinzipien helfen, eine kollaborative und interdisziplinäre Produktentwicklung aufzubauen, die besser in die heutige agile Realität passt.

Die Grundlagen von Lean UX

Lean UX basiert auf einer Reihe von wichtigen Grundlagen und ist eine Kombination aus verschiedenen Denkschulen. Wenn Sie verstehen, woher es kommt, wird es Ihnen leichter fallen, die Methoden anzuwenden und Ressourcen zu finden, sollten Sie einmal nicht weiterkommen.

Die erste Grundlage von Lean UX ist das *User Experience Design*. Lean UX ist im Kern eine Möglichkeit, User Experience Design zu praktizieren. Die Methoden und Denkweisen, die ihre Wurzeln in den Bereichen Human Factors und Ergonomie sowie in den Ideen des humanzentrierten Designs haben, die in den 1950er-Jahren durch die Arbeit von Industriedesignern wie Henry Dreyfuss entstanden, sind heute als *User Experience Design* (oder einfach UX) bekannt. Der Begriff wird Don Norman zugeschrieben.[1] UX umfasst mehrere Designbereiche, darunter Interaktionsdesign, Informationsarchitektur, Grafikdesign und vieles andere. Im Kern beginnt UX jedoch mit der Erfassung menschlicher Bedürfnisse – den Bedürfnissen der Benutzer des Systems.

In den letzten zehn Jahren hat *Design Thinking* an Popularität gewonnen. Es entstand in den 1970er- und 1980er-Jahren im akademischen Bereich und wurde in den frühen 2000er-Jahren von der Designfirma IDEO populär gemacht. Dabei handelt es sich um eine Methode zur Anwendung von auf den Menschen ausgerichteten Designmethoden auf ein breites Problemspektrum. Tim Brown, CEO und Präsident von IDEO, beschreibt Design Thinking als »Innovation ... durch direkte Beobachtung der Wünsche und Bedürfnisse der Menschen in und ihre Vorlieben und Abneigungen gegenüber der Weise, wie bestimmte Produkte hergestellt, verpackt, vermarktet, verkauft und unterstützt werden.«[2]

Brown fuhr fort: »[Es ist] eine Disziplin, die die Sensibilität und die Methoden des Designers nutzt, um die Bedürfnisse der Menschen mit dem technisch Machbaren und den Möglichkeiten einer tragfähigen Unternehmensstrategie zu Kundennutzen und Marktchancen in Einklang zu bringen«.

Design Thinking ist für Lean UX relevant, weil es ausdrücklich davon ausgeht, dass jeder Aspekt eines Unternehmens (oder beliebigen anderen Systems) mit Designmethoden angegangen werden kann. Designer dürfen über ihre üblichen Grenzen hinaus arbeiten. Auch Nicht-Designer werden ermutigt, mithilfe von Designmethoden die Probleme zu lösen, mit denen sie in ihrer jeweiligen Rolle konfrontiert sind. UX und sein naher Verwandter, das Design Thinking, bilden also die entscheidende erste Grundlage. Diese ermutigt Teams, menschliche Bedürfnisse zu berücksichtigen, mit Nicht-Designern zusammenzuarbeiten und das Produktdesign aus ganzheitlicher Sicht zu betrachten.

Die nächste Grundlage von Lean UX ist die *agile Softwareentwicklung*. Softwareentwickler verwenden seit Jahren agile Methoden, um ihre Zykluszeiten zu verkürzen, eine Kadenz des kontinuierlichen Lernens aufzubauen und den Kundinnen und Kunden regelmäßig einen Nutzen zu bieten. Zwar können

1 Don Norman und Jakob Nielsen, »The Definition of User Experience«, Nielsen Norman Group, Zugriff am 15. Juni 2021, *https://oreil.ly/NxTKY*.

2 Tim Brown, »Design Thinking«, Harvard Business Review, Juni 2008, *https://oreil.ly/zl9mr*.

agile Methoden für Designer eine Herausforderung darstellen (wir zeigen Ihnen in Teil II und III, wie Sie diese bewältigen können), sind die Kernwerte von Agile perfekt auf Lean UX abgestimmt. Lean UX wendet die vier Kernwerte der agilen Entwicklung auf das Produktdesign an:

- Individuen und Interaktionen sind wichtiger als Prozesse und Werkzeuge. Lean UX setzt auf Zusammenarbeit und Gespräche statt auf Deliverables und starre Prozesse. Es bindet das gesamte Team ein, um Ideen aus verschiedenen Blickwinkeln zu entwickeln, und fördert den freien und beständigen Austausch von Ideen, damit das Team diskutieren, entscheiden und schnell vorankommen kann.
- Funktionierende Software ist wichtiger als umfassende Dokumentation. Für jedes unternehmerische Problem gibt es unzählige Lösungen, und jedes Teammitglied hat eigene Ansichten darüber, welche die beste ist. Die Herausforderung besteht darin, herauszufinden, welche Lösung am praktikabelsten ist. Manchmal lässt sich nur schwierig oder unmöglich im Voraus sagen, welche Lösung funktionieren wird. Wenn wir unsere Ideen den Kunden früher bereitstellen (oft in Form funktionierender Software), kann das Team die Lösungen schnell auf ihre Markttauglichkeit und Realisierbarkeit prüfen.
- Zusammenarbeit mit dem Kunden ist wichtiger als Vertragsverhandlungen. Die Zusammenarbeit mit Ihren Teamkollegen und Kunden schafft eine einheitliche Perspektive auf den Problembereich und die vorgeschlagenen Lösungen sowie einen Konsens für Entscheidungen. Das Ergebnis? Schnellere Iterationen, echte Beteiligung an der Produktentwicklung und Investitionen des Teams in validiertes Lernen. Außerdem reduziert sich die Abhängigkeit von schwerfälligen Dokumentationen, da alle Teammitglieder bereits an der Entscheidungsfindung beteiligt waren. Zusammenarbeit schafft eine bessere Abstimmung als schriftliche Kommunikation, Argumente und wortreiche Begründungen.
- Die Reaktion auf Veränderung ist wichtiger als das Befolgen eines Plans. Bei Lean UX geht man davon aus, dass Ihre anfänglichen Produktdesigns zumindest teilweise fehlerhaft sein werden. Das Team sollte es sich daher zum Ziel machen, so schnell wie möglich herauszufinden, was falsch gemacht wurde. Sobald das Team herausfindet, was funktioniert und was nicht, passt es seine Vorschläge an und testet erneut. Dieser Markt-Input sorgt dafür, dass die Teams agil bleiben und sich ständig in eine »richtigere« Richtung bewegen.

Die letzte Grundlage von Lean UX ist die *Lean-Startup*-Methode von Eric Ries. Beim Lean Startup nutzt man eine Feedback-Schleife namens »Build – Measure – Learn«, um das Projektrisiko zu minimieren und Teams dazu anzuhalten, schnell zu entwickeln und zu lernen. Die Teams bauen *Minimum Viable Products* (MVPs) und stellen sie schnell bereit, um den Lernprozess so früh wie möglich zu beginnen.

Wie Eric es ausdrückt, »propagiert Lean Startup zunächst die Erstellung von schnellen Prototypen, um Marktannahmen zu testen, und nutzt Kundenfeedback, um die Prototypen viel schneller weiterzuentwickeln, als es mit traditionelleren Softwareentwicklungspraktiken möglich wäre.«[3]

Er fährt fort: »Lean-Startup-Prozesse minimieren Verschwendung, da die Kontakte mit echten Kunden intensiviert und dadurch falsche Marktannahmen so früh wie möglich getestet und vermieden werden.«

Lean UX ist eine direkte Anwendung dieser Philosophie auf die Praxis des Produktdesigns.

Jedes Design ist ein Vorschlag für eine Unternehmenslösung – eine Hypothese. Ihr Ziel ist es, die vorgeschlagene Lösung durch Kundenfeedback so effizient wie möglich zu validieren. Die kleinste Einheit, die Sie zum Testen jeder einzelnen Hypothese entwickeln können, ist Ihr MVP. Das MVP muss nicht aus Code bestehen: Es kann eine Annäherung an die Endanwendung sein – es muss nicht einmal ein Produkt sein! Sie tragen zusammen, was Sie aus Ihrem MVP gelernt haben, und entwickeln Ihre Ideen weiter. Dann iterieren Sie.

Wie lautet also die Definition von Lean UX?

So definieren wir Lean UX:

- Lean UX ist ein Designansatz, der die wahre Natur eines Produkts schneller greifbar macht, und zwar auf kollaborative, interdisziplinäre und nutzerzentrierte Weise.
- Lean-UX-Methoden schaffen ein gemeinsames Verständnis für die Bedürfnisse des Nutzers, unsere Lösungsvorschläge und unsere Definition von Erfolg.
- Lean UX legt den Schwerpunkt auf kontinuierliches Lernen, um die Teamentscheidungen zu untermauern und die kontinuierliche Verbesserung von Produkten, Dienstleistungen und Werten zu gewährleisten.

3 Josh Seiden und Jeff Gothelf, »The 3 Foundations of Lean UX«, O'Reilly Media, 25. Oktober 2017, *https://oreil.ly/AFDOW*.

Grundsätze

Im weiteren Verlauf dieses Kapitels erläutern wir die Prinzipien von Lean UX. Behalten Sie diese bei Ihren folgenden Erkundungen im Hinterkopf. Betrachten Sie Ihre Erfahrungen mit Lean UX als Lernreise. Nutzen Sie die Grundsätze, um sich und Ihr Team auf Kurs zu halten.

Wir haben die Grundsätze in drei Gruppen eingeteilt: Grundsätze für die *Teamorganisation*, Grundsätze für die *Unternehmenskultur* und Grundsätze für die *Prozesssteuerung*.

Grundsätze für die Teamorganisation

Werfen wir zunächst einen Blick auf die Lean-UX-Prinzipien der Teamorganisation:

1. interdisziplinär
2. klein, dediziert, kollokiert
3. selbstständig und eigenverantwortlich
4. problemorientiert

Grundsatz: Interdisziplinär

Was bedeutet das? Interdisziplinäre Teams setzen sich aus den verschiedenen Disziplinen zusammen, die an der Entwicklung Ihres Produkts beteiligt sind. Software-Engineering, Produktmanagement, Interaktionsdesign, visuelles Design, Content-Strategie, Marketing, Qualitätssicherung – all das gehört zu den Aufgaben von Lean-UX-Teams. Lean UX erfordert ein hohes Maß an Zusammenarbeit zwischen diesen Disziplinen. Sie müssen vom ersten Tag des Projekts bis zum Ende der Zusammenarbeit kontinuierlich beteiligt sein.

Warum ist das wichtig? Diverse Teams schaffen bessere Lösungen, weil jedes Problem aus vielen verschiedenen Blickwinkeln betrachtet wird. Vielfältige Teams reduzieren den Bedarf an geregelten, Hand-off-basierten (»Wasserfall«-)Prozessen. Stattdessen tauschen sie Informationen informell aus, wodurch die Zusammenarbeit bereits in einem früheren Stadium des Prozesses gefördert und die Effizienz des Teams gesteigert wird.

Grundsatz: Klein, dediziert, kollokiert

Was bedeutet das? Bilden Sie kleine Teams – nicht mehr als 10 Personen insgesamt. Weisen Sie ihnen ein einziges Projekt zu und beschäftigen Sie alle Mitarbeitenden am selben Ort.

Warum ist das wichtig? Die Vorteile kleiner Teams lassen sich auf drei Worte reduzieren: Kommunikation, Konzentration und Kameradschaft. Kleinere Teams können Sie leichter über den Projektstatus, Änderungen und neue Erkenntnisse auf dem Laufenden halten. Wenn Sie Ihr Team einem Projekt widmen, konzentrieren sich die Teammitglieder immer auf dieselben Prioritäten und sind nicht von anderen Teams abhängig. Da sich das Team an einem Ort befindet, können die Beziehungen zwischen den Kollegen wachsen.

Ein Hinweis zur Kollokation

Im Jahr 2020 war unsere Branche aufgrund der COVID-19-Pandemie gezwungen, eine Menge über Remote-Arbeit zu lernen. Wir werden uns im weiteren Verlauf des Buchs noch ausführlicher damit beschäftigen, doch zunächst möchten wir auf dieses Prinzip eingehen und erläutern, warum wir nach wie vor die Zusammenarbeit vor Ort befürworten. Bei »Kollokation« geht es darum, Menschen im selben Raum zu versammeln. Im letzten Jahr haben wir gelernt, dass wir Teams in einem gemeinsamen virtuellen Raum zusammenbringen und ähnliche Erfahrungen schaffen können. Diese Arbeitsweise hat einige Vorteile (Pyjamas, Katzen und weniger Fahrtzeit) und einige Nachteile (Pyjamas, Katzen und umständliche Tools für die digitale Zusammenarbeit). Insgesamt sind wir jedoch der Meinung, dass der Kern der Kollokation die Förderung des gemeinsamen Verständnisses ist. In den Teams kommt es zu ungezwungenen, ungeplanten Gesprächen und die Zusammenarbeit mehrerer Personen wird viel einfacher. Obwohl wir also viel über Remote-Arbeit erfahren und gelernt haben, wie sie funktionieren kann, glauben wir, dass etwas verloren geht, wenn man nicht zusammen in einem Raum sitzt. Wenn Sie also – aus welchen Gründen auch immer – virtuell zusammenarbeiten, achten Sie darauf, Hand-offs zu begrenzen, informelle Zusammenarbeit zu fördern und die anderen raffinierten Vorteile der gemeinschaftlichen Arbeit in einem Raum zu nutzen.

Grundsatz: Selbstständig und eigenverantwortlich

Was bedeutet das? Bieten Sie Ihren Teams alles, was sie brauchen, damit sie ohne externe Abhängigkeiten arbeiten können. Stellen Sie sicher, dass sie über die zur Entwicklung und Veröffentlichung von Software benötigten Werkzeuge verfügen. Lassen Sie sie selbst herausfinden, wie sie auftretende Probleme lösen können, und lassen Sie sie selbst mit Nutzern und Kunden direkt in Kontakt treten.

Warum ist das wichtig? Teams ohne externe Abhängigkeiten können ihren Prozess auf maximale Effizienz optimieren. Sie sind weder auf externe Ressourcen noch auf externes Fachwissen angewiesen. Wenn die Software im Team selbst erstellt und freigegeben werden kann, lässt sich ein hohes Tempo erreichen und der Lerneffekt maximieren. Schließlich können die Teams nicht vom Markt lernen, wenn sie sich nicht mit dem Markt auseinandersetzen dürfen. Sie benötigen die Möglichkeit, direkt mit den Kunden zu interagieren, um das für die Entwicklung effektiver Lösungen benötigte Feedback zu erhalten.

Grundsatz: Problemorientiert

Was bedeutet das? Ein problemorientiertes Team möchte ein Unternehmens- oder Nutzerproblem lösen, statt eine Reihe von Funktionen zu implementieren. Mit anderen Worten: Das Team ist um ein Ergebnis herum organisiert.

Warum ist das wichtig? Wenn Sie das Team mit der Lösung von Problemen beauftragen, beweisen Sie ihm Vertrauen. Das Team wird ermächtigt, eigene Lösungen zu finden, und das Gefühl des Stolzes und der Verantwortung für die implementierten Lösungen vertieft sich. Auch die Definition des Begriffs »Definition of Done« ändert sich: Es wird nicht einfach ein Feature bereitgestellt. Vielmehr müssen Teams, die den Raum haben, Probleme wirklich zu lösen, in der Regel Iterationen durchführen, bis sie das Problem tatsächlich gelöst haben.

Grundsätze für die Unternehmenskultur

Kultur und Arbeitsabläufe sind untrennbar miteinander verbunden. Die Einführung von Lean UX schafft eine Kultur des Lernens und der Neugierde. Die folgenden Lean-UX-Prinzipien können Ihnen helfen, Ihre Kultur auf diesen Endzustand hinzuführen:

- vom Zweifel zur Gewissheit
- Ergebnisse statt Leistungen
- Verschwendung vermeiden
- gemeinsames Verständnis
- keine Rockstars, Gurus oder Ninjas
- Erlaubnis zum Scheitern

Grundsatz: vom Zweifel zur Gewissheit

Was bedeutet das? Softwareentwicklung ist komplex und unvorhersehbar. Aus diesem Grund beginnt Lean UX mit der Idee, dass alles eine Annahme ist, bis wir das Gegenteil beweisen. Während der Arbeit gewinnen wir Klarheit. So bewegen wir uns immer von einer Position des Zweifels zu einer Position der Gewissheit.

Warum ist das wichtig? Jedes Projekt beginnt mit einer Reihe von Annahmen. Manche sind leicht abzuarbeiten, manche erst dann, wenn es zu spät ist. Um das Risiko zu minimieren, viel Zeit und Mühe in ein Projekt zu investieren, das auf falschen Annahmen beruht, beginnen wir mit der Überprüfung unserer Annahmen. Wir nehmen eine Haltung der *begeisterten Skepsis* ein. Das bedeutet, dass wir mit Zweifeln beginnen und dann unser Wissen so systematisch und rigoros wie möglich überprüfen. Dabei lernen wir, unsere Positionen zu festigen und unsere Arbeit kontinuierlich zu verbessern.

Grundsatz: Ergebnisse statt Leistungen

Was bedeutet das? Features und Dienstleistungen sind Leistungen. Die Ziele, die erreicht werden sollen, sind Ergebnisse. Bei Lean UX versuchen die Teams vor allem, ein Ergebnis zu erzielen: eine messbare Veränderung des menschlichen Verhaltens, die einen Nutzen schafft. Lean UX misst den Fortschritt in Form von explizit definierten Ergebnissen.

Warum ist das wichtig? Wenn wir vorhersagen möchten, welche Funktionen bestimmte Ergebnisse erzielen werden, bewegen wir uns meist im Bereich der Spekulation. Obwohl es einfacher ist, die Einführung bestimmter Features zu planen, können wir ihre Effizienz oft erst beurteilen, wenn sie auf dem Markt sind. Wenn wir uns mit den Ergebnissen (und den Fortschritten auf dem Weg dorthin) beschäftigen, erhalten wir Einblick in die Wirksamkeit der von uns entwickelten Features. Wenn eines davon nicht gut funktioniert, können wir objektiv entscheiden, ob wir es beibehalten, ändern oder ersetzen möchten.

Grundsatz: Verschwendung vermeiden

Was bedeutet das? Einer der wichtigsten Grundsätze der Lean Production ist die Beseitigung von allen Faktoren, die nicht zum Endziel führen. Bei Lean UX ist das ultimative Ziel die Verbesserung der Ergebnisse; daher wird alles, was nicht dazu beiträgt, als Verschwendung betrachtet und sollte aus dem Arbeitsablauf des Teams gestrichen werden.

Warum ist das wichtig? Die Ressourcen des Teams sind begrenzt. Je weniger ein Team verschwendet, desto schneller kommt es voran. Teams sollten an den richtigen Herausforderungen arbeiten und effektiv sein. Das Bewusstsein für Wertschöpfung und die Vermeidung von Verschwendung können Teams helfen, den Fokus laserscharf auf das wirklich Wichtige zu richten. Wenn wir uns mit Verschwendung – und insbesondere das *Vermeiden von Verschwendung* – beschäftigen, können wir uns kritisch mit unserem Entwicklungsprozess auseinandersetzen. Wir werden ermutigt, über die kontinuierliche Verbesserung unserer Arbeitsweise nachzudenken. Aber es geht nicht nur um den Prozess. Was ist die größte Verschwendung? Dinge zu produzieren, die niemand will. Tun Sie das nicht. Konzentrieren Sie sich auf die Nutzer und verwenden Sie Ihre Energie darauf, Dinge bereitzustellen, die wertvoll sind.

Grundsatz: Gemeinsames Verständnis

Was bedeutet das? Ein gemeinsames Verständnis ist das kollektive Wissen, das sich im Laufe der Zeit durch die Zusammenarbeit des Teams entwickelt. Es ist ein umfassendes Verständnis des Marktes, des Produkts und der Kunden.

Warum ist das wichtig? Gemeinsames Verständnis ist die Währung von Lean UX. Wenn das gesamte Team versteht, was es warum tut, muss es nicht mehr darüber diskutieren, *was* passiert ist, und kann sich schnell darauf konzentrieren, *wie* es die neuen Erkenntnisse umsetzen kann. Darüber hinaus verringert sich die Abhängigkeit des Teams von Informationen aus zweiter Hand und detaillierten Dokumenten. Je besser es gelingt, ein gemeinsames Verständnis für die Bedürfnisse der Benutzer zu schaffen, desto schneller können Egoismus, Machtspiele und selbstbezogene Designentscheidungen überwunden werden.

Grundsatz: Keine Rockstars, Gurus oder Ninjas

Was bedeutet das? Lean UX steht für eine teambasierte Mentalität. Rockstars, Gurus, Ninjas – wir verwenden diese Bezeichnungen, um einzelne Stars zu charakterisieren. Anstatt sich auf die Stars zu konzentrieren, setzt Lean UX auf Teamzusammenhalt und Zusammenarbeit.

Warum ist das wichtig? Rockstars teilen nicht – weder ihre Ideen noch das Rampenlicht. Der Zusammenhalt im Team bricht zusammen, wenn Einzelpersonen mit großen Egos hinzukommen, die unbedingt herausstechen und Stars sein wollen. Und damit geht das Umfeld verloren, das Sie brauchen, um das für ein effektives Vorankommen benötigte gemeinsame Verständnis zu schaffen.

Grundsatz: Erlaubnis zum Scheitern

Was bedeutet das? Um die beste Lösung für Unternehmensprobleme zu finden, müssen Lean-UX-Teams mit Ideen experimentieren. Die meisten davon werden scheitern. Die Erlaubnis zum Scheitern bedeutet, dass das Team in einer sicheren Umgebung experimentieren darf. Das gilt sowohl für das technische Umfeld (sie können ihre Ideen auf technisch sichere Weise umsetzen) als auch für das kulturelle Umfeld (sie haben keine negativen Konsequenzen zu befürchten, wenn sie Ideen ausprobieren, die nicht zufriedenstellend sind).

Warum ist das wichtig? Die Erlaubnis zum Scheitern ist die Grundlage für den Aufbau einer Kultur des Experimentierens. Experimente fördern die Kreativität. Kreativität wiederum führt zu innovativen Lösungen. Müssen die Teammitglieder nicht um ihren Arbeitsplatz fürchten, wenn sie etwas falsch machen, sind sie eher bereit, Risiken einzugehen. Und aus diesen entstehen schließlich die großen Ideen.

Die Tugenden der kontinuierlichen Verbesserung

In einem Video mit dem Titel »Why You Need to Fail« beschreibt der Gründer von CD Baby, Derek Sivers, die überraschenden Erkenntnisse aus einem Keramikkurs.[4]

Am ersten Tag kündigte der Dozent den Teilnehmenden an, dass er sie in zwei Gruppen einteilen würde. Die eine Hälfte sollte während des Semesters jeweils nur ein Tongefäß herstellen. Ihre Noten würden von der Perfektion dieser einen Arbeit abhängen. Die andere Hälfte der Klasse würde einfach nach dem Gewicht der Gefäße benotet, die sie während des Semesters herstellten. Wenn sie Keramik im Gewicht von mindestens 50 Pfund herstellten, bekamen sie eine Eins. 40 Pfund bedeuteten eine Zwei, 30 Pfund eine Drei und so weiter. Was sie tatsächlich anfertigten, war irrelevant. Der Ausbilder sagte, er würde sich die Keramiken nicht einmal ansehen. Am letzten Tag des Kurses würde er einfach seine Badezimmerwaage mitbringen und die Arbeiten der Teilnehmenden wiegen.

Am Ende des Semesters stellte sich eine überraschende Erkenntnis heraus. Außenstehende Beobachter stellten fest, dass die qualitativ hochwertigsten Keramiken von der »Mengengruppe« getöpfert worden waren. Sie hatten das ganze Semester damit verbracht, so schnell wie möglich Gefäße herzustellen. Manchmal gelang es ihnen, manchmal scheiterten sie. Mit jeder Wiederholung, mit jedem Experiment lernten sie. Durch diesen Lernprozess konnten sie das Endziel besser erreichen: hochwertige Keramikgefäße herzustellen.

Im Gegensatz dazu konnte die Gruppe, die nur ein einziges Objekt töpferte, nicht von Fehlversuchen profitieren und lernte nicht schnell genug, um das gleiche Niveau wie die »Mengengruppe« zu erreichen. Sie hatten ihr Semester damit verbracht, darüber zu theoretisieren, was ein »erstklassiges« Tongefäß ausmacht, hatten aber nicht genug Erfahrung gesammelt, um diese grandiose Vision umzusetzen.

Grundsätze zur Prozesssteuerung

Nachdem wir ein Gefühl für die allgemeinen organisatorischen und kulturellen Grundsätze bekommen haben, wollen wir einen strategischen Blick darauf werfen, wie die Teams ihre Arbeitsmethoden ändern müssen:

- Machen Sie das Gleiche nicht schneller.
- Hüten Sie sich vor Phasen.
- Iterationen sind der Schlüssel zur Agilität.
- Arbeiten Sie in kleinen Einheiten, um das Risiko zu minimieren.
- Machen Sie kontinuierliche Erkundungen.

---

4 Derek Sivers, »Why You Need to Fail – by Derek Sivers«, 15. Februar 2011, YouTube-Video, 14:54, *https://oreil.ly/oZHQe*.

- Raus aus dem Gebäude.
- Tragen Sie Ihr Projekt nach außen.
- Kommen Sie von der Analyse weg.
- Ziehen Sie sich aus dem Geschäft mit den Deliverables zurück.

Grundsatz: Machen Sie das Gleiche nicht schneller

Was bedeutet das? Wenn Teams Agile einführen, versuchen sie zunächst oft, die gleichen Dinge zu tun wie immer, nur schneller. Das funktioniert nicht. Es ist nicht möglich, acht Wochen Recherche in zwei Wochen durchführen. Versuchen Sie es gar nicht erst. Stattdessen müssen Sie Ihr Verhalten ändern, die Arbeit neu konzipieren.

Warum ist das wichtig? Das Ziel von Agile besteht nicht darin, schnell zu arbeiten. Es geht nicht darum, in zweiwöchigen Sprints zu arbeiten. Das Ziel besteht nicht darin, alle Regeln zu befolgen. Das Ziel ist es, so zu arbeiten, wie es dem Medium Software angemessen ist, und dabei bessere Produkte und Dienstleistungen zu entwickeln, die mehr Nutzen liefern. Agile Methoden geben uns also die Möglichkeit, unsere Arbeitsweise, unsere Zusammenarbeit und die Schaffung von Mehrwert neu zu überdenken. Manchmal können wir herkömmliche Prozesse einfach in agile Rhythmen einpassen. Manchmal aber auch nicht. In diesem Fall sollten Sie die Methoden nicht erzwingen, sondern überdenken!

Grundsatz: Hüten Sie sich vor Phasen

Was bedeutet das? Jedes Mal, wenn eine Forschungsphase, eine Designphase, eine Entwicklungsphase, eine Testphase, eine (Gott bewahre) Härtungsphase, eigentlich eine *beliebige Phase* ansteht, sollte dies ein Warnzeichen sein, dass etwas nicht stimmt. Agile Teams sollten sich kontinuierlich mit all diesen Dingen beschäftigen, in jedem Sprint. Sie sollten kontinuierlich recherchieren. Kontinuierlich designen. Kontinuierlich entwickeln. Testen ... Sie verstehen schon.

Warum ist das wichtig? Agiles Arbeiten basiert auf einem Grundgedanken: Prüfen und Anpassen. Sie streben eine fertige Arbeit an, die Sie regelmäßig überprüfen können. Phasen – ob es sich nun um Forschungsphasen, Designphasen, Build-Phasen oder was auch immer handelt – führen nicht zu einer abgeschlossenen Arbeit. Sie führen zu abgeschlossenen *Prozessschritten*. Um zu einer abgeschlossenen Arbeit zu gelangen, müssen Sie von der phasengesteuerten zu einer kontinuierlichen Arbeitsweise übergehen.

Grundsatz: Iterationen sind der Schlüssel zur Agilität

Was bedeutet das? Wenn Sie das Projekt in kleine Abschnitte aufteilen, sollten Sie sich nicht mit inkrementellen Abschnitten zufriedengeben. Wählen Sie stattdessen einen iterativen Ansatz. Stellen Sie sich darauf ein, dass Sie Ihre Arbeit – oft dieselbe Arbeit – mehrmals entwickeln und testen müssen, bis Sie das gewünschte Ergebnis erzielen.

Warum ist das wichtig? Viele agile Teams vermischen inkrementelle Ansätze (Aufteilung einer großen Funktion in kleine Teile und deren Bereitstellung über mehrere Sprints hinweg) mit iterativen Ansätzen (Arbeit an einer Funktion über mehrere Sprints hinweg, um sie zu verbessern). Das liegt zum Teil daran, dass wir gerne in kleinen Einheiten arbeiten, und beide Ansätze sind in der Tat kleinteilig. Iteration bedeutet jedoch, dass man die Arbeit so lange wiederholt, bis sie gelingt, bis sie das anstehende Problem löst, bis sie den Bedürfnissen der Benutzer entspricht (und nicht nur die funktionalen Spezifikationen erfüllt), bis sie das gewünschte Ergebnis liefert. Iteration ist auch der Schlüssel zur Überwindung eines der größten Frustrationsfaktoren für UX-Designer in der agilen Welt: das Gefühl, dass wir nie genug Zeit haben, um es richtig zu machen. Wenn ein Team so lange an einem Feature arbeitet, bis das Ergebnis stimmt, können die Beteiligten eine großartige Arbeit abliefern, auf die sie stolz sind, die den Benutzer zufriedenstellt und das Problem des Unternehmens löst.

Grundsatz: Arbeiten Sie in kleinen Einheiten, um das Risiko zu minimieren

Was bedeutet das? Ein weiterer Grundsatz der Lean Production ist die Aufteilung des Projekts in kleine Einheiten oder *Batches*. Die Lean Production nutzt dieses Konzept, um den Materialbestand niedrig und die Qualität hochzuhalten. Übertragen auf Lean UX bedeutet dies, dass nur das Design erstellt wird, das für das Vorankommen des Teams notwendig ist, und dass ein großer »Bestand« an ungetesteten und nicht umgesetzten Designideen vermieden wird.

Warum ist das wichtig? Jedes Projekt beginnt mit Annahmen. Das Design von Großprojekten baut auf diesen ungeprüften Annahmen umfangreiche Designarbeiten auf. Wenn sich herausstellt, dass eine grundlegende Annahme falsch war, müssen wir eine Menge Arbeit wieder verwerfen. Wenn wir hingegen in kleineren Einheiten arbeiten, können wir unsere Entscheidungen während des Projekts treffen und validieren, wodurch sich das Risiko vergeudeter Arbeit verringert.

Grundsatz: Machen Sie kontinuierliche Erkundungen

Was bedeutet das? Kontinuierliche Erkundungen bedeuten die fortlaufende Einbindung des Kunden in den Design- und Entwicklungsprozess. Dies geschieht durch regelmäßig geplante Aktivitäten, bei denen sowohl quantitative als auch qualitative Methoden zum Einsatz kommen. Das Ziel ist, zu verstehen, *was* die Nutzer mit Ihren Produkten machen und *warum*. Sie betreiben also häufig und in einem regelmäßigen Rhythmus Recherchen. Daran ist das gesamte Team beteiligt.

Warum ist das wichtig? Regelmäßige Kundengespräche bieten immer wieder Gelegenheit, neue Produktideen zu validieren. Indem Sie das gesamte Team in den Forschungszyklus einbeziehen, entwickeln Sie Empathie für die Nutzer und ihre Probleme. Sie schaffen ein gemeinsames Verständnis. Und wenn das Team gemeinsam lernt, reduziert sich künftig der Bedarf an Nachbesprechungen und Dokumentationen.

Grundsatz: Raus aus dem Gebäude

Was bedeutet das? Dieser vom Stanford-Professor, Unternehmer und Autor Steve Blank geprägte Ausdruck bezieht sich auf die Praxis der von den UX-Leuten sogenannten »Nutzerforschung«. In der Welt der Lean Production wird ein ähnlicher Gedanke auch als »Go and See« bezeichnet.

Die eigentliche Erkundung ist, dass Sie die Wahrheit über Ihre Nutzer nicht in einem Konferenzraum herausfinden können. Sie müssen zu den Nutzern gehen, sie beobachten und sich tatsächlich mit ihnen auseinandersetzen, um zu verstehen, was sie tun, was sie tun möchten und *warum*.

Lean UX entspricht diesem Konzept: Geben Sie potenziellen Kunden die Möglichkeit, frühzeitig Feedback zu Ihren Ideen zu geben. Sehr frühzeitig. Testen Sie Ihre Ideen mit einer kräftigen Dosis Realität, solange sie noch jung sind. Finden Sie lieber heraus, dass Ihre Ideen das Ziel verfehlen, bevor Sie Zeit und Ressourcen in die Entwicklung eines Produkts investiert haben, das niemand haben will.

Warum ist das wichtig? Letztendlich liegt der Erfolg oder Misserfolg Ihres Produkts nicht in den Händen des Teams, sondern in denen der Kunden. Sie sollen auf die von Ihnen entwickelte Schaltfläche »Jetzt kaufen« klicken. Je eher Sie ihnen zuhören, desto eher erfahren Sie, ob Ihre Idee funktioniert.

Grundsatz: Tragen Sie Ihr Projekt nach außen

Was bedeutet das? Nach außen tragen bedeutet, das Projekt aus dem eigenen Kopf und aus dem Computer zu holen und für alle sichtbar zu machen. Ihr Team kann Whiteboards, virtuelle gemeinsame Räume, Schaumstoffplatten, Artefaktwände, Ausdrucke und Haftnotizen nutzen, um seine laufende Arbeit für die Teamkollegen, Kollegen und Kunden sichtbar zu machen.

Warum ist das wichtig? Jeder kann sehen, wo das Team steht. Ein passiver, ungezwungener Informationsfluss entsteht innerhalb des Teams. Es werden neue

Ideen angeregt, die auf den bereits geteilten Ideen aufbauen. Alle Teammitglieder – auch die stillen – können sich an den Aktivitäten zum Informationsaustausch beteiligen. Ihre Haftnotizen oder Whiteboard-Skizzen sind ebenso laut wie die der prominentesten Person im Team.

Grundsatz: Kommen Sie von der Analyse weg

Was bedeutet das? Bei Lean UX ist die Umsetzung wichtiger als die Analyse. Es ist wertvoller, die erste Version einer Idee zu entwickeln, als einen halben Tag lang in einem Konferenzraum über ihre Vorzüge zu diskutieren.

Warum ist das wichtig? Die meisten schwierigen Fragen, mit denen das Team konfrontiert wird, werden nicht im Konferenzraum beantwortet, sondern von den Kunden vor Ort. Um diese Antworten zu erhalten, müssen Sie die Ideen konkretisieren – Sie müssen etwas schaffen, worauf die Menschen reagieren können. Die Diskussion von Ideen ohne marktbasierte Daten ist Verschwendung. Statt mögliche Szenarien zu analysieren, sollten Sie sich an die Umsetzung machen und das Gebäude damit verlassen.

Grundsatz: Steigen Sie aus dem Geschäft mit den Deliverables aus

Was bedeutet das? Bei Lean UX liegt der Schwerpunkt des Designprozesses nicht auf den Deliverables, sondern auf den vom Team erzielten Ergebnissen. Durch die verstärkte interdisziplinäre Zusammenarbeit geht es bei der Kommunikation mit den Beteiligten weniger darum, welches Artefakt erstellt wird, sondern vielmehr darum, welches Ergebnis erzielt werden soll.

Warum ist das wichtig? Dokumente lösen keine Kundenprobleme – gute Produkte schon. Das Team sollte sich darauf konzentrieren, welche Funktionen die größte Wirkung für die Kunden haben. Welche Artefakte das Team verwendet, um dieses Wissen zu erlangen und zu vermitteln, ist irrelevant. Es zählt nur die Qualität des Produkts, die an der Reaktion des Marktes gemessen wird.

Fazit

In diesem Kapitel haben wir eine Reihe von Grundsätzen für Lean UX vorgestellt. Dies sind die Kernaspekte, die jedes Lean-UX-Team anstreben sollte. Wenn Sie mit der praktischen Arbeit beginnen, sollten Sie diese Grundsätze nutzen, um die Zusammensetzung, den Standort, die Ziele und die Arbeitsweise Ihres Teams zu definieren.

Ergebnisse

Traditionell werden Software-Projekte durch Anforderungen und Deliverables eingegrenzt. Den Teams werden Anforderungen vorgegeben, und es wird erwartet, dass sie Deliverables liefern. Diese beschreiben Systeme, Funktionen und Technologien, die diese Anforderungen erfüllen. In vielen Fällen haben die Anforderungen zunächst keinen strategischen Kontext. Warum machen wir das? Für wen? Wie sieht der Erfolg aus?

Lean UX bedeutet für die Projektgestaltung eine radikale Umwälzung, weil wir den strategischen Kontext wieder in unsere Feature- und Designentscheidungen einbringen. Noch wichtiger ist, wie wir – das ganze Team, nicht nur die Designabteilung – Erfolg definieren. Unser Ziel ist es nicht, ein Deliverable oder ein Feature zu entwickeln. Vielmehr möchten wir das Kundenverhalten oder die Welt positiv beeinflussen und ein Ergebnis (ein *Outcome*) erzielen.

Wie wollen wir arbeiten?

Lean UX bedeutet, *aus dem Geschäft mit den Deliverables auszusteigen*. Unsere Aufgabe besteht darin, Ergebnisse zu erzielen. Wir konzentrieren uns weniger auf die Dinge, die wir erstellen – die Dokumentation und die Mockups und die Prototypen, die Funktionen und Seiten und Schaltflächen. Vielmehr konzentrieren wir uns darauf, nur Dinge zu entwickeln, die die von uns gewünschten Ergebnisse bereitstellen.

Warum sollten wir uns auf die Ergebnisse konzentrieren und nicht auf Features und Deliverables? Weil wir gelernt haben, dass es schwierig ist – in vielen Fällen sogar unmöglich –, vorherzusagen, ob die von uns konzipierten und entwickelten Funktionen den gewünschten Mehrwert schaffen werden. *Wird dieser Button die Menschen zum Kauf anregen? Werden sie dieses Feature spannend finden? Werden die Nutzer diese Funktion auf eine Weise nutzen, die wir nicht vorhergesehen haben? Wird es uns gelingen, die Interaktion der Menschen mit unserer Dienstleistung zu verändern?* Es ist also besser, wenn wir uns auf den gewünschten Nutzen konzentrieren, statt auf die Features, und Lösungen zu testen, bis wir eine gefunden haben, die den gewünschten Nutzen – das Ergebnis – liefert.

Diese Akzentverschiebung gilt sowohl für die Materialien, die Designer als Teil ihres Prozesses erstellen – Dokumente, Mockups, Wireframes, Spezifikationen, Prototypen –, als auch für die Art und Weise, wie wir unsere Arbeit gestalten. Was wünschen sich unsere Kunden oder Stakeholder? Sicher, sie bitten uns vielleicht, eine Website oder App zu erstellen. Sie möchten vielleicht eine neue Seite, einen neuen Informationsfluss, einen neuen Text. Aber sie bitten uns aus einem bestimmten Grund darum – und es gehört zu unserer Aufgabe, diesen zu verstehen und zu formulieren. Wie wir das schaffen, erläutern wir im nächsten Teil des Buchs. Für den Moment möchten wir Ihnen jedoch ein paar Formulierungen an die Hand geben, die Ihnen dabei helfen werden, Ihre Arbeit neu zu gestalten – weg von den Deliverables, hin zu den Resultaten – mit anderen Worten: weg von der Leistung, hin zu den Ergebnissen.

Eine Geschichte über Ergebnisse

Stellen Sie sich ein kleines Team in einer Agentur vor. Jono, Nicole, Alex und Amanda treffen sich zum ersten Mal mit einem neuen Kunden. Der Kunde hat die Agentur damit beauftragt, eine neue Website zu konzipieren, zu entwickeln und in Betrieb zu nehmen. Sie soll im Lauf des Jahres veröffentlicht werden.

Das Kundenteam hat sich auf dieses erste Treffen vorbereitet. Es hat ein detailliertes Pflichtenheft für die Website erstellt. Die Auflistung der Funktionen ist ehrgeizig und wirkt auf das Agenturteam ziemlich einschüchternd. Auch dieses hat seine Hausaufgaben gemacht: Es hat die Anforderungsliste geprüft und eine Reihe von Fragen an den Kunden vorbereitet.

Nach einer kurzen Vorstellungsrunde und ein paar höflichen Floskeln kommt Nicole gleich zur Sache. Sie sagt: »Wir konnten das Pflichtenheft durchgehen, und es ist recht umfangreich. Es würde uns helfen, für einen Moment die Anforderungen beiseitezulassen und einfach über den Zweck der Website und der Dienstleistung zu sprechen. Können Sie uns sagen, warum diese Dienstleistung für Ihr Unternehmen wichtig ist?«

»Sicher«, sagt Cecily, die Geschäftsführerin des kleinen Unternehmens, das die Agentur beauftragt hat. »Wir betreiben derzeit einen sehr hochwertigen Abenteuerreise- und Veranstaltungsservice für vielleicht 50 Kunden pro Jahr. Die Dienstleistung ist sehr persönlich. Wir würden gerne eine Online-Version einführen, damit wir jedes Jahr Tausende von Kunden bedienen können. Wir wissen, dass die Nachfrage da ist, aber aus wirtschaftlichen Gründen benötigen wir dazu eine Lösung mit weniger persönlichem Kontakt, und genau die soll diese Website bieten.«

»Großartig«, sagt Nicole. Jono geht an das Board und schreibt »Wirkung: eine erfolgreiche Dienstleistung mit wenig Aufwand, die es uns ermöglicht, jedes Jahr Tausende von Kunden zu bedienen.«

Nicole fährt fort: »Und wenn dieser Dienst in Betrieb ist, was können die Kunden dann tun, was heute noch nicht möglich ist?«

»Nun«, sagt Cecily und hält einen Moment inne. »Das ist eine gute Frage. Unsere derzeitige Dienstleistung ist ein spezialisierter Event-Planungsdienst für maßgeschneiderte Veranstaltungen an exotischen Orten. Wir machen die gesamte Planung selbst. Mit unserer neuen Dienstleistung möchten wir Veranstaltern, die unsere Reise-Expertise nicht benötigen, die Möglichkeit geben, Eventplaner zu finden, die zu ihrem Budget und ihren Bedürfnissen passen.«

»Großartig«, sagt Jono und schreibt auf das Board: »Veranstalter finden qualifizierte Eventplaner für nationale und lokale Veranstaltungen.«

Cecily schaut etwas verwirrt auf das Board. Sie sagt: »Das ist doch ganz offensichtlich. Was bringt Ihnen das?«

Nicole antwortet: »Nun, die Liste der Funktionen in Ihrem Pflichtenheft ist sehr ehrgeizig.« Auf diese Weise erklärt sie diplomatisch, dass die Liste unangemessen lang ist und immer wieder in Spekulationen ausartet. Sie fährt fort: »Da Ihr Zeitplan recht knapp ist, müssen wir die Anforderungen sortieren und entscheiden, was wir zuerst entwickeln und welche Funktionen bis später warten können. Wenn wir wissen, was unsere Nutzer wollen, können wir die Feature-Liste nach Prioritäten ordnen, sodass wir uns auf Dinge konzentrieren können, die den Kunden helfen, einander und Projekte zu finden und Angebote abzugeben. Alles, was nicht zu diesem Ergebnis führt, wird von der Prioritätenliste gestrichen.«

Die Analyse der Geschichte: Leistung, Ergebnis, Wirkung

Die obige Geschichte ist zwar erfunden, basiert aber auf unzähligen realen Kick-off-Meetings und veranschaulicht eine der wichtigsten Ideen von Lean UX: Es geht darum, sich auf Ergebnisse zu konzentrieren.

Analysieren wir die Geschichte etwas näher und beschäftigen wir uns ein wenig mit dem Framework, der hinter der Herangehensweise von Nicole und Jono steht.

Zuerst kam der Kunde mit einem umfangreichen Pflichtenheft. Dieses beschrieb die Website und deren Funktionen, die die Agentur entwickeln und erstellen sollte. Das ist die *Leistung (der Output)*.

Das Agenturteam wusste, dass die Liste der Funktionen zu lang war – es würde viel Zeit in Anspruch nehmen, alle im Pflichtenheft aufgeführten Features zu entwickeln –, und, was noch schlimmer war, sie vermuteten, dass viele Funktionen weder für die Endnutzer noch für den Kunden von Nutzen sein würden. Dem Team der Agentur genügt das Pflichtenheft also nicht.

Als Nicole nach der *Wirkung* fragte, die der Kunde anstrebte, ging sie auf das große Ganze ein. Was müsste die Geschäftsführerin dem Vorstand vorlegen, um ihren Job zu behalten? Wir verwenden das Wort »Wirkung«, um die übergeordneten Ziele zu beschreiben, die sich ein Unternehmen setzt. Dabei geht es in der Regel um Umsatz, Gewinn oder Kundentreue. Es kann sich aber auch um große, strategische Ziele handeln, wie das Ziel von Cecily, sich von einem kleinen Dienstleistungsanbieter zu einem Unternehmen mit größerer Reichweite zu entwickeln.

Das Problem mit großen Zielen – Zielen auf Wirkungsebene – besteht darin, dass es sehr viele Möglichkeiten gibt, sie zu verfolgen, und sehr viele Faktoren, die dazu beitragen. Dadurch wird es möglicherweise schwierig zu ermitteln, wie das Projekt aufzuschlüsseln ist und wie der Fortschritt in Richtung dieses Ziels zu messen ist. Um dem entgegenzuwirken, verwenden wir ein Zwischenziel, ein sogenanntes »Ergebnis«. In unserem Fall erfasste das Team das wichtigste Zwischenziel, auf das es hinarbeiten würde, nämlich das Ergebnis: *qualifizierten Fachleuten die Möglichkeit geben, sich zu treffen und gemeinsam Projektangebote zu erstellen*.

Während Leistungen also Dinge sind, die wir erstellen – zum Beispiel Websites und Funktionen –, sind Ergebnisse menschliche Tätigkeiten. Genau genommen ist das der Schlüssel zu unserer Definition von Ergebnissen. Wir definieren ein Ergebnis als *»eine Veränderung im menschlichen Verhalten, die Mehrwert schafft«*. Mehr über Ergebnisse erfahren Sie in Joshs Buch *Outcomes Over Output: Why Customer Behavior Is the Key Metric for Business Success*[1]. Bei dieser Definition des Begriffs »Ergebnis« stützen wir uns auf eine menschenzentrierte Idee, um Erfolg zu definieren. Wenn wir von den Leistungen – den Dingen, die wir herstellen – wegkommen und uns den Ergebnissen zuwenden, stellen wir den Menschen und seine Bedürfnisse in den Mittelpunkt unseres Handelns.

Das Logikmodell

Wir haben unsere Begrifflichkeiten (*Leistung/Output, Outcome/Ergebnis, Wirkung/Impact*) vom sogenannten Logikmodell übernommen, das erstmals im Jahr 2004 von der W. K. Kellogg Foundation beschrieben wurde. Dieses Modell hat sich in der Welt der gemeinnützigen Organisationen bewährt. Das Modell sollte Menschen, die komplexe Projekte durchführen, helfen, die Wirksamkeit dieser Programme zu bewerten. Wenn Fördermittelgeber Geld bereitstellen, haben sie in der Regel eine bestimmte Wirkung im Sinn. Wie können sie beurteilen, ob ihre Fördergelder sinnvoll eingesetzt werden? Das Logikmodell sollte Programmevaluatoren bei der Beantwortung dieser Frage unterstützen und wird in der Regel wie in Abbildung 3.1 gezeigt visualisiert.

1 Sense & Respond Press, 2019, *https://oreil.ly/7O2xZ*.

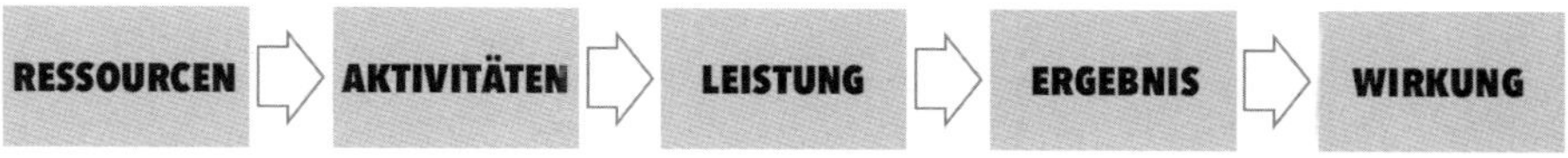

Abbildung 3.1: Das Logikmodell

Bei unserer Arbeit haben wir festgestellt, dass dieses Modell für agile Teams sehr nützlich sein kann. Wir haben es für unseren begrenzten Kontext ein wenig angepasst. Wenn Sie mehr erfahren möchten, gehen Sie am besten direkt an die Quelle und lesen Sie auf der Website der Kellogg Foundation mehr über Programmevaluierung.

Ergebnisse unter der Lupe

Schauen wir uns das Ergebnis in unserer Geschichte genauer an. Wie erwähnt, bedeutet ein Ergebnis eine *Verhaltensänderung*. Was meinen wir damit? In unserer Geschichte lautete das Ergebnis: *Wir treffen qualifizierte Fachleute und erstellen gemeinsame Projektangebote*. Wenn dieses Projekt erfolgreich ist, fördert es ein bestimmtes Verhalten: Fachleute treffen sich online, um gemeinsam Angebote für Projekte zu erstellen. Dies könnte ein neues Verhalten sein – eines, das heute nicht möglich ist – oder es könnte einfach ein besserer Ansatz sein, bereits bestehende Tätigkeiten auszuführen. In beiden Fällen sehen wir eine *Verhaltensänderung*.

Und was ist mit dem *Mehrwert* in unserer Definition? Nun, wenn unsere Arbeit erfolgreich ist, werden diese Berufsgruppen in der Lage sein, etwas Neues zu tun, und das wird ihnen einen Nutzen bringen. Damit sind also beide Teile unserer Definition erfüllt. Die Menschen sind in der Lage, *etwas Neues zu tun, und ziehen einen Mehrwert daraus*.

Interessant ist hier, dass dieses neue Verhalten auch für das Unternehmen einen Nutzen schafft. Das Unternehmen profitiert von dem neuen Kundenverhalten, denn wenn der Kunde zufrieden ist, zahlt er für die Dienstleistung, ist eher bereit, in Zukunft wieder zu zahlen, und empfiehlt die Dienstleistung auch eher weiter. Wenn Sie genau lesen, werden Sie feststellen, dass es sich hierbei ebenfalls um Kundenverhalten handelt – Kunden zahlen für die Dienstleistung, kehren zurück, um weitere Dienstleistungen in Anspruch zu nehmen, empfehlen die Dienstleistung weiter. All das sind ebenfalls Ergebnisse, aber diese kommen nicht unbedingt dem Nutzer zugute – sondern dem Unternehmen.

Das ist ein wichtiger Punkt, auf den wir bei der Arbeit mit Ergebnissen achten müssen: Wem bringt das betreffende Verhalten etwas? Wenn Fachleute ihre Geschäfte leichter abwickeln können, sind sie die Profitierenden. Wenn die Kunden für dieses Ergebnis bezahlen, profitiert das Unternehmen. Mit anderen Worten: Der Nutzen hängt von Ihrem Standpunkt ab. Wir erläutern dies in Kapitel 8, »Feld 4: Nutzerergebnisse und -vorteile«, genauer. Denken Sie aber daran, dass jedes Ergebnis eine bestimmte Perspektive mit sich bringt, und es ist wichtig zu verstehen, wessen Perspektive wir einnehmen (siehe Abbildung 3.2).

Betrachten wir zum Beispiel ein System wie Facebook. Wenn sich ein Endnutzer bei Facebook anmeldet, profitiert er durch das Lesen und Posten in der Timeline. Werbetreibende profitieren, wenn die Nutzer in der Timeline Anzeigen sehen und mit ihnen interagieren. Und Facebook profitiert, wenn die Nutzer mehr Zeit auf der Website verbringen und die Werbetreibenden dafür bezahlen, dass sie Zugang zu diesen Personen finden. Wenn Ihr System funktionieren soll, müssen Sie eine Reihe von aufeinander abgestimmten Ergebnissen schaffen – Sie müssen verstehen, wann die verschiedenen Nutzer profitieren, und ihnen diesen Nutzen dann so bereitstellen, dass *auch* Ihr Unternehmen profitiert.

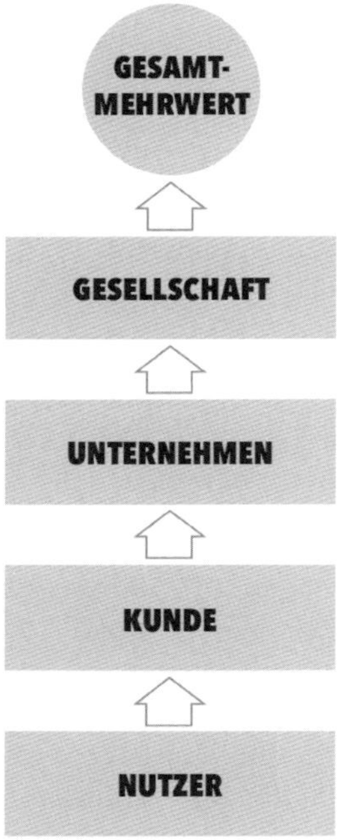

Abbildung 3.2: Mehrwert in mehreren Stufen

Das Facebook-Beispiel bringt einen weiteren Gesichtspunkt ins Spiel: der Nutzen, den das System Menschen bietet, die es nicht direkt nutzen. Der Einfluss von Facebook auf die Gesellschaft ist – nun ja, sagen wir: *kontrovers*. Facebook hat eine Möglichkeit geschaffen, Nutzern, Werbetreibenden und sich selbst einen Mehrwert zu bieten, aber zu welchem Preis für die Gesellschaft? Ein solider und ethischer Rahmen für die Ausrichtung des Mehrwerts muss die Bedürfnisse eines breiten Spektrums von Stakeholdern berücksichtigen – sowohl derjenigen, die direkt mit dem System interagieren, als auch derjenigen, die indirekt davon betroffen sind. Eine gute Zusammenfassung dieses Problems findet sich in Oz Lublings Artikel »The Blurry Line between Empowerment and Exploitation in UX«.[2]

Dies bringt uns zu einem letzten Punkt: Keines der Systeme, an denen wir arbeiten, lässt sich mit einer einzigen Ergebnisdefinition beschreiben. Die Ergebnisse sind immer miteinander verbunden. Mehr noch: Alle diese zusammenhängenden Ergebnisse führen zu den angestrebten Wirkungen auf hoher Ebene. Dies kann die Arbeit mit Ergebnissen erschweren – ein typisches System besteht aus vielen Menschen mit ganz unterschiedlichen Verhaltensweisen. Dabei kann man sich schnell verzetteln. Welche Verhaltensweisen sind wichtig? Auf welche sollten wir uns konzentrieren? In den nächsten Kapiteln werden wir einige Techniken vorstellen, mit denen wir diese miteinander verflochtenen Ergebnisse erkunden, verstehen und abbilden können, mit denen wir deren Komplexität in den Griff bekommen und die zentralen Ergebnisse finden können, auf die wir uns konzentrieren sollten.

Ergebnisse, Iteration und Validierung

Wenn Sie den Schwerpunkt Ihrer Arbeit von der Leistung auf das Ergebnis verlagern, verändert sich die Organisation Ihrer Arbeit deutlich. Einer der wichtigsten Punkte ist dabei die Ziellinie: Woher wissen Sie, wann Sie fertig sind?

In der Software-Welt stellen wir in der Regel mithilfe von Anforderungen, Spezifikationen und Akzeptanzkriterien fest, wann ein Projekt abgeschlossen ist. Läuft die Software? Erfüllt sie die Spezifikationen? Entspricht sie den Anforderungen? Erfüllt sie die Akzeptanzkriterien? Entspricht sie der aus Scrum bekannten »Definition of Done«? Diese Methoden sind insofern gut, als sie die Ziellinie sehr genau definieren können, aber fast immer fordern sie uns auf, unsere *Leistung* zu bewerten. Was aber, wenn wir den Endpunkt nicht dort setzen wollen? Wenn wir die von uns erzielten *Ergebnisse* messen wollen?

In diesem Fall ist die Arbeit nach Fertigstellung noch nicht beendet. Um die Ergebnisse zu messen, müssen wir unser Projekt tatsächlich in die Welt setzen und beobachten, wie (oder ob) es das Verhalten der Menschen verändert. Mit anderen Worten: Es reicht nicht aus, wenn wir die Leistung erbringen. Wir müssen sie auch *validieren*.

2 Culture Clash, 4. Februar 2021, *https://oreil.ly/BDi2z*.

Die Validierung unserer Leistung ist von Natur aus ein iterativer Prozess. Meistens gelingt es den Teams nicht, beim ersten Versuch alles richtig zu machen. In der Regel wird beim ersten Versuch zwar ein Teil, aber nicht das gesamte angestrebte Ergebnis erreicht. Wenn wir uns auf die Ergebnisse konzentrieren, sehen wir Verbesserungsmöglichkeiten und arbeiten so lange daran, bis wir die angestrebten Ergebnisse erzielen. Diesen Prozess bezeichnet Lean Startup als *Build-Measure-Learn-Schleife*, die Agile-Community als *Inspect and Adapt*. Welchen Begriff Sie auch wählen, er beschreibt immer einen iterativen Ansatz. Ein Ansatz, der das Ende von One-and-Done bedeutet. Ein Ansatz, der bedeutet, dass wir so lange iterieren, bis wir das Ergebnis erreicht haben.

TEIL II

Der Prozess

Über Teil II

Im vorigen Teil des Buchs haben wir uns die Ideen und Prinzipien hinter Lean UX angesehen. In diesem Teil geht es an die Praxis; wir beschreiben im Detail den Lean-UX-Prozess.

Wir haben diesen Teil um ein neues Tool herum organisiert, das wir in den letzten Jahren entwickelt haben: das Lean UX Canvas. Es handelt sich dabei um eine Möglichkeit, Ihren Lean-UX-Prozess zu orchestrieren. Auf einer einzigen Seite bietet es einen Überblick über Ihre Arbeit an einem Feature, einem Projekt oder einer Initiative oder sogar einem ganzen Produkt.

Dieses Werkzeug fasst alle wichtigen Tools, Methoden, Prozesse und Techniken von Lean UX in einem einzigen Dokument mit einheitlicher Struktur zusammen. Es begleitet Sie vom frühesten Teil des Designprozesses – der anfänglichen Problemstellung – durch Design, Prototyping und Forschung.

Auch wenn Sie das Canvas nicht verwenden müssen, um Lean UX zu entwickeln, haben wir festgestellt, dass es eine großartige Möglichkeit bietet, den Prozess zu erklären.

Das Lean UX Canvas

Kapitel 4, »Das Lean UX Canvas«, bietet einen Überblick über das Werkzeug. Sie erfahren, warum in Lean UX Anforderungen skeptisch betrachtet werden, warum wir stattdessen auf Annahmen setzen und wie Sie mit dem Lean UX Canvas Ihre Annahmen erfassen und testen können. In diesem Kapitel werden auch einige Ideen zur Erleichterung des Arbeitsablaufs mit dem Canvas vorgestellt.

Kapitel 5, »Feld 1: Das Unternehmensproblem«, beschäftigt sich mit der Technik, die Sie zur Definition Ihres Problems aus der Sicht des Unternehmens nutzen werden.

Kapitel 6, »Feld 2: Die Unternehmensergebnisse«, zeigt, wie Sie den Erfolg Ihres Projekts definieren. Es geht darum, zu verstehen, welche Ergebnisse Sie für Ihr Unternehmen, Ihre Organisation oder Ihre Kunden erreichen wollen.

Kapitel 7, »Feld 3: Nutzer«, umfasst den Abschnitt des Canvas, der Ihre Nutzer (und Kunden) definiert. Sie erlernen die Proto-Persona-Technik und ihre Anwendung.

Kapitel 8, »Feld 4: Nutzerergebnisse und -vorteile«, beschäftigt sich mit den Zielen der Nutzer. Was wollen Ihre Benutzer (und Kunden) erreichen? Wie definieren sie Erfolg für sich?

In Kapitel 9, »Feld 5: Lösungen«, definieren wir, was wir entwickeln (oder tun) werden, um die von uns definierten Probleme zu lösen.

Kapitel 10, »Feld 6: Hypothesen«, Kapitel 11, »Feld 7: Welchen wichtigsten Aspekt müssen wir zuerst in Erfahrung bringen?«, und Kapitel 12, »Feld 8: MVPs und Experimente«, decken das untere Drittel des Canvas ab, mit dem Sie das Gespräch anregen und herausfinden, ob Sie mit allen anderen Canvas-Bereichen tatsächlich richtig liegen.

Sehen wir uns die einzelnen Felder an und beschäftigen wir uns im Detail damit, wie der Bereich dieser Kommunikation abläuft, wie Sie sie erfolgreich moderieren und wie Sie mit den einzelnen Feldern arbeiten, wenn Sie Ihre Annahmen erläutern.

Das Lean UX Canvas

Annahmen sind die neuen Anforderungen

Wenn Sie in einer relativ vorhersehbaren Branche arbeiten, in der es ein geringes Risiko und eine hohe Gewissheit darüber gibt, was das Unternehmen herstellt, was für die Fertigung Ihres Produkts erforderlich ist, wie es aussieht, wenn es fertig ist, und was Ihre Kunden damit machen werden, sobald sie es in den Händen halten, können Sie ganz bequem mit einer Reihe starrer, vorgegebener Anforderungen arbeiten. In einer Welt mit dieser Mentalität aus der Fertigungsindustrie ist »Big Design Up Front« die Norm, und jede Variabilität in der Produktion wird nicht als flexible Reaktion auf einen sich verändernden Markt, sondern als teure Abweichung vom Plan angesehen. Diese Denkweise wurde in den Anfängen der Softwareindustrie übernommen, war jahrzehntelang das vorherrschende Modell und prägt die Arbeitsweise vieler Teams auch heute noch.

Anforderungen setzen voraus, dass wir genau wissen, was wir entwickeln müssen. Im Idealfall beruhen sie auf Rigor im Software-Engineering. In der Softwarebranche geht es jedoch in der Regel nicht um Rigor. Dennoch werden die Anforderungen aufgrund der Glaubwürdigkeit ihres Verfassers oder seiner Position im Unternehmen für bare Münze genommen. In vielen Fällen wird dieses blinde Vertrauen mit dem Satz »Das hat schon einmal funktioniert« untermauert. Einzelpersonen oder Teams, die die Absolutheit der Anforderungen infrage stellen, werden als Störenfriede wahrgenommen und als Sündenböcke behandelt, wenn es bei Projekten zu Überschreitungen von Termin, Umfang oder beidem kommt. In Organisationen, die den Teams immer noch stark vorschreiben, was sie zu tun haben, bedeuten Anforderungen oft einfach, wie unser Freund Jeff Patton zu sagen pflegt: »Halt die Klappe.«

Heutige softwarebasierte Unternehmen arbeiten jedoch in einer Realität ohne Konsistenz, Vorhersehbarkeit, Stabilität und Gewissheit. Mit Bestimmtheit zu sagen, dass eine bestimmte Kombination aus Code, Text und Design ein gewünschtes Unternehmensergebnis erzielen und innerhalb einer bestimmten Frist vollständig bereitgestellt werden wird, ist nicht nur riskant, sondern in den meisten Fällen auch eine Lüge. Softwareentwicklung ist komplex und unvorhersehbar. Das Tempo der Veränderungen ist unglaublich hoch. Nicht nur, dass Unternehmen in einem noch nie da gewesenen Tempo kontinuierlich neue Funktionen in die Produktion einbringen können – auch das Verhalten der Verbraucher ändert sich im Gleichschritt. Sobald Sie sich auf einen Funktionsumfang, einen Designansatz und eine bestimmte Benutzererfahrung festgelegt haben, entwickelt Ihr Publikum neue mentale Modelle, die auf seinen Erfahrungen mit anderen Online-Diensten basieren.

Die gute Nachricht ist, dass wir uns nicht auf die Anforderungen verlassen müssen. Die Branche hat neue Arbeitsweisen entwickelt, durch die wir von starren Anforderungen abrücken können. Als wir die erste Auflage dieses Buchs schrieben, lieferte Amazon alle 11,6 Sekunden Codeaktualisierungen. Heute hat das Unternehmen diese Zeit auf eine Sekunde reduziert.[1] Ja, tatsächlich: Jede Sekunde erfährt ein Kunde irgendwo im Amazon-Ökosystem eine Änderung an der Funktionsweise des Produkts. Sechzig Mal pro Minute hat Amazon die Möglichkeit zu erfahren, wie gut die Bedürfnisse der Kunden erfüllt werden. Sechzig Mal pro Minute kann Amazon auf diese Erkenntnisse reagieren. Sechzig Mal pro Minute kann das Unternehmen die Nutzererfahrung verbessern. Somit ist die Idee einer starren Anforderung bestenfalls anachronistisch geworden. Im schlimmsten Fall ist sie ein Hindernis, das Teams daran hindert, optimale Arbeit zu leisten. Wir räumen ein, dass Amazon in dieser Hinsicht am äußersten Ende der Skala steht, aber das Unternehmen dient als Inspiration und als klares Ziel für das Mögliche. Wenn wir schnell bereitstellen, erkennen und reagieren können, wird die Annahme, wir wüssten genau, wie man den besten Nutzen schafft, zu einem Maß an Arroganz und Risiko, das sich Ihr Unternehmen einfach nicht leisten kann.

Es gibt noch weitere Gründe, starre Anforderungen zu vermeiden. Software ist kompliziert. Selbst erfahrene Software-Ingenieure werden Ihnen sagen, dass etwas scheinbar Einfaches nicht unbedingt auch tatsächlich einfach zu entwickeln ist. Möchten wir eine bestimmte Benutzererfahrung schaffen, stellen wir oft fest, dass wir dafür mehr Code benötigen, als wir dachten. Das Programm, das wir für einfach hielten, entpuppt sich als komplexer Code mit Abhängigkeiten, Legacy-Einschränkungen oder ungeplanten Hindernissen, und wir müssen zusätzliche Zeit aufwenden, um herauszufinden, wie wir diese Probleme umgehen können. Auch dies steht im Widerspruch zu starren, fristgebundenen Anforderungen.

Und natürlich ist nicht nur Code komplex und unberechenbar. Auch Menschen sind komplex und unberechenbar. Ihre eigenen Motivationen, Persönlichkeiten, Erwartungen, kulturellen Normen und Gewohnheiten stehen im Widerspruch zu dem, was wir für eine ideale Software halten. Wir setzen viel

1 Vogels, »The Story of Apollo – Amazon's Deployment Engine«.

Vertrauen in unsere Vorstellung von »benutzerfreundlich« oder »intuitiv«, nur um dann festzustellen, dass unsere Zielgruppe alles daransetzt, die Vereinfachungen zu vermeiden, die wir für sie schaffen wollten. Warum ist das wichtig? Eine Vielzahl von Faktoren (die wir durch Kundenbefragungen und -untersuchungen in Erfahrung bringen können) könnte zu diesem unerwarteten Verhalten führen, aber das Resultat bleibt immer gleich: Unsere Anforderungen erweisen sich als falsch.

Was sollen wir also tun? Wir müssen erkennen, dass die meisten Anforderungen einfach Annahmen sind, die mit Autorität ausgedrückt werden. Wenn wir auf Autorität, Selbstgefälligkeit und Arroganz verzichten, bleibt uns nur die beste Vermutung, wie ein Benutzerziel oder Unternehmensproblem erreicht werden kann. Wir entwickeln digitale Produkte. Wenn wir also bescheiden zugeben, dass es sich tatsächlich um unsere besten Vermutungen oder Annahmen handelt, schaffen wir sofort und ausdrücklich den Raum, in dem Produkterkundung und Lean UX sich entfalten können. Wenn wir als Team verstehen, dass unsere Arbeit riskant ist, weil wir das menschliche Verhalten nicht vorhersagen können, wissen wir, dass unsere Arbeit zum Teil aus Experimenten, Recherchen und Überarbeitungen bestehen muss. Wir hängen weniger an den Ideen und schaffen stattdessen eine Teamkultur, die bereit ist, den Kurs zu ändern – und sogar die Arbeit an einer Idee einzustellen, die sich als dauerhaft nicht lebensfähig erweist.

Wie können wir also eine Kommunikation aufbauen, die die Ideen des gesamten Teams fördert, diese aber als eine Reihe von Annahmen qualifiziert? In früheren Versionen dieses Buchs haben wir Techniken zur Erklärung von Annahmen vorgestellt. Diese haben den Lesern und Anwendern geholfen, ihre Ideen auf eine neue Weise auszudrücken, nämlich als *überprüfbare Hypothesen*. Im Laufe der Jahre haben wir diese Techniken sowie die Schritte, die Sie zum Überprüfen Ihrer Hypothesen benötigen, in einem umfassenden Moderationstool zusammengefasst – dem »Lean UX Canvas«.

Das Lean UX Canvas

Das Lean UX Canvas (siehe Abbildung 4.1) umfasst eine Reihe von Techniken, mit denen Teams ihre Annahmen über eine Initiative erläutern können. Es soll Diskussionen innerhalb des Teams, aber auch mit Stakeholdern, Kunden und Kollegen außerhalb des Teams erleichtern. Denken Sie daran, dass wir im Rahmen von Lean UX versuchen, ein gemeinsames Verständnis aufzubauen, und um das zu erreichen (vor allem, wenn wir versuchen, von den Anforderungen wegzukommen), brauchen wir ein konsistentes gemeinsames Vokabular, das es Stakeholdern und einzelnen Mitwirkenden gleichermaßen ermöglicht, ihre Ideen zu teilen und Klarheit zu schaffen.

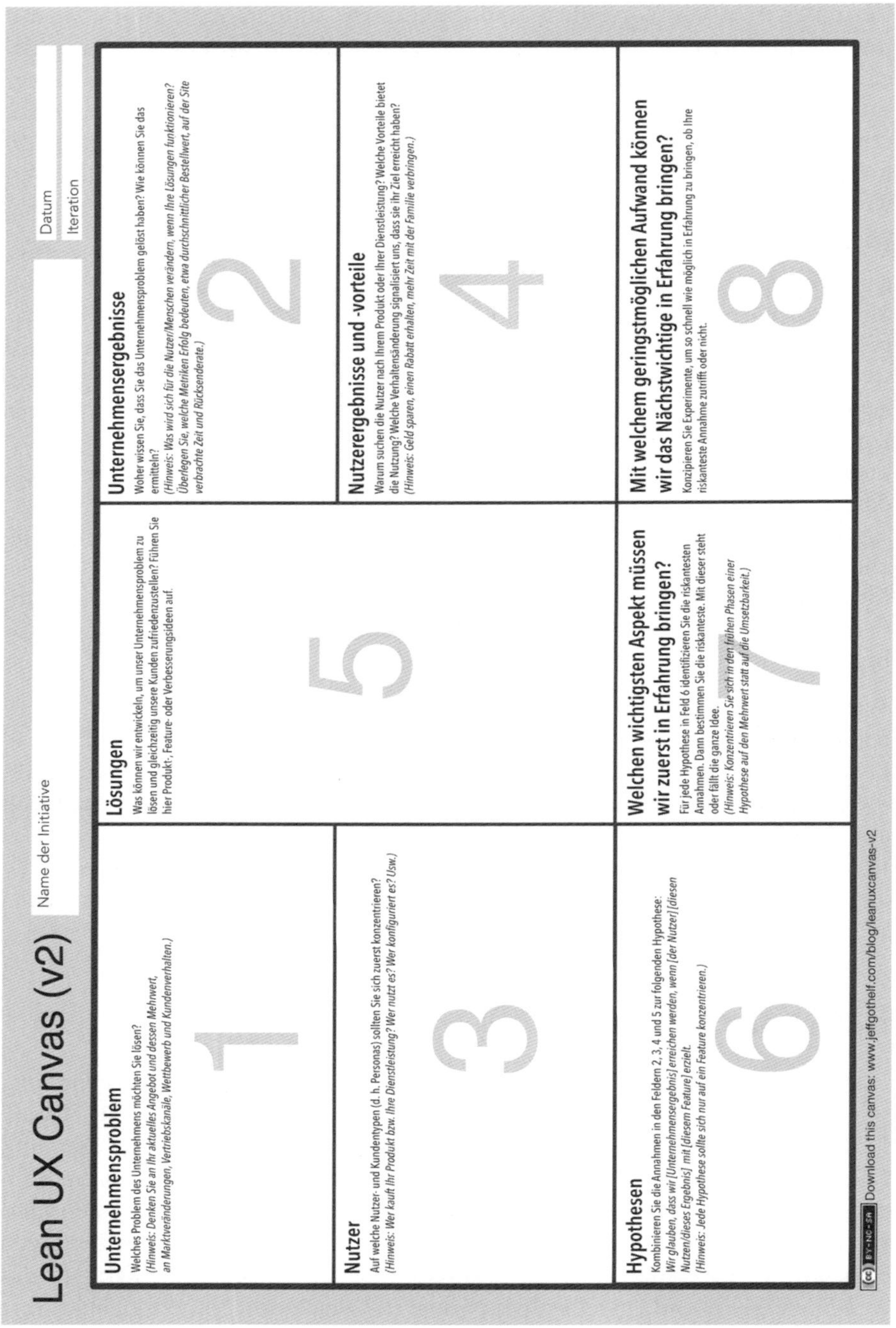

Abbildung 4.1: Das Lean UX Canvas

Wenn Sie in der Vergangenheit bereits mit Lean UX gearbeitet haben, werden Sie das meiste wiedererkennen. Wenn Sie schon einmal Designarbeit gemacht haben, werden Sie die Bedeutung aller Punkte auf dem Canvas erkennen und verstehen, wie wichtig es ist, diese zu Projektbeginn zu kommunizieren. Wir haben die Erfahrung gemacht, dass die Struktur des Canvas dazu beiträgt, diese Kommunikation zu vereinfachen, dabei eine Vielzahl von Standpunkten einzuschließen, dem erweiterten Team am Ende ein gemeinsames Verständnis zu ermöglichen und den Weg nach vorne zu klären.

Das Canvas dient dazu, die Kommunikation vom aktuellen Zustand – wie Mike Rother es in seinem Buch *The Toyota Kata*[2] bezeichnet – Ihres Produkts oder Systems (»JETZT« im Lean UX Canvas) hin zum gewünschten zukünftigen Zustand oder Zielzustand (»SPÄTER« im Lean UX Canvas) zu entwickeln (siehe Abbildung 4.2).

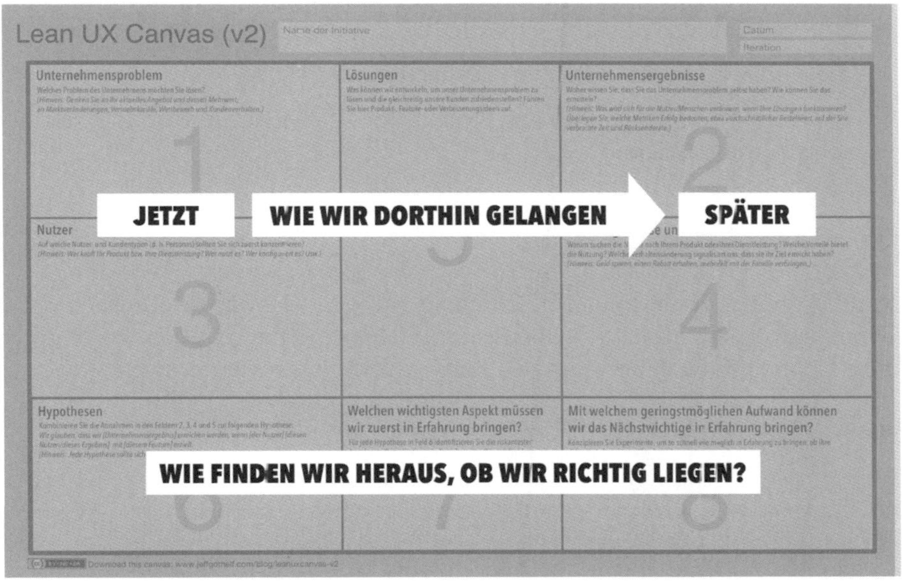

Abbildung 4.2: Die Schlüsselbereiche des Lean UX Canvas

Noch ein Canvas?

Ein weiteres Canvas? Eine berechtigte Frage. Seit Alex Osterwalder und das Team von Strategyzer der Welt das Business Model Canvas geschenkt haben, sind wir begeistert und werden völlig mit Canvas-Varianten überschwemmt.

2 Mike Rother, The Toyota Kata: Managing People for Improvement, Adaptiveness, and Superior Results (McGraw-Hill Education, 2009).

Sind Sie überhaupt ein Vordenker, wenn Sie kein Canvas veröffentlichen? Auch das ist eine gute Frage. Aber Canvases sind nützlich und können als Kernstück einer ausgewogenen, integrativen Teamzusammenarbeit dienen. Wenn sie richtig eingesetzt werden, können Canvases ...

- eine Reihe von Aktivitäten zu einem sequenziellen Prozess konsolidieren, der ein Narrativ vorantreiben soll.
- als Hilfe in komplexen Umgebungen dienen. Sie helfen uns, ein einziges visuelles Modell zu erstellen, um die wichtigsten Elemente dieses komplexen Umfelds darzustellen.
- als leicht verständliches Hilfsmittel für Teams dienen, die an einer bestimmten Art von Kommunikation interessiert sind.
- das Spielfeld für Teammitglieder bereiten, die weniger geneigt sind, ihre Ideen in einer normalen Brainstorming-Sitzung einzubringen.
- eine gemeinsame Sprache schaffen, die das Team verwenden kann.
- die Aufgabe, die das Team zu erledigen hat, erfolgreich formulieren.
- die Herausforderung oder das Projekt des Teams weit über das Team hinaus kommunizieren.

Das Canvas verwenden

In den kommenden Kapiteln beschreiben wir jeden Abschnitt des Canvas im Detail. Zuvor möchten wir jedoch einige allgemeine Fragen beantworten, die immer dann auftauchen, wenn wir Teams mit dem Canvas vertraut machen.

Wann sollten wir das Lean UX Canvas verwenden?

Wir sind der Meinung, dass das Canvas eine großartige Möglichkeit ist, ein Projekt zu starten. Ganz gleich, ob Sie an einer neuen Funktion, einer größeren Initiative oder einem neuen Produkt arbeiten, das Canvas bietet eine hervorragende Struktur für Ihr Kick-off-Meeting. Wenn Sie sich mit dem Tool vertraut gemacht haben, entwickeln Sie ein Gefühl dafür, wann ein Teil des Projekts zu klein für das Canvas ist. Generell halten wir es für eine gute Idee, das Canvas immer dann zu verwenden, wenn Sie ein großes Projekt planen.

Eignet sich das Lean UX Canvas am besten für Ideen im Frühstadium oder für nachhaltige Innovationen?

Das Canvas eignet sich eigentlich für beide Projektarten. Die entscheidende Frage lautet: Stehen Sie vor wichtigen Unbekannten, Ungewissheiten oder Komplexität? Hier kann das Lean UX Canvas – und eigentlich auch Lean UX im

Allgemeinen – helfen. In der Anfangsphase sind die Unbekannten eher existenzieller Natur: Gibt es einen Bedarf an diesem Produkt oder dieser Dienstleistung? Werden die Menschen unsere Lösung nutzen? Können wir mit der Lösung dieses Problems ein Geschäft aufbauen? Bei der nachhaltigen Innovation sind die Fragen in der Regel einfacher, aber das bedeutet nicht, dass die Antworten klarer sind. In beiden Fällen kann das Lean UX Canvas helfen.

Wer sollte mit dem Canvas arbeiten?

Einer der Pluspunkte des Canvas ist die Tatsache, dass die Arbeit damit ein gemeinsames Verständnis im Team schafft. Das Team und die Stakeholder werden ermutigt, sich mit der Erkundungsarbeit zu beschäftigen, die zu erfolgreichen Produkten führt. Daher sind wir der Meinung, dass sich alle Teammitglieder des Projekts am Canvas beteiligen sollten. Wir empfehlen auch, dass Stakeholder und Kunden so oft wie möglich mitarbeiten sollten, vor allem in den Phasen, in denen die Unternehmensproblemstellung und die Unternehmensziele ausgearbeitet werden.

Wie viel Zeit sollten wir für ein Lean UX Canvas einplanen?

Es ist schwierig, das Ganze in weniger als einem halben Tag zu schaffen. Da sich das Canvas hervorragend als Auftaktveranstaltung eignet, sollten Sie überlegen, wie viel Zeit Sie normalerweise für den Projektstart aufwenden. Zwei Tage? Eine ganze Woche? Manche Teams werden das Canvas auf diese Weise durcharbeiten, vor allem, wenn alle Beteiligten in einem Raum zusammentreffen können. Andere Teams entscheiden sich für eine Reihe von Treffen über mehrere Wochen hinweg. Generell gilt: Je größer und wichtiger das Projekt ist, desto länger dauert es. Bleiben Sie nicht in der Analyse-Paralyse stecken. Wenn Sie etwas nicht wissen, parken sie es, und machen Sie weiter. Schließlich geht es beim Canvas darum, alle Aspekte zu sammeln, die Sie nicht kennen, damit Sie rasch anfangen können, etwas über sie zu erfahren.

Ist Lean UX nur mit dem Canvas möglich?

Ganz und gar nicht. Jeder Teil des Canvas enthält einen nützlichen Teil des Lean-UX-Prozesses. Wenn Sie an einer Initiative arbeiten, werden Sie über die Fragen in den einzelnen Feldern des Canvas nachdenken und sie beantworten. Allerdings können Sie jedes Feld des Canvas auch als eigenständige Technik verwenden. Sind Sie sich über Ihre Nutzer im Unklaren? Gehen Sie zu Feld 3, lesen Sie über Proto-Personas und nutzen Sie diese Ideen, um sich mit Ihrem Team Klarheit zu verschaffen. Sind Sie sich über die beste Lösung für ein Problem unsicher? Schlagen Sie in diesem Buch den Abschnitt zu Feld 5 auf und führen Sie Ihr Team durch diesen Prozess.

Wenn Sie sich entscheiden, das gesamte Canvas zu verwenden, beachten Sie, dass es ein flexibles Werkzeug ist. Nutzen Sie die Techniken, die für Sie am besten geeignet sind, und berücksichtigen Sie dabei Ihren Kontext und die Methoden, die zu Ihrem Team passen. Erweitern Sie die Aktivitäten, wenn sich Ihr Team mit der Herangehensweise vertraut gemacht hat. Letztendlich wollen wir sicherstellen, dass der Kunde bei all Ihren Gesprächen im Mittelpunkt steht. Das Lean UX Canvas ist ein guter Ausgangspunkt, um dies zu gewährleisten.

Die einzelnen Felder in der Praxis

In den folgenden Kapiteln erhalten Sie Anleitungen für Techniken, die wir gerne zur Vervollständigung verwenden, um das Canvas verwenden zu können. Hier zeigen wir einige allgemeine Muster auf.

Inklusiv handeln

Das ganze Team sollte sich an der Fertigstellung des Canvas beteiligen. Was »das ganze Team« bedeutet, variiert je nach Kontext, deshalb können Sie diesen Ratschlag je nach Größe Ihrer Gruppe und den Rollen der Personen im Raum anpassen. Das bedeutet, dass Sie bei Ihrer Moderation die unterschiedlichen Beteiligungsformen sowie die verschiedenen Hierarchie- und Autoritätsebenen im Raum berücksichtigen müssen.

Wir erreichen dies gerne durch eine Variante des 1-2-4-Alle-Musters, das in der sehr nützlichen Sammlung »Liberating Structures« enthalten ist.[3] Diese strukturierte Methode soll eine Gruppe zur Teilnahme bewegen und funktioniert so:

- Zuerst fordern Sie die Teilnehmenden auf, einzeln zu arbeiten (die »1«), normalerweise schweigend. Sie schreiben dabei entweder Ideen auf oder zeichnen. In der Regel sollten Sie ein knappes Zeitlimit festlegen (meist fünf Minuten). So bringen Sie die Teilnehmenden dazu, ihre Ideen zu äußern, und vermeiden, dass sie viel Zeit auf die Bearbeitung und Verfeinerung aufwenden. Nach dieser Einzelarbeit bitten Sie die Teilnehmenden, sich mit den anderen an ihrem Tisch oder in ihrer Untergruppe auszutauschen. Wenn die Teilnehmenden mit Post-its gearbeitet haben, kann es sinnvoll sein, dass sie ihre Ideen an einer Wand präsentieren. Optional können Sie zu diesem Zeitpunkt auch eine Diskussion anbieten oder Sie können die Teilnehmenden zu einem Affinity Mapping auffordern.

---

3 Siehe »1-2-4-All«, Liberating Structures, abgerufen am 16. Juni 2021, *https://oreil.ly/12vgk*.

- Als Nächstes arbeiten die Teilnehmenden in Paaren (»2«), um eine Idee auszuarbeiten oder zu entwickeln. Paararbeit braucht mehr Zeit als Einzelarbeit, also veranschlagen Sie mehr Zeit, als Sie für die Einzelarbeit vorgesehen haben. Nach dieser Phase lassen Sie die Paare ihre Arbeit an ihrem Tisch oder in ihrem Untergruppenraum vorstellen und können an diesem Punkt eine weitere Diskussion führen.
- Nun bitten Sie jeden Tisch oder jede Untergruppe, ihre Arbeit in einer einzigen Präsentation zusammenzufassen (»4«).
- Schließlich (wenn eine fertige Idee entwickelt werden soll) bitten Sie die ganze Gruppe, eine einzige Idee zu entwickeln (»Alle«).

»1-2-4-Alle« ist effektiv, weil alle im Raum einen Beitrag leisten, weil sowohl Einzel- als auch Gemeinschaftsarbeit enthalten sind und weil schließlich die ganze Gruppe zusammenkommt. Sie sollten dieses Muster an die jeweilige Technik anpassen, aber behalten Sie es im Hinterkopf, wenn Sie Gruppenarbeit planen.

Virtuell oder vor Ort?

Alle diese Techniken können sowohl in persönlichen Workshops oder virtuell mit Videokonferenzsoftware und gemeinsamen Whiteboard-Tools durchgeführt werden. Wenn Sie virtuell arbeiten, achten Sie darauf, Pausen einzuplanen, damit die Teilnehmenden aufstehen können und Zoom-Müdigkeit vermieden wird. Denken Sie auch daran, dass nicht jeder mit Online-Whiteboard-Tools vertraut ist, also planen Sie etwas Zeit ein, um weniger erfahrene Teilnehmende auf den neuesten Stand zu bringen. (Manchmal können Sie eine Technik als Eisbrecher verwenden, die den Teilnehmenden hilft, das Tool zu erlernen.) Wir haben Lean-UX-Canvas-Vorlagen erstellt, die Sie verwenden können.

Fazit

In den folgenden Kapiteln dieses Teils beschreiben wir die einzelnen Bereiche des Canvas im Detail.

5

Feld 1: Das Unternehmensproblem

Abbildung 5.1: Feld 1 des Lean UX Canvas: Unternehmensproblem

Damit Lean UX erfolgreich sein kann, müssen die Teams Probleme lösen, statt Lösungen zu entwickeln. Oft werden diese »Lösungen« als Anforderungen oder Funktionsspezifikationen formuliert. Wenn Anforderungen jedoch der falsche Weg sind – welcher ist dann der richtige? Der richtige Weg ist, das Problem zu verstehen und auszudrücken, das die Beteiligten oder Kunden zu lösen versuchen. Dies geschieht in Form von *Unternehmensproblemstellungen*. Unternehmensproblemstellungen geben dem Projekt einen neuen Rahmen, der ausdrücklich verlangt, dass eine Produkterkundung stattfindet.

Es gibt zwar eine gewisse Flexibilität bei der Unternehmensproblemstellung, doch sollte sie zumindest ...

- das Team vor eine spezifische, zu lösende Herausforderung stellen, statt eine Reihe von Funktionen zu implementieren.
- eine kundenzentrierte Perspektive im Team verankern, sodass der Erfolg des Kunden ein integraler Bestandteil des Endziels ist.

- die Arbeit des Teams durch Richtlinien und Rahmenbedingungen fokussieren, die dem Team klar machen, was in den Aufgabenbereich fällt und was nicht.
- eindeutige klare Erfolgsmaßstäbe vorgeben, ausgedrückt als wichtige Leistungsindikatoren des Unternehmens (gewünschte Wirkung) oder spezifische Ergebnisse, die das Unternehmen bei seiner Zielgruppe erreichen möchte.
- keine Lösung vorgeben (dies ist überraschenderweise schwieriger, als es klingt).

Grundlegend bestehen Unternehmensproblemstellungen aus drei Teilen:

1. **Die aktuellen Ziele des Produkts oder Systems, an dem das Team arbeitet.** Mit anderen Worten: Warum wurde es überhaupt entwickelt? Welches Problem sollte es lösen? Welchen Nutzen sollte es liefern?
2. **Inwiefern hat sich die Welt verändert und inwiefern hat sich das negativ auf das Produkt ausgewirkt?** Mit anderen Worten: Wo werden die Ziele, die wir uns für dieses Produkt gesetzt haben, momentan nicht erreicht?
3. **Eine explizite Aufforderung zur Verbesserung des Produkts,** die keine Lösung vorgibt und die »Verbesserung« in Form von Ergebnissen quantifiziert.

Beachten Sie bei der Erstellung von Unternehmensproblemstellungen, dass Ihre anfänglichen Bemühungen wahrscheinlich von Annahmen geprägt sind. Sie werden feststellen, dass dies auf jeden Teil des Lean UX Canvas zutrifft. Das ist in Ordnung, sogar unvermeidlich. Denken Sie einfach daran, dass Sie bei der Arbeit an dem Problem – d. h. bei der Produkterkundung – möglicherweise Anhaltspunkte dafür finden, dass Sie an dem falschen Problem arbeiten, die falsche Zielgruppe ansprechen oder den Erfolg auf die falsche Weise messen. Das macht nichts. Deshalb betreiben Sie ja Produkterkundung! Stellen Sie nur sicher, dass Sie diese Erkenntnisse so schnell wie möglich an das Team und die Stakeholder weitergeben, damit Sie keine Zeit und Mühe mit einer ungültigen Problemstellung verschwenden.

So geht es

Um eine Unternehmensproblemstellung zu verfassen, können Sie sich natürlich informell mit Stakeholdern und Product Ownern zusammensetzen, um sie gemeinsam zu konzipieren. Wir wählen jedoch gerne das Workshop-Format mit dem gesamten Team. In diesem Fall empfehlen wir Ihnen die folgende Herangehensweise:

Bereitstellung von Kontext und Hintergrundinformationen für das Team. Diese Aufgabe fällt oft dem Produktmanager zu und ist entscheidend für die richtige Einordnung des Projekts. Zu den Fragen, die der Produktmanager für das Team beantworten sollte, bevor er eine Unternehmensproblemstellung verfasst, gehören:

- Welche Beobachtung bzw. Erkenntnis lässt uns vermuten, dass ein Problem besteht?
- An wen richten wir uns mit diesem Projekt?
- Wie fügt sich dieses Projekt in das Gesamtprogramm des Unternehmens ein?
- Welche Auswirkungen hat die Behebung (oder Nichtbehebung) dieses Problems auf das Unternehmen?

In einer großen Gruppe teilen Sie sich in Zweier- oder Dreiergruppen auf und verfassen den ersten Entwurf der Unternehmensproblemstellung in kleinen Gruppen. Kleine Gruppen können gemeinsam arbeiten. Nehmen Sie sich für dieses erste Design nicht mehr als 30 Minuten Zeit.

Hier ist die Vorlage, die wir für das Verfassen guter Unternehmensproblemstellungen für *bestehende Produkte* verwenden:

[Unser(e) Dienstleistung/Produkt] soll **[diese Unternehmens-/Kundenziele erreichen und diesen Nutzen liefern]**. Wir haben **[auf diese Weise]** festgestellt, dass das Produkt/die Dienstleistung diese Ziele nicht erreicht, was **[diese(s) nachteilige Auswirkung/Problem]** für unser Unternehmen bedeutet.

Wie können wir die Dienstleistung/das Produkt so verbessern, dass unsere Kunden zu ihrem Ziel kommen, was wir durch **[diese messbaren Veränderungen in ihrem Verhalten]** erkennen werden?

Wenn Sie an *ganz neuen Projekten* arbeiten, sieht die Vorlage wie folgt aus:

Der aktuelle Stand **[des Bereichs, in dem wir arbeiten]** konzentriert sich hauptsächlich auf **[diese Kundensegmente/Schmerzpunkte/Arbeitsabläufe usw.]**.

Die bestehenden Produkte/Dienstleistungen decken **[diese Lücke/Veränderung auf dem Markt]** nicht ab.

Unser(e) Produkt/Dienstleistung wird diese Lücke durch **[diese Produktstrategie oder diesen Ansatz]** schließen.

Unser anfänglicher Schwerpunkt wird **[dieses Zielgruppensegment]** sein.

Den Erfolg werden wir an **[dieser messbaren Verhaltensweisen bei unserer Zielgruppe]** erkennen.

Sobald die Paare oder Trios ihr erstes Design fertiggestellt haben, kommen Sie als Team wieder zusammen und lesen sich Ihre Entwürfe gegenseitig vor. Geben Sie Kritik und Feedback und stellen Sie Fragen zu jedem Design. Denken Sie daran, dass Kritik kein direkter Angriff auf das Projekt ist, sondern eher ein klärendes Gespräch, um besser zu verstehen, was die Autoren gemeint haben.

Sobald alle ihre Entwürfe ausgetauscht haben, schließen Sie sich zu größeren Gruppen von vier bis fünf Teammitgliedern zusammen und konsolidieren sie zu einem Statement-Entwurf. Nach der 30-minütigen Konsolidierung in den Untergruppen werden die überarbeiteten Entwürfe an das gesamte Team zurückgegeben. Verbringen Sie schließlich weitere 30 Minuten damit, die Entwürfe zu einer teamübergreifenden Unternehmensproblemstellung zusammenzuführen. Denken Sie daran, dass dies eine Technik zur Ermittlung von Annahmen ist. Es ist unvermeidlich, dass einige davon falsch sein werden, daher ist das Ziel von Feld 1 nicht, die perfekte Problemstellung zu schreiben. Vielmehr soll innerhalb des Teams eine Verständigung herbeigeführt werden, wohin die Initiative führen soll und woran Sie erkennen werden, dass Sie Ihr Ziel erreicht haben.

Denken Sie daran, dass es bei den Unternehmensproblemstellungen letztlich um die Projektcharta geht. Wenn die Stakeholder also noch nicht beteiligt waren, müssen Sie sie an diesem Punkt einbeziehen, um ihre Unterstützung zu erhalten.

Fügen Sie Ihren fertigen Entwurf der Problemstellung zu Ihrem Canvas hinzu.

Einige Beispiele für Problemstellungen

Hier ein Beispiel für eine gute Problemstellung:

Als wir unsere digitalisierten Kreditangebote für kleine und mittlere Unternehmen (KMU) auf den Markt brachten, bestand der Markt aus veralteten Produkten, die von herkömmlichen Bankinstituten verkauft wurden. In dieser Welt stachen unsere digitalen Kreditlösungen hervor und zogen KMU-Kunden an, die neue Möglichkeiten zur Zusammenarbeit mit ihrer Bank suchten. Da traditionelle Banken zunehmend als »Fintech«-Unternehmen agieren, ist der Markt überfüllt und sehr wettbewerbsintensiv geworden. In der Folge erhöhen sich unsere Akquisitionskosten, der Marktanteil stagniert und auch die Kosten für die Kundenbetreuung steigen.

Wie könnten wir den Kunden mit der Umgestaltung unserer KMU-Produktlinie das Gefühl geben, dass wir gezielt auf die Unterstützung ihrer modernen Unternehmen ausgerichtet sind, was wiederum unsere Akquisitionskosten senken und unseren Marktanteil erhöhen würde?

Dieses Beispiel ist relativ allgemein gehalten. Es zielt darauf ab, ein Problem auf der Ebene der Geschäftseinheit zu lösen. Es ist wichtig, dass das Team, das sich mit diesem Problem beschäftigt, die Kompetenz und den Handlungsspielraum hat, die Arbeit auf dieser Ebene zu beeinflussen. Wenn Sie geschäftliche Problemstellungen formulieren, die das Team nicht lösen kann, weil es nicht über den erforderlichen Einfluss verfügt, ist es zum Scheitern verurteilt.

Hier ein Beispiel für eine eher taktische Unternehmensproblemstellung, die einem Team auf Funktionsebene zugewiesen werden kann:

Die Funktion zum Abrufen von Passwörtern wurde implementiert, damit die Kunden im Fall eines verlorenen oder abgelaufenen Passworts schnell wieder an das Produkt gelangen können. Außerdem wird dieser zusätzliche SB-Dienst die Zahl der Anrufe beim Kundendienstzentrum verringern und damit unsere jährlichen Support-Telefonate insgesamt reduzieren, da die Bitten zum Zurücksetzen von Passwörtern mindestens 35 % der eingehenden Anrufe ausmachen.

Anhand von Analyseberichten und konsistentem Feedback aus Usability-Studien haben wir erfahren, dass unsere Kunden Schwierigkeiten haben, die Funktion zum Abrufen von Passwörtern zu finden, und selbst dann scheitern sie in mindestens 42 % der Fälle an der Komplexität des Vorgangs. Dies führt zu einem Anstieg der Callcenter-Supportkosten um 12 % und verstärkt gleichzeitig die Unzufriedenheit der Kunden mit unserem Produkt, was möglicherweise einen Anstieg der Abwanderungsrate um 0,7 % bedeutet.

Wie können wir die Kennwortabfrage so umgestalten, dass unsere Nutzer sie leichter bewältigen können? Ziel ist eine Abschlussquote von 90 % und Reduzierung der Anrufe beim Kundensupport wegen einer Kennwortrücksetzung um 50 %.

Worauf Sie achten sollten

Geben Sie keine Lösung vor. Häufig stellen wir fest, dass die Teams bei der Entwicklung einer Unternehmensproblemstellung Lösungen in die Problemstellung einfügen. Dies zeigt sich oft in Phrasen wie: »Wie können wir eine mobile App implementieren, die dieses Problem löst?« Lösungen sollten in dieser Technik überhaupt nicht vorkommen. Diese sind Feld 5 vorbehalten.

Das Niveau muss stimmen. Wir haben bereits erwähnt, dass Sie die Problemstellung auf das richtige Niveau bringen müssen, aber es lohnt sich, dies noch einmal zu wiederholen: Unabhängig davon, ob Sie Ihre eigenen Problemstellungen gemeinsam als Team verfassen oder ob jemand sie für Sie schreibt – Ihr Team sollte eine Problemstellung nur dann übernehmen, wenn es sie auch lösen kann. Wenn das Problem auf zu hohem Niveau formuliert ist, ist das Team nicht imstande, das Problem selbst zu lösen. Dies führt zu Frustration – nicht nur mit dem Team und innerhalb des Teams, sondern mit dem gesamten Lean-UX-Prozess.

Konkretisieren Sie. Häufig ist die Problemstellung auch zu unkonkret. Manchmal verzichten Teams auf explizite Metriken oder Anhaltspunkte in der Problemstellung. Exakte Angaben sind wichtig, um die Bedeutung des Problems zu verdeutlichen und klare Erfolgskriterien für das Team auf Unternehmensebene festzulegen. Drängen Sie im Zweifelsfall immer auf eine konkrete Aussage.

Schließlich ist die Konkretisierung nicht nur für die Metriken wichtig, sondern auch für den betreffenden Produktbereich. Teams verwenden Formulierungen wie »intuitive Benutzeroberfläche« oder »großartige Benutzererfahrung«, um bereits geleistete oder noch zu leistende Aufgaben zu beschreiben. In jedem Fall beschreiben solche Formulierungen (wenn auch abstrakt) Features, die in der Regel nicht in die Problemstellung aufgenommen werden sollten.

Im Folgenden finden Sie zwei Beispiele für derartige Formulierungen in geschäftlichen Problemstellungen und Hinweise für ihre Korrektur:

»Um unsere Einkaufserfahrung zu verbessern, implementierten wir eine intuitive Benutzeroberfläche, um den durchschnittlichen Bestellwert zu erhöhen.«

In diesem Beispiel ist nicht klar, was implementiert wurde, sodass das Team nicht konkret weiß, welche Teile der Benutzeroberfläche für eine Verbesserung infrage kommen.

Im nächsten Beispiel landet die mehrdeutige Formulierung im »Wie könnten wir«-Teil des Satzes. Dies mag harmlos wirken, fokussiert das Team bereits auf eine bestimmte Lösung, bevor irgendeine Erkundungsarbeit geleistet wurde:

»Wie können wir die Benutzeroberfläche intuitiver gestalten, damit die Kunden bei jedem Besuch mehr Artikel in den Einkaufswagen legen?«

Sie erkennen, dass der Projektrahmen dem Team vorgibt, sich nur um Verbesserungen der Benutzeroberfläche zu kümmern, statt nach der Ursache für die sinkenden durchschnittlichen Bestellwerte zu suchen.

Außerdem ist die »Entwicklung von intuitiven Benutzeroberflächen« ein Gemeinplatz. Niemand würde jemals sagen: »Wir werden eine ganz miese Benutzeroberfläche für die E-Commerce-Plattform entwickeln.«

| 6

Feld 2: Die Unternehmensergebnisse

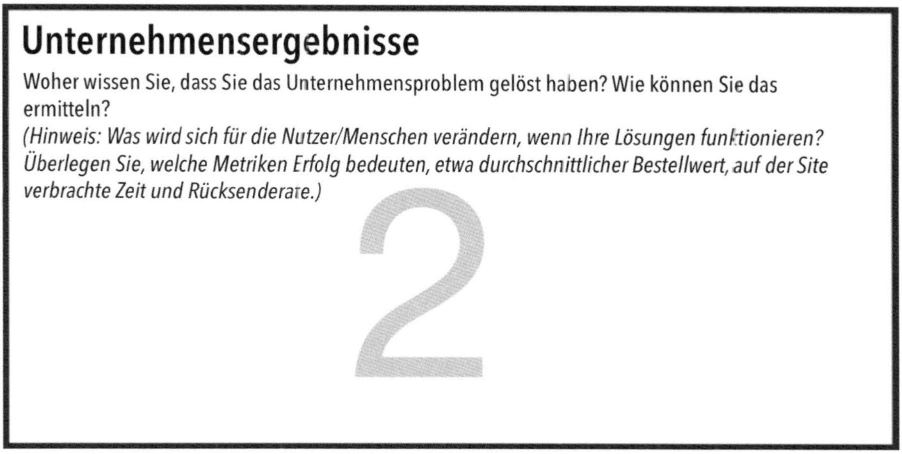

Abbildung 6.1: Feld 2 des Lean UX Canvas: Unternehmensergebnisse

Wir haben das Konzept der Ergebnisse in Kapitel 3, »Ergebnisse«, behandelt. In Feld 2 tauchen sie zum ersten Mal im Lean UX Canvas auf. Sobald Sie eine Unternehmensproblemstellung formuliert haben, sollten Sie die zentralen Verhaltensänderungen, die im Rahmen der Initiative angestrebt werden, genauer untersuchen. Normalerweise sind die Erfolgskriterien in einer Problemstellung sehr allgemein gehalten. Es handelt sich dabei in der Regel um wichtige Leistungsindikatoren oder Erfolgskennzahlen – also um Daten, die auf den Dashboards der Führungskräfte zu finden sind. Dabei kann es sich um Kennzahlen wie Umsatz, Gewinn, Kosten der verkauften Waren und Kundenzufriedenheit handeln. Sie sind hilfreich, um den Zustand des Unternehmens zu messen, aber die Teams auf Funktionsebene müssen niedrigschwelliger arbeiten.

In dieser Technik arbeiten wir gemeinsam daran, die führenden Indikatoren für diese Kennzahlen zu ermitteln. Wir versuchen, die folgende Frage zu beantworten: Was machen die Nutzer anders, wenn unsere Lösung funktioniert? Was erwarten wir, wenn wir die richtige Kombination aus Code, Text und Design wählen? In dieser Technik zur Ermittlung von Annahmen suchen wir Antworten auf diese Fragen.

Jede Möglichkeit in diesem Brainstorming sollte mit einem Verb beginnen, und jede Antwort sollte für eine sinnvolle Aktivität stehen, die der Kunde bereits im System durchführt, für eine nicht sinnvolle Aktivität, die der Kunde möglichst selten durchführen sollte, oder für eine neue Aktivität, die wir für sinnvoll halten und die der Kunde gerne durchführen würde. Im Wesentlichen geht es darum, die User Journeys zu durchdenken und auszuleuchten.

User Journeys verwenden

Das Ziel dieser Technik ist es, die erwünschten Verhaltensmuster der Kunden zu finden, auf die wir uns konzentrieren wollen. Dazu ist es hilfreich, mit einem Modell des Kundenverhaltens zu beginnen – was tun die Nutzer heute? Was ist dabei schwierig für sie? Was ist weder für sie noch für uns produktiv? Welche neuen, wertvollen Verhaltensweisen können wir erschließen? Zur Beantwortung dieser Frage können wir die Idee der User Journey nutzen.

User Journey Mapping kann sehr einfach sein. Wir können eine Vorlage wie Pirate Metrics oder Metrics Mountain verwenden (beide unten beschrieben). Oder wir können Tools aus dem Service Design verwenden, um eine User Journey Map zu erstellen. Unabhängig davon, für welchen Rahmen wir uns entscheiden: Es geht darum, das Team und die Stakeholder um die Map zu versammeln und ein gemeinsames Verständnis dafür zu entwickeln, wie sich die Nutzer in unserem System bewegen und welche Teile dieser Reise im Mittelpunkt unserer Arbeit stehen sollten.

Je nach Ihrer Situation finden Sie hier einige Modelle für den Anfang.

User-Journey-Typ: Pirate Metrics

Eine Möglichkeit, Ihre Erfolgskennzahlen zu ermitteln, ist die Verwendung von Pirate Metrics. Der Pirate Metrics Funnel, der beim Start-up-Inkubator 500 Startups entwickelt wurde, ist zu einer Standardmethode geworden, um die User Journey durch unsere Produkte zu ermitteln. In unserem Zusammenhang können wir mit seiner Hilfe ermitteln, welche Teile der User Journey für das anstehende Problem relevant sind.

Pirate Metrics setzt sich aus fünf Arten von kundenbezogenen Verhaltensweisen zusammen:

Acquisition – Akquisition

Diese Aktivitäten gewinnen die Kunden überhaupt erst für das Produkt. Denkbare Optionen sind hier die Anzahl der Downloads, die Besuche auf der Registrierungsseite, die Anzahl der Anmeldungen usw.

Activation – Aktivierung

Sobald ein Kunde akquiriert wurde, können wir messen, ob er das Produkt tatsächlich nutzt oder nicht. Zu den Kennzahlen gehören beispielsweise die Anzahl der erstellten Konten, die Anzahl der gefolgten Personen, der Prozentsatz der Neuanmeldungen, die einen Kauf getätigt haben, usw. Diese Metriken sollten die Kernfunktionalität des Produkts widerspiegeln.

Retention – Kundenbindung

Wenn wir die Kunden dazu bringen konnten, das Produkt auszuprobieren, besteht die nächste Herausforderung darin, sie dazu zu bewegen, es auch regelmäßig zu nutzen. »Regelmäßig« hängt in diesem Fall vom Kontext Ihres Produkts ab. (Bei Netflix würden Sie die täglichen Sehgewohnheiten messen, aber bei einem intelligenten, »lernenden« Thermostat würden Sie wahrscheinlich messen, wie wenige Interaktionen der Benutzer mit dem Gerät hatte.) Wenn wir Kunden an uns binden, kommen sie in der Regel häufig wieder, um das Produkt zu nutzen, sie machen mehr mit dem Produkt und sie verbringen auch mehr Zeit damit.

Revenue – Umsatz

Bezahlen die Kunden für das Produkt, nachdem wir sie darauf aufmerksam gemacht haben, sie überzeugt haben, es auszuprobieren, und nachdem sie es jetzt regelmäßig nutzen? Das ist die nächste Stufe des Commitments, das wir bei unseren Kunden anstreben. Unser Ziel ist es, herauszufinden, wo und wie wir Kunden in zahlende Nutzer umwandeln und wie sich diese Muster im Laufe der Zeit entwickeln. Zu den zu berücksichtigenden Metriken gehören der prozentuale Anteil der zahlenden gegenüber den nicht zahlenden Nutzern, der durchschnittliche Lifetime Value jedes Kunden usw.

Referral – Empfehlung

Der letzte Schritt im Pirate-Metrics-Trichter ist die Beurteilung, ob unsere Kunden anderen das Produkt empfehlen. Wenn die Nutzer das Produkt wirklich lieben, das Gefühl haben, dass sie einen Nutzen daraus ziehen und nicht mehr ohne das Produkt auskommen, werden sie dies ihren Freunden oder im Internet durch Bewertungen mitteilen. Dies ist das beste Marketing, das Sie bekommen können. Zu den Kennzahlen, die Sie hier verfolgen sollten, gehören der prozentuale Anteil der neuen Nutzer, die durch Empfehlungen gekommen sind, der prozentuale Anteil der derzeitigen Nutzer, die andere empfehlen, und die Akquisitionskosten pro neuem Nutzer.

An dieser Stelle haben Sie wahrscheinlich bemerkt, dass das Akronym der englischsprachigen Begriffe für diese Methode AARRR lautet, was angeblich der Sprache der Piraten entstammt – daher der Name Pirate Metrics. Da noch niemand von uns jemals einen Piraten getroffen hat, können wir nicht mit Sicherheit sagen, ob dies wahr ist.

User-Journey-Typ: Metrics Mountain

Eine Weile haben wir uns an der trichterförmigen Visualisierung der Pirate Metrics gestört. In der realen Welt kommt alles, was man in einen Trichter füllt, auch wieder heraus. Es dauert zwar etwas länger, aber die Vorstellung, dass etwas von der Flüssigkeit, die man oben in den Trichter gibt, unten nicht wieder hinausläuft, ist absurd. Schließlich befindet sich am anderen Ende ein Loch. Es muss doch eine bessere Metapher geben!

Anstelle eines Trichters präsentieren wir deshalb den Metrics Mountain (siehe Abbildung 6.2).

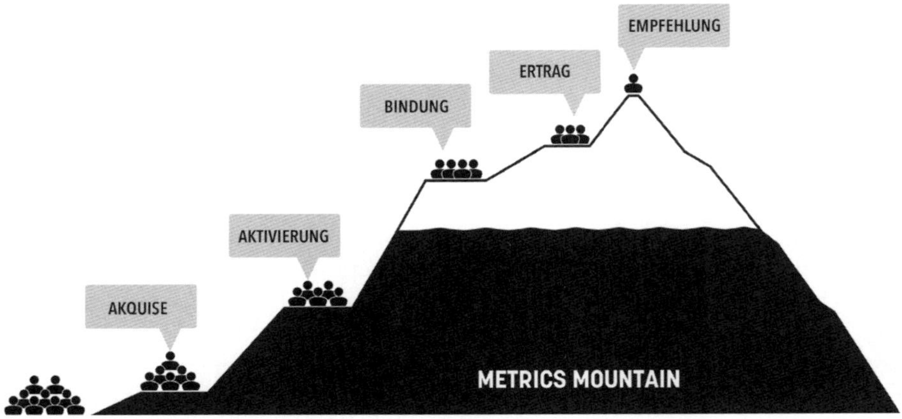

Abbildung 6.2: Metrics Mountain. Konzept von Jeff Patton und Jeff Gothelf.

Die Idee eines Bergs zur Veranschaulichung des Kundenlebenszyklus macht durchaus Sinn, denn unser Ziel ist es, so viele Kunden wie möglich auf die Spitze des Berges zu leiten. Realistischerweise werden wir aber auf dem Weg dorthin Kunden verlieren. Sie werden müde. Sie langweilen sich. Sie lassen sich ablenken. Sie wechseln zur Konkurrenz. Nicht jeder von ihnen schafft den Aufstieg (d.h., hier funktioniert die Trichter-Metapher nicht mehr).

Während Ihre Kunden den Metrics Mountain erklimmen, werden sie angeregt, immer mehr mit Ihrem Produkt oder Ihrer Dienstleistung zu unternehmen (der Aufstieg wird schwieriger). Ihr Ziel ist es, diesen Prozess so einfach wie möglich zu machen und sie zum Weitermachen zu motivieren. Manche von ihnen werden das tun – vor allem, wenn Sie ein überzeugendes Wertversprechen, eine überzeugende Benutzererfahrung und ein überzeugendes Unternehmensmodell bieten. Aber je höher die Kunden ein Stück des Bergs hinaufgestiegen sind, desto mehr von ihnen werden auch wieder absteigen. Unser Ziel sollte es sein, eine Erfahrung zu schaffen, die möglichst viele Menschen an die Bergspitze bringt.

Die Unternehmensergebnisse mit Metrics Mountain kommunizieren

Sie können die Berg-Metapher verwenden, um mit Ihrem Team und Ihren Stakeholdern über die Verhaltensmuster zu sprechen, die die Menschen bei der Nutzung Ihres Produkts durchlaufen sollten. Und so geht es:

1. Beginnen Sie an der Basis und ermitteln Sie, was der Nutzer zuallererst tun muss, um Ihr Produkt nutzen zu können. Wie gewinnen Sie ihn? Wie findet er das neue Feature, an dem Sie gerade arbeiten?
2. Definieren Sie ein »Plateau« auf dem Berg für jeden weiteren Schritt Ihrer Customer Journey und bestimmen Sie das Nutzerverhalten, das nötig ist, um dorthin zu gelangen.
3. Welchen Prozentsatz der Nutzer, die den Berg besteigen, würde Ihr Team bei jeder Stufe als Erfolg verbuchen? Tragen Sie diese Zahlen in das Bergdiagramm ein.

   Von der Gesamtzahl der täglichen Besucher sollen zum Beispiel mindestens 75 % die von Ihnen entwickelte neue Funktion erkunden, und 50 % dieser Nutzer sollen sie ausprobieren. Danach sollen mindestens 25 % der Nutzer, die die Funktion ausprobiert haben, sie weiterhin wöchentlich nutzen, und 10 % von ihnen sollen schließlich für die neue Funktion bezahlen.
4. Wenn Sie nicht sicher sind, wie die Customer Journey genau aussieht, nehmen Sie zunächst die Pirate Metrics als die fünf »Felsvorsprünge« des Bergs. Dies ist ein guter Ausgangspunkt für diese Technik.

User-Journey-Typ: Service Journeys und User Story Maps

Manchmal macht es keinen Sinn, die User Journey als Trichter oder Berg zu visualisieren. Sie kennen Ihr Produkt gut, und diese Modelle passen vielleicht nicht dazu. Erzwingen Sie nichts. Stattdessen können Sie eine Service Journey Map oder eine User Story Map erstellen, die den Weg des Nutzers durch Ihr

Produkt oder Ihre Dienstleistung genauer abbildet. Die Form ist hier nicht wirklich wichtig: Verwenden Sie die Methode, die für Sie und Ihr Produkt sinnvoll ist. Das Ziel ist, den Fluss durch das Produkt so zu visualisieren, dass er für alle sichtbar und nachvollziehbar wird, und dieses Modell dann zu nutzen, um die wichtigsten Teile der Reise zu beleuchten, die spezifischen Verhaltensweisen zu identifizieren, die für den Erfolg Ihrer Initiative entscheidend sind, und die Ergebniskriterien zu bestimmen, die den Erfolg dieser Reise kennzeichnen.

Outcome-to-Impact-Mapping: Ergebnis und Wirkung zuordnen

Outcome-to-Impact-Mapping ist eine weitere Methode, um die Verbindung zwischen den Kennzahlen in Ihrer Problemstellung und den taktischen Ergebnissen zu visualisieren, die Sie bei Ihren Kunden zu erzielen hoffen. Sie eignet sich gut für Ihr Team auf Funktionsebene und ist auch eine wirkungsvolle Technik, die Sie gemeinsam mit Ihren Stakeholdern durchführen können.

Diese Technik veranschaulicht zudem das Konzept der vorlaufenden und nachlaufenden Indikatoren. Sie werden feststellen, dass Wirkungskennzahlen eher nachlaufende Indikatoren sind – rückwärtsgerichtete Messungen von bereits Stattgefundenem. Im weiteren Verlauf der Technik werden Sie feststellen, dass viele der Metriken auf der unteren Ebene, die Ergebnisse, Frühindikatoren sind. Bei diesen Verhaltensweisen handelt es sich oft um die Ereignisse, die stattfinden müssen, bevor wir die Wirkungsmetrik erreichen können. Zum Beispiel muss ein Kunde erst unsere App herunterladen, bevor er Geld für unsere Dienstleistung ausgeben kann. Das Erste ist ein Frühindikator für das Zweite. Die Teams stellen oft fest, dass es viele Frühindikatoren für eine oder zwei Wirkungskennzahlen gibt. Diese Technik trägt dazu bei, diese Tatsache zu beleuchten, und zwingt zu einer (hoffentlich) produktiven Diskussion über die Prioritätensetzung.

Und so funktioniert es:

1. Versammeln Sie das Team und die Produktverantwortlichen in einem Besprechungsraum.
2. Bitten Sie die höchstbezahlte Person im Raum, das aktuelle strategische Ziel für das Jahr auf einer Reihe von Post-it-Notizen an einem Board ganz oben aufzuschreiben.
3. Bitten Sie diese Person (oder eine andere Führungskraft), darunter die Erfolgskennzahlen für diese Strategie aufzulisten. (Hinweis: Es sollte sich um Wirkungskennzahlen handeln, die oft nachlaufende Indikatoren sind.)
4. Ziehen Sie von jeder Wirkungskennzahl aus eine Linie nach unten (als ob Sie ein Organigramm erstellen würden).

5. Bitten Sie die Anwesenden, die Zeile unter den Wirkungskennzahlen mit den Verhaltensweisen der Kunden auszufüllen, die diese Kennzahlen beeinflussen (Frühindikatoren). Verwenden Sie Post-its und lassen Sie alle Anwesenden einzeln an einem ersten Brainstorming arbeiten.
6. Lassen Sie das Team nun unter der letzten eine weitere Zeile mit den Verhaltensweisen der Kunden erstellen, die die ursprünglichen Ergebnisse beeinflussen.

Zu diesem Zeitpunkt sollte Ihr Whiteboard so aussehen wie in Abbildung 6.3.

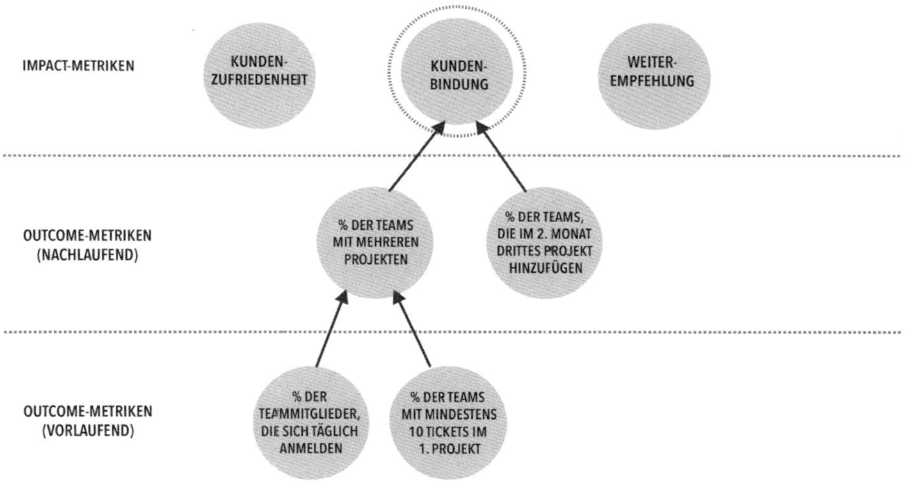

Abbildung 6.3: Outcome-to-Impact-Mapping

Wenn alle ihren Beitrag geleistet haben, sollten Sie Dutzende von Post-its an dem Board haben und damit eine Vielzahl von Kundenverhaltensweisen (Ergebnissen), die Ihrem Unternehmen helfen werden, seine strategischen Ziele und Wirkungsziele zu erreichen. Zu diesem Zeitpunkt ist Ihr Team vielleicht überfordert. In den meisten Fällen, in denen wir diese Technik durchgeführt hatten, war es dem Team nie in den Sinn gekommen, dass es so viele Möglichkeiten gab, positive Veränderungen zu bewirken.

Jetzt kommt der schwierige Teil. Bitten Sie das Team in einer Abstimmungsrunde (oder einem anderen moderierten Selektionsverfahren), die 10 Ergebnisse auszuwählen, auf die man sich ihrer Meinung nach zuerst konzentrieren sollte.

Damit haben Sie eine direkte Verbindung zwischen den Ergebnissen (dem Kundenverhalten) und den Wirkungskennzahlen (die den Führungskräften wichtig sind) hergestellt und die Teammitglieder zu einer Entscheidung gebracht, worauf sie sich im nächsten Zyklus konzentrieren sollten. Der letzte Schritt besteht darin, für jedes Ergebnis einen Ausgangspunkt (d. h. den heutigen Stand) und ein Ziel (d. h., wo man sich am Ende des Zyklus befinden soll) zu erstellen und diese dem Team für den nächsten Zyklus zuzuweisen.

Jedes Mal, wenn ein Team über die Fortschritte eines bestimmten Ergebnisses berichtet, wissen die Stakeholder nun genau, *warum* das Team daran arbeitet und *wie* sich dies auf die Wirkungskennzahlen auswirkt, die ihnen am wichtigsten sind.

Worauf Sie achten sollten

Nicht jede Zahl oder jeder Prozentsatz ist eine Ergebniskennzahl. Jeff arbeitete mit einem großen deutschen Einzelhandelskonzern an dieser speziellen Aufgabe. Das Ziel auf der Wirkungsebene bestand darin, den Umsatz in den gleichen Geschäften im Vergleich zum Vorjahr zu steigern. Während wir das Outcome-to-Impact-Mapping durchführten, fügten einige Teammitglieder den Ergebnissen Elemente hinzu, die lauteten: »Prozentsatz der Produkte unserer Marke im Regal«. Technisch gesehen handelt es sich hierbei zwar um eine Kennzahl, aber nicht um ein Maß für das Kundenverhalten. Es handelt sich um eine produktstrategische Entscheidung, von der sie sich ein bestimmtes Kundenverhalten erhoffen. Ein ähnliches Problem trat einmal bei einem anderen Kunden auf, der ein Automatisierungstool entwickelte. Ein Teammitglied gab den »Prozentsatz der manuellen Aufgaben« an, »die jetzt durch das System automatisiert werden«. Auch hier handelt es sich nicht um ein Maß für das Kundenverhalten. Es ist eine Facette des zu entwickelnden Systems, eine Produktentscheidung. Das eigentliche Ziel bestand darin, den Zeitaufwand der Mitarbeitenden für sich wiederholende Aufgaben zu verringern – eine gute Ergebniskennzahl.

Außerdem beobachten wir häufig, dass diese Diagramme chaotisch werden. In einem Buch oder auf einer PowerPoint-Folie wirken sie natürlich ordentlich – in der Realität sind unsere Unternehmen weniger linear und deshalb können die Diagramme etwas unübersichtlich werden (siehe Abbildung 6.4). Viele Teams stellen fest, dass ein Ergebnis mehrere Wirkungsmetriken beeinflusst (was durchaus vernünftig ist) und im gesamten Diagramm dupliziert werden muss. Erstellen Sie das Diagramm, das für Ihr Unternehmen und Ihr Team geeignet ist – aber nicht auf Kosten des Inhalts der Technik.

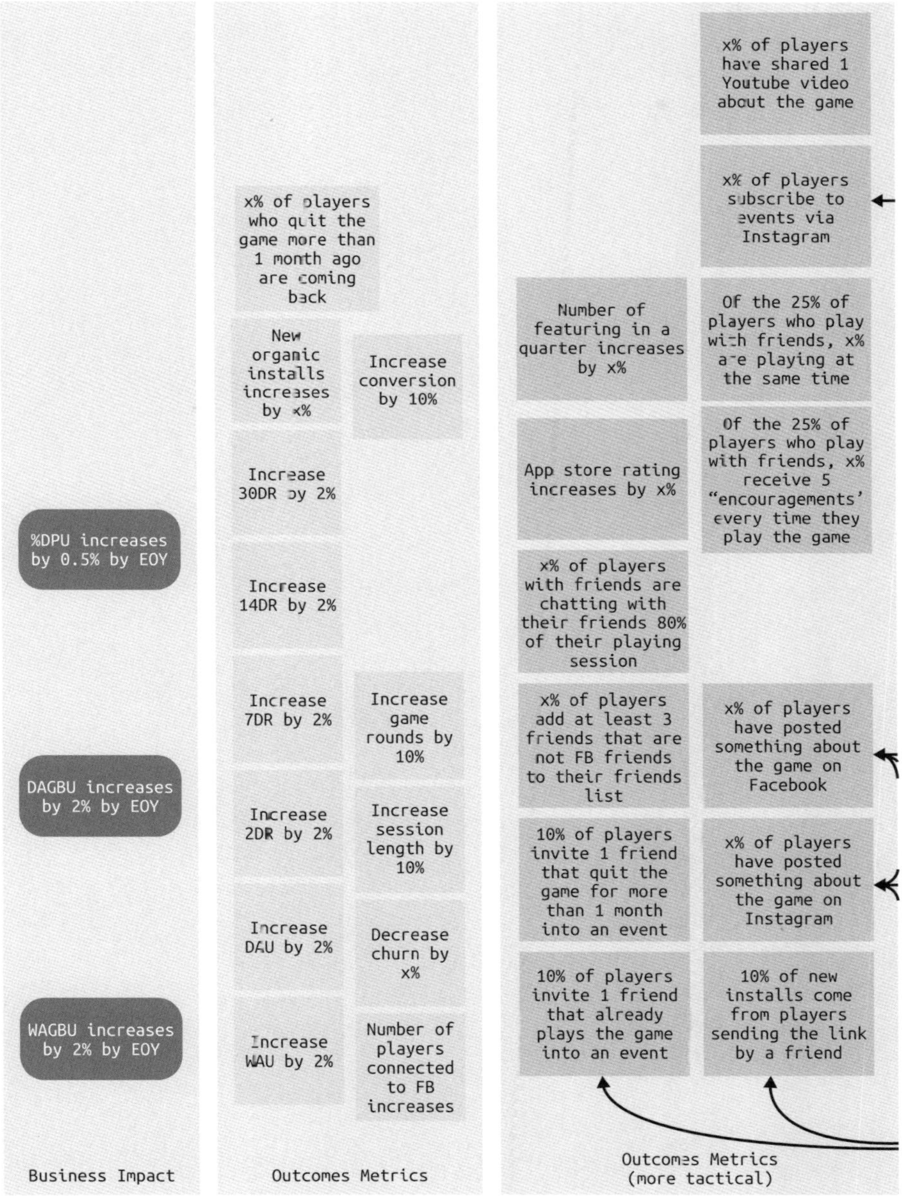

Abbildung 6.4: Ein Beispiel aus der Praxis für eine Outcome-to-Impact-Map, mit freundlicher Genehmigung von Delphine Sassi und dem Team von King

7

Feld 3: Nutzer

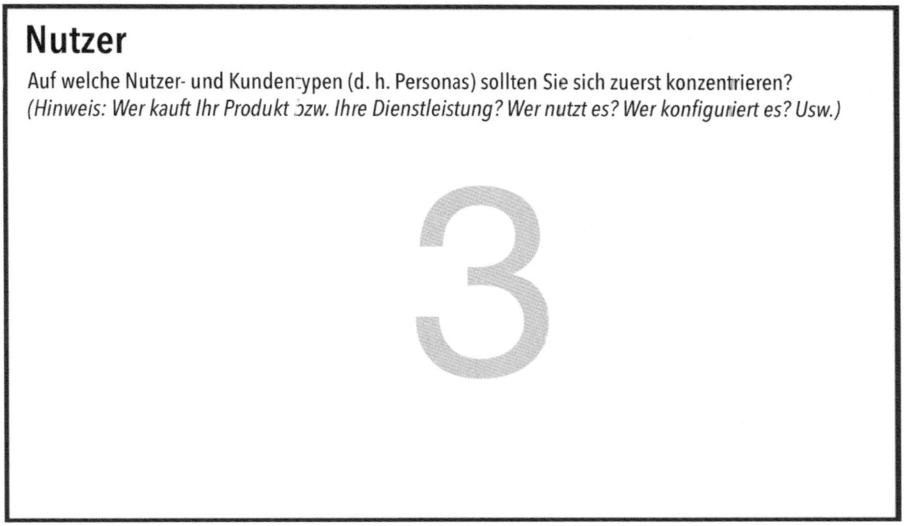

Abbildung 7.1: Feld 3 des Lean UX Canvas: Nutzer

Designer setzen sich seit jeher für die Endnutzer ein. Lean UX ändert daran nichts. Wenn wir Annahmen über unser Unternehmen und die gewünschten Ergebnisse treffen, müssen wir den Nutzer dennoch in den Mittelpunkt unseres Denkens stellen. Mit Feld 3 des Canvas beginnen wir eine tiefer gehende Auseinandersetzung mit unserer Zielgruppe.

Die meisten von uns betrachten eine Persona als ein Instrument, mit dem wir die in unseren Recherchen gewonnenen Erkenntnisse darstellen können. Und die Personas sind das Ergebnis langwieriger, teurer Studien. Allerdings gehen mit auf diese Weise erstellten Personas einige Probleme einher.

Erstens neigen wir dazu, sie als unantastbar zu betrachten, weil wir so viel Arbeit in sie gesteckt haben. Hinzu kommt, dass diese Personas oft von einer Forschungsgruppe oder einem Dienstleister erstellt wurden. Dadurch entsteht eine riskante Wissenslücke zwischen den Personen, die die Untersuchung durchgeführt haben, und denjenigen, die die Personas verwenden.

Bei Lean UX verändert sich die Reihenfolge der Abläufe im Persona-Prozess. Auch die Erstellung von Personas verändert sich: Sie wird von einer einmaligen Aktivität zu einem kontinuierlichen Prozess, den wir immer dann fortführen, wenn wir etwas Neues über unsere Nutzer in Erfahrung gebracht haben.

Bei diesem Ansatz gehen wir von Annahmen aus und führen dann Untersuchungen durch, um unsere Annahmen zu validieren. Anstatt in monatelangen Feldstudien Menschen zu befragen, entwickeln wir in einigen wenigen Stunden Proto-Personas. Diese sind unsere beste Vermutung darüber, wer unser Produkt nutzt (oder nutzen wird) und warum. Wir skizzieren sie auf Papier, wobei das gesamte Team mitarbeitet – wir wollen die Annahmen aller Beteiligten einbeziehen. Wenn wir dann weitere Untersuchungen durchführen, finden wir schnell heraus, wie exakt unsere anfänglichen Einschätzungen waren, und passen unsere Personas entsprechend an.

Proto-Personas stellen nicht nur den Kunden in den Mittelpunkt der Überlegungen eines vielfältigen Produktentwicklungsteams, sondern dienen auch zwei weiteren wichtigen Zwecken.

Gemeinsames Verständnis. Stellen Sie sich vor, Ihr Team sitzt an einem Tisch und jemand sagt das Wort »Hund«. Welches Bild sehen Sie vor Ihrem geistigen Auge? Ist es dasselbe Bild, das Ihrer Kollegin in den Sinn kommt (siehe Abbildung 7.2)? Woher wissen Sie das?

Abbildung 7.2: Hunde. Dieses Konzept verdanken wir unserem klugen Kollegen Adrian Howard.

Das Gleiche passiert, wenn jemand »der Nutzer« sagt. Der Proto-Persona-Ansatz stellt sicher, dass alle das gleiche Bild im Kopf haben, wenn jemand »der Nutzer« sagt.

Wir sind nicht die Nutzer. Oft nehmen wir einfach an, dass unsere Nutzer wie wir sind – vor allem, wenn wir die von uns hergestellten Produkte selbst verwenden. In Wirklichkeit haben unsere Kunden nur selten so viel technisches

Know-how wie wir. Eine Proto-Persona rückt externe Nutzer in den Mittelpunkt und die persönlichen Vorlieben des Teams in den Hintergrund.

Proto-Personas einsetzen

Ein Team, mit dem wir in New York zusammenarbeiteten, entwickelte eine App, die den Einwohnern von New York City das Community-Supported-Agriculture-Projekt (CSA) näherbringen sollte: Stadtbewohner legen ihr Geld zusammen und nehmen einem lokalen Landwirt die Produkte einer ganzen Saison ab. Der Landwirt liefert dann wöchentlich die Ernte an die CSA-Mitglieder. Viele davon sind Menschen Ende 20, Anfang 30, die ein ausgefülltes Arbeits- und Sozialleben und die Teilnahme am CSA-Projekt unter einen Hut bringen müssen.

Das Team nahm an, dass die meisten CSA-Kundinnen Frauen waren, die gerne kochten. Sie verbrachten etwa eine Stunde damit, eine Persona namens Susan zu erstellen. Doch als sie sich auf den Weg machten, um bei jungen Berufstätigen in den 20ern zu recherchieren, merkten sie schnell, dass die überwältigende Mehrheit der Köche und damit der potenziellen Nutzer der App junge Männer waren. Sie kehrten ins Büro zurück, überarbeiteten ihre Persona und schufen Anthony.

Anthony erwies sich als ein weitaus genauerer Zielnutzer. Das Team hatte keine Zeit damit verschwendet, Ideen für die falsche Zielgruppe zu verfeinern. Sie konzentrierten sich nun auf eine Zielgruppe, die zwar immer noch nicht perfekt, aber doch weitaus korrekter war als ihre ursprünglichen Annahmen.

Die Proto-Persona-Vorlage

Wir skizzieren Proto-Personas gerne auf Papier in drei handgezeichneten Abschnitten (siehe Abbildung 7.3). Der obere linke Quadrant enthält eine grobe Skizze der Persona mit ihrem Namen und ihrer Rolle. In das rechte obere Feld werden grundlegende demografische, psychografische und verhaltensbezogene Informationen eingetragen. Ein typisches Verhaltensmuster bei Personas ist die Überbetonung der demografischen Daten. Bei der Produktgestaltung geht es jedoch weniger um demografische Daten als vielmehr um Bedürfnisse, Ziele und Verhaltensweisen. Konzentrieren Sie sich bei demografischen Dateien deshalb auf Informationen, die ein bestimmtes Verhalten vorhersagen, das für unser Produkt oder unsere Dienstleistung relevant ist. Zum Beispiel ist in bestimmten Fällen das Alter der Persona völlig irrelevant, während der Zugang zu einem bestimmten Gerät, wie z. B. einem iPhone, ihre Interaktion mit Ihrem Produkt völlig verändert. Wir notieren nur die »Unterschiede, die einen Unterschied machen«.

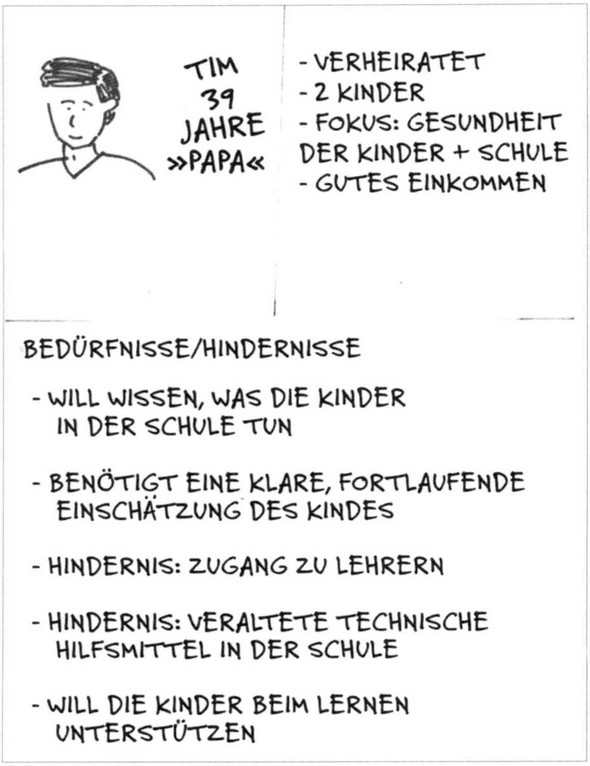

Abbildung 7.3: Eine fertige Proto-Persona-Vorlage

In die untere Hälfte der Proto-Persona tragen wir die wichtigsten Details ein. Hier erfassen wir die Ziele, Bedürfnisse, gewünschten Ergebnisse und die Hindernisse, die die Persona von der Erfüllung dieser Bedürfnisse abhalten. Denken Sie daran, dass Benutzer selten »Features« brauchen. Sie möchten vielmehr ein bestimmtes Ziel erreichen. (Es ist nicht immer ein konkretes Ziel: manchmal ist es ein emotionales Ziel, ein unausgesprochener Wunsch usw.) Es ist unsere Aufgabe, zu entscheiden, wie die Persona ihre Ziele am besten erreichen kann.

So geht es

Auch die Persona-Erstellung beginnen wir gerne mit einem Brainstorming:

1. Die Teammitglieder äußern zunächst ihre Meinung darüber, an wen sich das Projekt richten sollte und wie sich dies auf die Nutzung des Produkts auswirken würde.

2. Das Team erstellt eine Liste von Persona-Typen. Diese Liste könnte z.B. Zielsegmente wie »Studierende«, »Streaming-Fans«, »medizinisches Personal« usw. enthalten.
3. Grenzen Sie die eingebrachten Ideen auf eine erste Gruppe von drei bis vier Personas ein, die das Team für die wahrscheinlichste Zielgruppe hält.
4. Versuchen Sie, die Personas nach Bedürfnissen und Rollen zu differenzieren und nicht nach demografischen Informationen.
5. Nachdem Sie die Liste der potenziellen Nutzer eingegrenzt haben, sollte das Team die Vorlage für jede einzelne Proto-Persona vervollständigen. Sie können sich in kleine Gruppen aufteilen, wobei sich jede Gruppe auf eine Persona konzentriert, um diese dann in der Gruppe zu besprechen.
6. Überarbeiten Sie die einzelnen Personas anhand dieses Feedbacks.

Sobald Sie sich auf eine Reihe von Personas geeinigt haben, teilen Sie diese mit Ihren Kollegen außerhalb des Teams und bitten Sie sie um ihre Meinung.

Frühzeitige Validierung

An diesem Punkt des Prozesses können Sie anfangen, Ihre frühen Annahmen zu überprüfen. Dies ein guter Zeitpunkt, einige davon zu testen, bevor zu viele Annahmen geäußert werden. Verwenden Sie Ihre Personas als Rekrutierungsziele, um mit Ihren Recherchen zu beginnen.

Auf der Grundlage Ihrer Proto-Personas können Sie unmittelbar drei Dinge feststellen:

1. Gibt es den Kunden überhaupt?

   Bei der Rekrutierung von Testpersonen für Ihre Personas finden Sie schnell heraus, wie realistisch die Annahmen Ihres Teams sind. Wenn Sie keine Leute finden können, die zu der Persona passen, gibt es sie wahrscheinlich nicht. Lernen Sie daraus und bearbeiten Sie Ihre Personas.

2. Haben die Kunden die vermuteten Bedürfnisse überhaupt und bestehen die vermuteten Hindernisse tatsächlich?

   Mit anderen Worten: Lösen wir reale Probleme? Sie können dies ganz einfach in Erfahrung bringen, indem Sie die rekrutierten Personen beobachten und mit ihnen sprechen. Wenn diese Interviews und Beobachtungen das Problem nicht bestätigen, dann entwickeln Sie Lösungen für Probleme, die nicht existieren – und das bringt nur selten etwas.

3. Würden die Kunden eine Lösung für dieses Problem zu schätzen wissen?

   Nur weil es den Kunden und sein Problem tatsächlich gibt, heißt das noch lange nicht, dass er eine neue Methode zur Lösung dieses Problems zu schätzen weiß. Mit anderen Worten: Nur weil ein Kunde jeden Tag Bananen in seinem Müsli isst und nicht gerne Bananen schneidet, bedeutet das nicht, dass er Ihren Bananenschneider kaufen würde (siehe Abbildung 7.4). Sie müssen in Erfahrung bringen, wie Ihre Kunden ihre Bedürfnisse derzeit befriedigen und wie wahrscheinlich es ist, dass Ihre Idee die bisherige Lösung ersetzen kann. Wenn Sie versuchen, bewährte Werkzeuge wie E-Mail oder Tabellenkalkulationen zu verdrängen, könnten Sie sich auf einen harten Kampf einstellen. Dies sollten Sie möglichst frühzeitig in Erfahrung bringen.

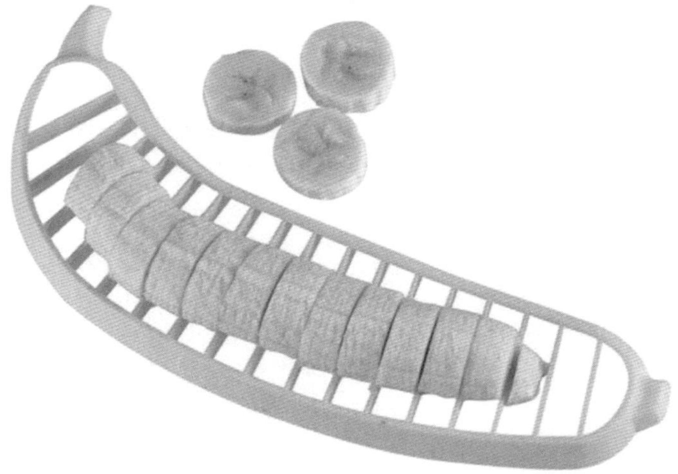

Abbildung 7.4: Der Bananenschneider. Wer kauft so etwas?

Wir arbeiteten einmal mit einem Start-up-Unternehmen zusammen, das die Anforderungen von Angel-Investoren bediente: Es erstellte ein Onlineverzeichnis für alle Aspekte, die mit den Angel-Investitionen zu tun hatten. Es war ein robustes Produkt, das versprach, das Leben dieser Nutzer zu rationalisieren und zu vereinfachen. Als wir in das Projekt eintraten, erstellten wir gemeinsam mit dem Team Proto-Personas und machten uns auf die Suche nach der Zielgruppe. Es stellte sich heraus, dass das gar keine Herausforderung war. Zumindest in den Vereinigten Staaten gibt es viele Leute, die als Angel-Investoren infrage kommen (d.h., sie haben 50.000 bis 100.000 Dollar für Investitionen zur Verfügung). Die Persona existiert!

Als Nächstes begannen wir, mit diesen Leuten zu sprechen, um herauszufinden, ob wir ein echtes Problem für sie lösen konnten. Es stellte sich heraus, dass es in der Tat mühsam war, Pitch Decks, Term Sheets, Cap Tables und Informationen zu Folgerunden für diese Zielgruppe zu verfolgen. Das Problem existierte! Jetzt wurde es spannend.

Schließlich erkannte das Team einen Trend, als sich das Gespräch auf digitale Lösungen für dieses Problem konzentrierte. Die überwältigende Mehrheit unserer Zielgruppe – etwa 95 % – investierte ein- oder maximal zweimal im Jahr. Bei ein oder zwei Investitionen pro Jahr funktionieren E-Mail und Microsoft Excel ganz gut. Unsere Zielgruppe war mit diesen Tools bestens vertraut, und kein noch so robustes, komplexes oder benutzerfreundliches Online-Investitionsmanagement-Tool konnte sie dazu bewegen, E-Mail und Excel zugunsten unseres Produkts aufzugeben. Das Tool, das wir entwickeln wollten, war für die 5 % der professionellen Anleger gedacht – und diese Gruppe war viel zu klein, um den Aufwand für das Produkt zu rechtfertigen, das wir entwickeln wollten. Wie Sie sich vorstellen können – ein schwieriges Gespräch im Büro. Nur weil es die Persona gibt und Sie ein echtes Problem für sie lösen, bedeutet das nicht immer, dass die Zielgruppe Ihre Lösung auch zu schätzen weiß. Lieber finden Sie das jetzt, in Feld 3 des Lean UX Canvas, heraus, und nicht erst, wenn Sie mit der Bereitstellung des Codes an die Produktion begonnen haben.

Worauf Sie achten sollten

Viele Teams, mit denen wir im Laufe der Jahre zusammengearbeitet und mit denen wir uns beschäftigt haben, erstellen Proto-Personas. Nur wenige überarbeiten sie jedoch nach der Ersterstellung tatsächlich noch einmal. Betrachten Sie Proto-Personas unbedingt als lebende Dokumente. Nach dem Kundengespräch, bei jeder Usability-Studie sollten Sie sich fragen, welche aktuellen Annahmen über die Zielgruppe noch zutreffen. Wenn sich neue Informationen ergeben, sollten Sie diese zur Diskussion stellen und die Personas anpassen, damit künftige Recherchen gezielter und erfolgreicher sein können.

8

Feld 4: Nutzerergebnisse und -vorteile

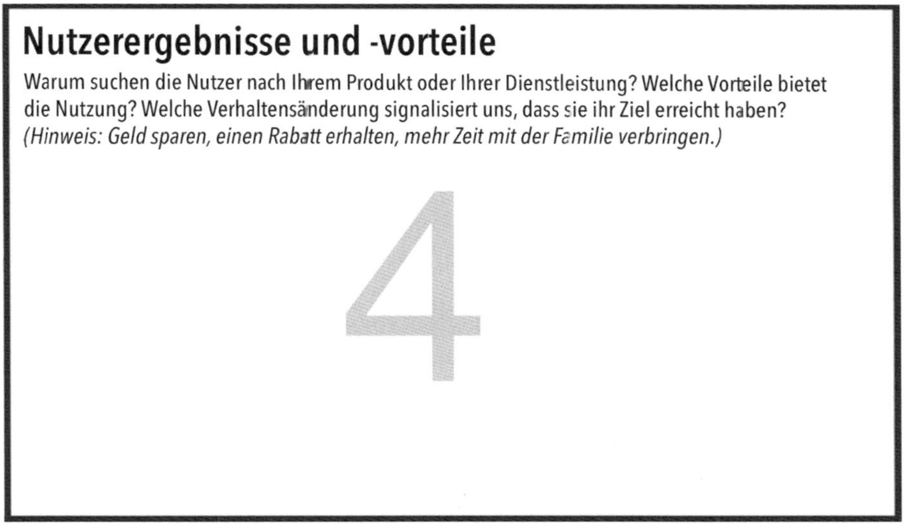

Abbildung 8.1: Feld 4 des Lean UX Canvas: Nutzerergebnisse und -vorteile

Trotz der Verbreitung agiler Techniken wie User Storys gehen die Benutzer und ihre Ziele oft in den langwierigen Debatten über Funktionen, Designs und technische Implementierungen unter. Empathie ist das Herzstück großartiger Produkte und Dienstleistungen. Designer haben oft die Aufgabe, sich empathisch für die Nutzer einzusetzen. Wie wir mittlerweile wissen, ist dies nicht ausschließlich die Aufgabe von Designern. Ein besseres gemeinsames Verständnis und ein tieferes Einfühlungsvermögen für die Nutzer und ihre Ziele erreichen wir, wenn die Teams ihre Annahmen über die Ziele der Nutzer in Form von Ergebnissen und Vorteilen definieren.

Bevor Sie mit Feld 4 beginnen, fragen Sie sich vielleicht: Was ist der Unterschied zwischen Unternehmensergebnissen, Kundenergebnissen und Nutzerergebnissen? Eine gute Frage. Betrachten wir ein Beispiel: Sie arbeiten für ein

Unternehmen, das Software zur Erfassung von Unternehmensausgaben herstellt.

Das Ziel des Unternehmens ist es, mehr Kunden zu gewinnen, die bestehenden Kunden zu halten und den monatlichen Ertrag aus den Software-Abonnements zu steigern.

Die Kunden dieses Unternehmens – andere Unternehmen, die die Spesenerfassungs-Software für ihre Mitarbeitenden kaufen – möchten die Effizienz ihrer Buchhaltungsteams verbessern, die Zahlung von nicht erstattungsfähigen Ausgaben reduzieren und die Gesamtbetriebskosten senken.

Die *Nutzer* der Software sind die Mitarbeitenden dieser Kundenunternehmen. Ihr Ziel ist es, ihre Ausgaben so schnell wie möglich erstattet zu bekommen und diese Ausgaben so zügig wie möglich korrekt einzugeben.

All dies sind zwar durchaus verhaltensbasierte Ergebnisse, aber mit jeweils eigenem Blickwinkel. Mit anderen Worten: Sie betreffen die unterschiedlichen Ziele der verschiedenen Personengruppen.

Neben der Verhaltensänderung gibt es auch emotionale Ziele auf Kunden- und Benutzerebene. Die *Käufer* dieser Software wollen das Gefühl haben, dass sie dem Unternehmen zu mehr Erfolg und Rentabilität verhelfen. Sie wollen bei ihren Chefs gut dastehen und auf ihren spezifischen Beitrag zum Unternehmenserfolg verweisen können. Dies motiviert sie, eine Software für die Kostenerfassung zu suchen, mit der sie dies problemlos erreichen können.

Die *Nutzer* der Software möchten ihre Ausgaben schnell erstattet bekommen und sich darauf verlassen können, dass diese ohne eine Unzahl von bürokratischen Hürden und Ärger mit dem Unternehmen vollständig erstattet werden. Dies motiviert diese Benutzer dazu, die Software sorgfältiger und bewusster zu nutzen, statt sie als ein weiteres IT-Tool des Unternehmens zu verwenden, das nicht genutzt oder umgangen wird.

Es sollte erwähnt werden, dass alle diese Ergebnisse wichtig sind und ausdrücklich als Unternehmens-, Kunden- oder Benutzerergebnisse genannt werden sollten. Allerdings sind nicht alle quantifizierbar. Es ist schwierig, die emotionalen Ziele der Benutzer zu erreichen – vor allem, wenn das Team sich gerne auf Metriken konzentriert, da diese emotionalen Faktoren auf unterschiedliche Weise gemessen werden. Aber nur weil es schwierig ist, heißt das nicht, dass Sie dieser Art von Zielen keine Aufmerksamkeit schenken sollten. Solche emotionalen Ziele sind von entscheidender Bedeutung: Sie helfen den Teams zu verstehen, welche Art von Erfahrung sie vermitteln wollen, und führen letztendlich, wenn Sie es richtig anpacken, zu einer besseren Performance bei den quantifizierbaren Messgrößen.

So geht es

Nachdem Sie Ihre Proto-Personas erstellt haben, können Sie das Material im unteren Teil der Proto-Personas als Kommunikationsgrundlage verwenden. Arbeiten Sie sich einzeln, in kleinen Gruppen oder als ganzes Team durch jede Proto-Persona. Verwenden Sie die folgenden Fragen als Anregung:

Was möchte der Benutzer erreichen?

Beispielantwort: Ich möchte ein neues Smartphone kaufen.

Wie möchte sich der Nutzer während des Prozesses und danach fühlen?

Beispielantwort: Ich möchte das Gefühl haben, dass ich das für mich geeignete Handy zu einem guten Preis bekommen habe und dass ich mit anderen Leuten mithalten kann (d.h., ich möchte mich cool fühlen).

Inwiefern bringt unser Produkt oder unsere Dienstleistung den Nutzer einem Lebensziel oder Traum näher?

Beispielantwort: Ich möchte technisch versiert wirken und dafür respektiert werden.

Warum sollte der Nutzer Ihr Produkt in Anspruch nehmen?

Beispielantwort: Ich möchte mit meinen Freunden in der Schule mithalten.

Welche Verhaltensänderung sagt uns, dass die Persona ihr Ziel erreicht hat?

Beispielantwort: Sie nimmt ihr neues Smartphone jeden Tag mit in die Schule.

Beachten Sie, dass nicht jedes Nutzerergebnis auf allen Ebenen existiert. Diese Überlegungen können Ihnen jedoch helfen, wichtige Dimensionen Ihrer Lösung zu finden, an denen Sie arbeiten können – von den eher funktionalen, aufgabenorientierten bis hin zu den emotionalen, erfahrungsorientierten Ergebnissen.

In diesem Abschnitt des Canvas befasst sich das Team mit der emotionalen Seite. Hier geht es nicht um Funktionen, Pixel oder Code. Wir wollen verstehen, warum unsere Personas nach unserem Produkt suchen, und was sie tun könnten, sobald sie es gefunden haben. Wenn es an der Zeit ist, das Produkt zu testen, zu vermarkten oder zu bewerben, wird dieser Abschnitt zu einer Goldgrube für Inhalte, Handlungsaufforderungen und hilfreiche Anleitungstexte.

Worauf Sie achten sollten

Manchmal konzentriert man sich so sehr auf die Funktionen, dass diese Technik quasi zu einem rekursiven Vorgang wird. Wir haben erlebt, dass Teams in diesem Abschnitt Funktionen notieren, weil sie dies mit der Motivation der Kunden verwechseln. Es geht bei dieser Technik nicht darum, den Anwendernutzen als »Kalenderintegration« festzuhalten. Vielmehr geht es darum, die eigentlichen Bedürfnisse des Benutzers zu verstehen. »Nie wieder zu spät zu einer Besprechung kommen« ist für den Benutzer viel wichtiger und überzeugender als die Benennung der Funktion, die ihm dabei helfen wird. Apple ist immer sehr gut darin, das iPhone auf diese Weise von Samsung-Smartphones und anderen Wettbewerbern zu unterscheiden. Während die Konkurrenz mit Funktionen wie »12-Megapixel-Kamera« wirbt, wirbt Apple mit »Zeig Oma am anderen Ende des Landes das Baby«.

| 9

Feld 5: Lösungen

Abbildung 9.1: Feld 5 des Lean UX Canvas: Lösungen

Endlich sind wir an dem Punkt im Lean-UX-Prozess angelangt, an dem wir über Lösungen diskutieren können. Das ist durchaus gewollt. Zwar hätten wir auch mit einer Diskussion über die gewünschten Lösungen oder Funktionen anfangen können (und meist fangen Projekte genau dort an: mit erforderlichen Lösungen!), aber unsere Arbeit wird besser, wenn wir einen Schritt zurücktreten und einige Randbedingungen festlegen. In unserem Fall haben wir mit der Unternehmensproblemstellung, den Unternehmensergebnissen, der Arbeit an den Personas und der Diskussion über die Ergebnisse und Vorteile für die Benutzer bereits einen gewissen Rahmen gesteckt. Ohne diesen lösen wir entweder das falsche Problem für die falschen Leute oder wir erhalten diffuse und wenig zielgerichtete Lösungen. Alle bislang formulierten Annahmen schränken den Raum ein, in dem wir Lösungen schaffen können, und Kreativität gedeiht in einem begrenzten Rahmen.

Wir haben noch nicht mit der detaillierten Designarbeit begonnen. Diese folgt erst, wenn wir das Canvas fertiggestellt haben. Wir werden uns jedoch langsam darüber klar, was uns und unsere Kunden von ihrem derzeitigen zum Zielzustand bringen wird.

So geht es

Wie bei den meisten Techniken zur Feststellung von Annahmen gibt es mehrere Möglichkeiten, sie durchzuführen. Im Folgenden listen wir einige Ansätze auf, die Ihnen den Einstieg erleichtern sollen, aber Sie können gerne Ihre bevorzugten Techniken für das Design-Brainstorming wählen, die Ihnen und Ihrem Team bei der Durchführung von Feld 5 helfen.

Affinity Mapping

Affinity Mapping ist der einfachste und leichteste Weg, um das Team für Feld 5 zur Zusammenarbeit zu bewegen. Jede Person führt für sich ein Brainstorming zu Ideen durch, die das Unternehmensproblem lösen und die gewünschten Unternehmens- und Nutzerergebnisse für Ihre Zielpersona erzielen können. Sie sollte sich so viele Ideen wie möglich einfallen lassen und jede Idee auf einer Post-it-Notiz festhalten. Jedes Brainstorming ist nur so gut wie die zugrunde liegende Frage. In diesem Fall lautet die Frage, die Sie Ihrem Team stellen sollten:

Welche Lösungen können wir konzipieren und entwickeln, um unsere Personas zu bedienen und die von ihnen gewünschten Ergebnisse zu erzielen?

Jedes Teammitglied kann fünf Minuten lang Wörter auf die Post-it-Zettel schreiben oder kleine Skizzen anfertigen. Anschließend tauscht das Team seine Ideen untereinander aus und gruppiert ähnliche Ideen, bevor alle Beteiligten über die Ansätze abstimmen, die wohl die größten Erfolgsaussichten haben.

Mit dem Affinity Mapping kommen Sie zwar am schnellsten voran, aber wenn Sie sich hier Zeit nehmen, können Sie zusätzliche Vorteile erzielen, die über die bloße Suche von Lösungsideen auf hohem Niveau hinausgehen.

Kollaboratives Design: Ein strukturierter Ansatz

Ein ganz gezielter Weg zur Entwicklung von Lösungsideen ist eine kollaborative Designmethode, die auch unter dem Namen Design-Studio bekannt ist. (Mehr über kollaborative Designmethoden, einschließlich Design-Sprints, erfahren Sie in Kapitel 14.) Wenn Sie alle Beteiligten zu einer formellen Arbeitssitzung versammeln möchten, ist das Design-Studio eine gute Methode.

Mit dieser Technik, die aus der Architekturwelt stammt und dort Charrette-Verfahren genannt wird, kann ein interdisziplinäres Team mögliche Lösungen für ein Designproblem visualisieren. Organisatorische Silos werden aufgebrochen, ein Forum für die Perspektive Ihrer Teamkollegen entsteht.

Wenn Sie Designer, Entwickler, Fachexperten, Produktmanager, Unternehmensanalysten und andere Fachleute an einem Ort zusammenbringen und sich auf dieselbe Herausforderung konzentrieren, geht das Ergebnis weit über die Möglichkeiten der Arbeit in Silos hinaus. Das hat noch einen weiteren Vorteil. Es unterstützt die Vertrauensbildung innerhalb Ihres Teams, die notwendig ist, um von formellen Sitzungen zu einer regelmäßigen, informellen Zusammenarbeit zu kommen.

Eine Design-Studio-Session durchführen

Die nachfolgend beschriebene Technik ist sehr konkret; Sie sollten jedoch je nach Situation und Zeitplan weniger oder mehr formale Design-Studio-Sessions durchführen. Die genaue Durchführung des Rituals ist nicht so wichtig wie die gemeinsame Problemlösung mit Ihren Kollegen und Kunden. Egal, welchen Ansatz Sie wählen – denken Sie daran: Das Ziel besteht darin, Ideen zu sammeln, die Ihr Unternehmensproblem lösen.

Voraussetzungen

Für die Durchführung einer Design-Studio-Sitzung sollten Sie ein passendes Zeitfenster finden, in dem Sie das Team zusammenbringen können. Planen Sie mindestens drei Stunden ein. Sie brauchen einen Raum mit Tischen, an denen sich die Teilnehmenden zusammensetzen können. Der Raum sollte über ausreichend Platz an den Wänden verfügen, damit Sie die aktuellen Fortschritte dort dokumentieren können.

Wenn Sie virtuell arbeiten, verwenden Sie ein gutes Team-Whiteboard-Tool wie Mural oder Miro. Planen Sie etwas Zeit ein, damit sich alle mit dem von Ihnen gewählten Tool vertraut machen können – möglicherweise dauert es zu Beginn der Sitzung etwas, bis sich alle mit den Tools auskennen.

Das Team

Die Technik funktioniert am besten in einem Team aus fünf bis acht Personen. Wenn es mehr Leute sind, bilden Sie lieber mehrere Teams, die am Ende ihre Ergebnisse vergleichen. (Größere Gruppen benötigen viel Zeit für die Besprechungs- und Feedbackphase, deshalb ist es wichtig, Gruppen mit mehr als acht Personen in kleinere Teams aufzuteilen, die den geschilderten Prozess parallel durchführen können und erst zum Abschluss zusammenkommen.)

Bei Remote-Sessions kommt ein Videokonferenzraum ins Spiel. Da wir keinen physischen Raum aufteilen können, bieten Videokonferenzräume den Teams die für ihre Arbeit benötigte Privatsphäre und Konzentration.

Vorgehensweise

Eine Design-Studio-Session läuft folgendermaßen ab:

- Problemdefinition und Randbedingungen
- Individuelle Ideenfindung
- Präsentation und Besprechung
- Iteration und Optimierung in Paararbeit
- Ideenfindung im Team

Materialien

Vor Ort benötigen Sie die folgenden Materialien:

- Bleistifte, Buntstifte
- Kugelschreiber
- Filzschreiber oder Ähnliches (in mehreren Farben/Stärken)
- Leuchtmarker (in mehreren Farben)
- Skizzenvorlagen (Sie können vorgedruckte Schablonen mit einem Einser- und Sechserraster benutzen oder in sechs Felder unterteilte, leere DIN-A3-Bögen)
- selbst haftende DIN-A1-Flipchart-Blöcke
- Klebepunkte (oder andere kleine Aufkleber)

Bei virtuellen Teams erübrigen sich all diese Werkzeuge zugunsten des von Ihnen gewählten Online-Kollaborationstools. Dennoch bitten manche Moderatoren die Mitglieder des virtuellen Teams trotzdem, erste Skizzen mit Papier und Stift zu erstellen, diese zu fotografieren und dann über das Online-Whiteboard-Tool zu teilen.

Problemdefinition und Rahmenbedingungen (15 Minuten)

Der erste Schritt im Design-Studio besteht darin, sicherzustellen, dass sich alle Beteiligten der bisherigen Annahmen bewusst sind. Dazu gehören das Unternehmensproblem, das Sie lösen möchten, die Ergebnisse, die den Erfolg der Bemühungen definieren, die Benutzer, die Sie bedienen, und die Vorteile, die Sie zu erreichen versuchen. In den meisten Fällen ist all das dem Team bereits bekannt, da es bis zu diesem Punkt gemeinsam am Canvas gearbeitet hat. Wenn Sie diese Aufgabe noch nicht gemeinsam durchgeführt haben, planen Sie etwas mehr Zeit für das Briefing des Teams und die Beantwortung seiner Fragen ein.

Individuelle Ideenfindung (10 Minuten)

In diesem Schritt arbeitet jedes Teammitglied für sich alleine. Versorgen Sie jede Person mit einem Papierbogen mit sechs leeren Feldern darauf, wie in Abbildung 9.2 dargestellt. Sie können ein leeres Blatt Papier im DIN-A3-Format falten oder einen Vordruck anfertigen. (Wenn Sie ein Online-Tool verwenden, sollten Sie die Teilnehmenden nicht dazu drängen, dieses zum Zeichnen zu verwenden – das ist in der Regel schwierig und dauert länger. Bitten Sie die Teilnehmenden stattdessen, auf Papier zu arbeiten und dann ein Foto oder einen Scan hochzuladen.)

Abbildung 9.2: Eine Vorlage mit einem Sechserraster

Mancher tut sich schwer damit, vor einem leeren Blatt Papier zu sitzen. In diesem Fall probieren Sie einen optionalen Schritt: Bitten Sie die Teilnehmenden, jedes Feld auf dem Blatt mit einer Ihrer Personas und dem spezifischen Schmerzpunkt oder Problem zu beschriften, das sie für diese Persona angehen wollen. Schreiben Sie den Namen der Persona und den Schmerzpunkt oben in jedes der sechs Felder. Sie können dieselbe Persona-/Schmerzpunkt-Paarung so oft eintragen, wie Sie Lösungen für dieses Problem haben, oder Sie können für jedes Feld eine andere Kombination aus Persona und Schmerzpunkt eintragen. Jede Kombination ist möglich. Nehmen Sie sich fünf Minuten Zeit für diese Aufgabe.

Im Anschluss geben Sie allen Teammitgliedern fünf Minuten Zeit, sechs Low-Fidelity-Skizzen mit Lösungen (siehe Abbildung 9.3) für jedes Persona/Problem-Paar auf dem zugehörigen Six-Up-Blatt zu erstellen. Dabei sollten visuelle Darstellungen (UI-Skizzen, Arbeitsabläufe, Diagramme usw.) anstelle von Texten gewählt werden. Ermutigen Sie Ihr Team, indem Sie das kleine, schmutzige Geheimnis des Interaktionsdesigns lüften: Wer in der Lage ist, einen Kreis, ein Quadrat und ein Dreieck zu zeichnen, kann jede Benutzeroberfläche skizzieren. Ganz bestimmt kann jeder in Ihrem Team diese Formen zeichnen – und diese scheinbar alberne Idee kann dazu beitragen, das Spielfeld vorzubereiten.

Abbildung 9.3: Eine Wand voller ausgefüllter Sechserraster

Präsentation und Besprechung (3 Minuten pro Person)

Nach Ablauf der vorgegebenen Zeit stellen alle Teammitglieder ihre Arbeiten vor und begutachten, was sie bis jetzt geleistet haben. Geben Sie allen Teilnehmenden drei Minuten Zeit, ihre Skizzen vorzustellen und sie dem Team zu präsentieren (siehe Abbildung 9.4). Die Präsentierenden sollten explizit angeben, für welche Persona ihre Problemlösung gedacht ist und welchen Schmerzpunkt sie damit angehen, und dann ihre Skizze erläutern.

Jedes Teammitglied sollte nun seine Kritik und sein Feedback übermitteln und sich dabei darauf konzentrieren, ob der Vortragende seine Absichten deutlich dargestellt hat.

Machen Sie dem Team klar, dass gutes Feedback eine Kunst ist. Normalerweise ist es besser, Fragen zu stellen, als Meinungen zu äußern. Fragen helfen dem Team, über seine Arbeit zu sprechen, und den Einzelnen, über seine Arbeit nachzudenken. Meinungen hingegen können die Kommunikation unterbrechen, die Zusammenarbeit behindern und die Teilnehmenden in die Defensive drängen. Wenn Sie Kritik üben, sollten Sie deshalb lieber Fragen stellen: »Inwiefern wirkt sich dieses Feature auf das spezifische Problem der Persona aus?« »Ich verstehe diesen Teil der Zeichnung nicht. Können Sie ihn näher erläutern?« Solche Fragen sind sehr hilfreich. Kommentare wie: »Diese Idee finde ich nicht gut«, sind hingegen kaum hilfreich und liefern den Präsentierenden keine konkreten Ideen für die nächste Iteration.

Abbildung 9.4: Ein Team präsentiert und beurteilt Zeichnungen während einer Design-Studio-Session.

Iteration und Verfeinerung in Paararbeit durchführen (10 Minuten)

Bitten Sie nun die Teilnehmenden, für die nächste Runde Paare zu bilden. (Wenn zwei Personen in der Sitzung ähnliche Ideen hatten, sollten sie zusammenarbeiten.) Bei virtuellen Sessions sollte jedes Paar in einem gesonderten Breakout-Room arbeiten.

Jedes Paar arbeitet an der Überarbeitung seiner Designideen (siehe Abbildung 9.5). Das Ziel besteht darin, dass jedes Paar die vielversprechendste Idee aufgreift und eine ausgefeiltere Version davon entwickelt. Jedes Paar überlegt, was beibehalten, was geändert und was verworfen werden soll. Stellen Sie sich darauf ein, dass dies schwierig sein kann und dass die Paare in einigen Punkten unterschiedlicher Meinung sein werden. Widerstehen Sie der Versuchung, eine schnelle Einigung durch Verallgemeinerung oder Abstrahierung zu erzielen. Stattdessen sollte jedes Paar Entscheidungen treffen und sie konkretisieren. Jedes Paar sollte eine einzelne Zeichnung auf einem DIN-A3-Blatt anfertigen. Für diesen Schritt sollten Sie 10 Minuten vorsehen.

Wenn die Zeit um ist, folgt erneut eine Präsentation und Besprechung im Gesamt-Team.

Abbildung 9.5: Ein Team arbeitet in einer Design-Studio-Session zusammen.

Ideen im Team finden (45 Minuten)

Nachdem nun alle Teammitglieder Feedback zu ihren individuellen Ideen erhalten und diese paarweise weiterentwickelt haben, muss sich das Team auf eine Idee einigen. In diesem Schritt wählen die Beteiligten die Ideen aus, die wohl die besten Erfolgsaussichten versprechen. Diese dienen als Grundlage für den nächsten Schritt im Lean-UX-Prozess: die Erstellung von Hypothesen und schließlich die Konzeption und Durchführung von Experimenten.

Bitten Sie das Team, die Komponenten und den Arbeitsablauf für seine Idee auf einem großen Blatt selbstklebenden Papiers oder auf einem Whiteboard zu skizzieren. In dieser Phase wird es viele Kompromisse und Rangeleien geben, und um einen Konsens zu finden, muss das Team Prioritäten setzen und Features streichen.

Regen Sie das Team an, einen »Parkplatz« für gute Ideen einzurichten, die nicht in die engere Wahl kommen. So fällt es leichter, Ideen loszulassen. Auch hier müssen Entscheidungen getroffen werden: Widerstehen Sie der Versuchung, durch Verallgemeinerung oder Aufschieben von Entscheidungen einen Konsens zu erzielen.

Wenn Sie die Beteiligten für die Design-Studio-Session in mehrere Teams aufgeteilt haben, sollte jedes Team dann in einer abschließenden Besprechungs-, Feedback- und (falls gewünscht) Annäherungsrunde seine endgültige Idee dem Gesamt-Team präsentieren.

Das Ergebnis nutzen

Die im Design-Studio geleistete Arbeit fließt in die Erstellung von Hypothesen und schließlich in die Planung von Experimenten ein. Das bedeutet nicht, dass jede einzelne Idee in die endgültige Überlegung einfließt, aber die Ideen, auf die sich das Team geeinigt hat, werden alle ab Feld 6, der Hypothesenbildung, auf den Prüfstand gestellt.

Damit alle das Ergebnis stets im Blick behalten, heften Sie es an die Wand oder bringen es an einem anderen gut sichtbaren Ort an, damit das Team darauf zurückgreifen kann. Entscheiden Sie, ob und welche Zwischenskizzen Sie aufbewahren möchten, und heften Sie diese neben die endgültige Zeichnung, damit die Teammitglieder auch auf diese Ideen zurückgreifen können. Egal, was Sie an der Wand aufhängen – es ist generell eine gute Idee, *alles* zu fotografieren und in einer Art Archivordner aufzubewahren. Man weiß nie, wann man etwas wieder benötigt. Es bietet sich auch an, eine einzelne Person mit der Erstellung dieses Archivs zu beauftragen. Diese Verantwortlichkeit stellt sicher, dass das Team gute Aufzeichnungen führt.

Worauf Sie achten sollten

Das Schwierigste am kollaborativen Design ist es, eine gleichmäßige Beteiligung sicherzustellen. Halten Sie die Technik einfach – dann werden die meisten das Gefühl haben, dass sie problemlos mitmachen können. (Jeder kann auf einen Post-it-Zettel schreiben.) Wenn Sie sich für aufwendigere Techniken wie Design-Studio-Sessions entscheiden, benötigen Sie eine erstklassige Moderation. (Und denken Sie daran, dass dies bei Remote-Sessions noch schwieriger sein wird.) Wenn sich Teammitglieder ausklinken, weil sie das Gefühl haben, dass die Techniken zu fortgeschritten für sie sind, werden sie sich wahrscheinlich stärker gegen die Features und Designentscheidungen wehren, auf die sich das Team im Anschluss einigt. In diesem und auch in allen anderen Fällen wird die Rolle des Facilitators zu einer Kernkompetenz für die Designer in Ihrem Team.

10

Feld 6: Hypothesen

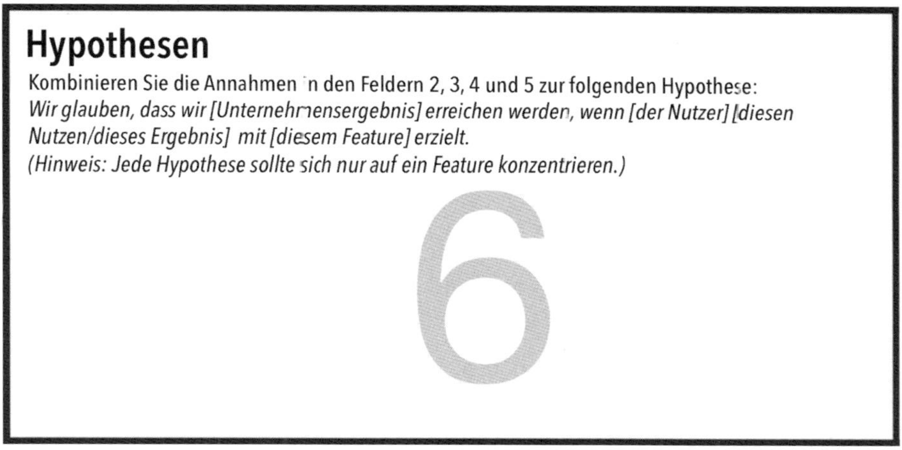

Abbildung 10.1: Feld 6 des Lean UX Canvas: Hypothesen

Wenn das Team bei Feld 6 ankommt, verfügt es über das gesamte Rohmaterial, das es braucht, um taktische, überprüfbare Hypothesen aufzustellen. Zuerst sollten wir uns jedoch mit Hypothesen im Allgemeinen beschäftigen.

Hypothesen sind in letzter Zeit zu einem Buzzword in der Produktentwicklung geworden, nicht zuletzt aufgrund von *The Lean Startup*, in dem Eric Ries eine wissenschaftlich inspirierte Methode der Produktentwicklung beschreibt. Er plädiert dafür, Hypothesen frühzeitig und häufig zu testen. Was ist eigentlich eine Hypothese? Laut dem *Oxford Dictionary of Difficult Words* ist sie »eine Vermutung oder ein Erklärungsvorschlag, der auf der Grundlage begrenzter Anhaltspunkte als Ausgangspunkt für weitere Untersuchungen aufgestellt wird«.[1]

1 Archie Hobson (Hrsg.), The Oxford Dictionary of Difficult Words (New York: Oxford University Press, 2004), s.v. »hypothesis«.

Genau das werden wir jetzt tun: Wir lassen alle unsere Annahmen (Annahmen sind Aussagen, die auf »begrenzten Anhaltspunkten« beruhen) in eine einheitliche Erklärung (den »Erklärungsvorschlag« für unser Problem und unsere Lösung) einfließen, damit wir mit unseren Forschungs- und Testverfahren (unserer »weiteren Untersuchung«) beginnen können.

Okay, damit wäre das geklärt, und wir können anfangen, Hypothesen aufzustellen. Dazu empfehlen wir die folgende Vorlage:

Wir glauben, dass wir [**dieses Unternehmensergebnis**] erreichen werden,

wenn [**diese Personas**]

[**diesen Nutzen/dieses Ergebnis**]

mit [**dieser Funktion oder Lösung**] erzielen.

Die Vorlage beginnt mit den Worten »wir glauben«. Das ist klar, denn wir wissen es noch nicht. Wir gehen von Annahmen aus. Und dann vervollständigen wir die Hypothesenvorlage auf der Grundlage des Materials, das wir in den vorhergehenden Canvas-Feldern erstellt haben. Wir nehmen die Unternehmensergebnisse aus Feld 2, Personas aus Feld 3, Vorteile aus Feld 4 und Lösungen aus Feld 5. In gewisser Weise füllen wir einfach einen Lückentext.

Aber wir müssen noch ein bisschen mehr tun. Unser Ziel ist es, Hypothesen aufzustellen, die Sinn machen und von denen wir überzeugt sind. Diese Hypothesen sind im Wesentlichen sehr kurze Geschichten, die dazu dienen, Unterstützung für eine bestimmte Designrichtung zu erhalten. Eine gute Hypothese, die Sinn macht und an die Sie und Ihr Team glauben, ist die erste Möglichkeit, die Gültigkeit Ihrer Lösungsideen zu testen. Wenn es Ihnen nicht gelingt, eine überzeugende Hypothese für eine der Lösungsideen in Feld 5 aufzustellen, sollte diese Idee nicht in den nächsten Teil des Prozesses aufgenommen werden. Um es noch deutlicher zu machen: Bei einer überzeugenden Hypothese ist dem Feature ein eindeutiger Nutzer zugeordnet; der Nutzer zieht einen offensichtlichen Vorteil aus dem Feature und die anschließende Änderung des Nutzerverhaltens trägt zur Lösung des in Feld 1 formulierten Unternehmensproblems bei.

So geht es

Wir erstellen gerne eine Tabelle wie in Abbildung 10.2 und vervollständigen sie dann mit dem Material, mit dem wir zuvor das Canvas gefüllt haben. Wir verschieben unsere Post-it-Zettel in die entsprechenden Felder, um Zeilen mit zusammengehörigen Ideen zu bilden. Jede Spalte steht in direktem Zusammenhang mit einem bestimmten Feld des Canvas – von Feld 2 auf der linken Seite bis Feld 5 auf der rechten Seite.

Wir werden dies erreichen ...	wenn diese Persona ...	dies erreichen kann ...	mit ...
GESCHÄFTSERGEBNIS	PERSONA	NUTZERERGEBNIS	FEATURE

Abbildung 10.2: Eine Hypothesentabelle

Bei dieser Technik werden Sie oft merken, dass Ihre ursprünglichen Ideen Lücken aufweisen. Für einige Unternehmensergebnisse sind möglicherweise keine Features vorgesehen, während andere Features möglicherweise dem Kunden oder dem Unternehmen keinen Nutzen bieten. Das gehört zur Technik: Sie ordnen Ihre ersten Überlegungen und geben ihnen einen Sinn. Nachdem Sie die Lücken in Ihren Brainstormings gefunden haben, füllen Sie sie mit neuen Haftnotizen (siehe Abbildung 10.3) oder – noch besser – Sie lassen die weniger relevanten Ideen weg. Auf diese Weise wird die zweifellos große Anzahl Ideen, die Ihr Team entwickelt, überschaubar.

Bei Remote-Teams, die ein virtuelles Whiteboard verwenden, wird die Technik noch einfacher. Kopieren Sie Ihre Notizen aus anderen Teilen des Canvas, fügen Sie sie in Feld 6 ein, und verschieben Sie sie nach Bedarf, um das Diagramm zu vervollständigen.

Abbildung 10.3: Arbeit an der Hypothesentabelle

Nachdem Sie die Tabelle vervollständigt haben – 7 bis 10 Zeilen sind für den Anfang gut –, beginnen Sie mit der Ableitung von Feature-Hypothesen. Mithilfe der Hypothesenvorlage stellen Sie sicher, dass Sie alle relevanten Komponenten der Hypothese einbeziehen. Hier ist diese Vorlage noch einmal:

Wir glauben, dass wir **[dieses Unternehmensergebnis]** erreichen werden,

wenn **[diese Personas]**

[diesen Nutzen/dieses Nutzerergebnis]

mit **[dieser Funktion oder Lösung]** erzielen.

Überlegen Sie beim Aufstellen Ihrer Hypothesen, welche Persona(s) Sie mit Ihren Lösungsvorschlägen bedienen wollen. Es ist nicht ungewöhnlich, dass bestimmte Lösungen mehr als einer Persona nutzen. Oft erstellen Sie auch eine Hypothese, bei der mehrere Features zu ähnlichen Ergebnissen führen. In diesem Fall verfeinern Sie die Hypothese und konzentrieren sich auf ein einziges Feature. Hypothesen mit mehreren Features sind nicht leicht zu testen. Wichtig ist dabei, dass Ihre Ideen spezifisch genug für aussagekräftige Tests sind, sodass Sie ihre Stichhaltigkeit ermitteln können.

Was ist der Unterschied zwischen Hypothesen und agilen User Storys?

Wir werden oft gefragt, wie man zwischen Hypothese und klassischer Agile User Story unterscheiden kann. Der Unterschied ist fein, aber bedeutsam. Eines der beliebtesten Formate für Agile User Storys sieht wie folgt aus:

Als <Benutzertyp>

möchte ich <ein bestimmtes Ziel erreichen>,

denn <ein bestimmter Grund>.

Sie werden feststellen, dass der Benutzer und das Benutzerergebnis in dieser Story vorhanden sind. Allerdings ersetzen die meisten Teams, mit denen wir gearbeitet haben, »ein bestimmtes Ziel erreichen« durch »dieses Feature«. Nachdem die User Story fertig ist, beginnen sie mit der Implementierung des Features. Der Benutzer gerät schnell in Vergessenheit, während das Team eifrig daran arbeitet, seine Geschwindigkeit zu erhöhen und die Funktion bereitzustellen. Die Akzeptanzkriterien des Teams (d.h. ihre Definition von Erfolg) bestehen darin, dass das System es dem Benutzer ermöglicht, seine Aufgabe zu erledigen. Es gibt keine Diskussion darüber, ob die Lösung nutzbar oder wünschenswert ist, geschweige denn, ob sie Spaß macht. Es wird nicht diskutiert, ob die Funktion ein Ergebnis hervorbringt. Getestet wird lediglich, ob das System »wie geplant« funktioniert.

Bei Hypothesen besteht die Definition von Erfolg in Verhaltensänderungen (Unternehmensergebnissen). Die Bereitstellung eines funktionsfähigen Features ist eine Grundvoraussetzung. Das ist erst der Anfang. Der Erfolg unseres Teams wird nicht daran gemessen, wie schnell es Funktionen auf den Weg bringen kann. Stattdessen messen wir den Erfolg daran, wie gut unsere Kunden anfänglich und kontinuierlich »ein bestimmtes Ziel erreichen« können.

Dies ist der entscheidende Unterschied zwischen User Storys und Hypothesen. Sie fokussieren das Team auf das wirklich Wichtige – dem Kunden zum Erfolg zu verhelfen und damit ein Unternehmensziel zu erreichen – und nicht darauf, die Produktivität des Teams als Erfolg zu werten.

Dennoch brauchen Sie eine Möglichkeit, über Ergebnisse und Features zu sprechen – also über die Dinge, die das Team entwickelt. Featureorientierte User Storys sind in Ordnung. In der Tat führt eine bestimmte Hypothese oft zu vielen User Storys – auch das ist in Ordnung. Stellen Sie nur sicher, dass ein Teil des Prozesses das Projekt auf Feature-Ebene mit den gewünschten übergeordneten Benutzer- und Unternehmensergebnissen verbindet.

Hypothesen priorisieren

Lean UX ist eine Übung in kompromissloser Prioritätensetzung. Nur selten ist ein Projektbudget ausschließlich auf die Recherche ausgerichtet. In den meisten Fällen müssen wir auch ein Produkt bereitstellen. Es gibt einen Grund dafür, dass wir zu Beginn unserer Arbeit unsere Annahmen darlegen: Auf diese Weise können wir Projektrisiken erkennen und Prioritäten setzen. Was ist riskant und muss getestet werden? Was ist nicht riskant und daher leicht an den Start zu bringen?

Nachdem wir unsere Annahmen zu Hypothesen zusammengefügt haben, erstellen wir einen Backlog an potenziellen Aufgaben. Als Nächstes müssen wir herausfinden, welche die risikoreichsten sind, damit wir sie zuerst angehen können. Sie wissen, dass Sie nicht jede Annahme testen können, aber wie entscheiden Sie, welche zuerst geprüft werden soll?

Es gibt viele Möglichkeiten, Prioritäten zu setzen, aber wir haben festgestellt, dass es oft hilfreich ist, gemeinsam daran zu arbeiten und einen Rahmen für diese Aufgabe zu schaffen. Aus diesem Grund haben wir eine Matrix für die Priorisierung von Hypothesen entwickelt, die Sie in Abbildung 10.4 sehen. (Ja, noch ein Canvas.)

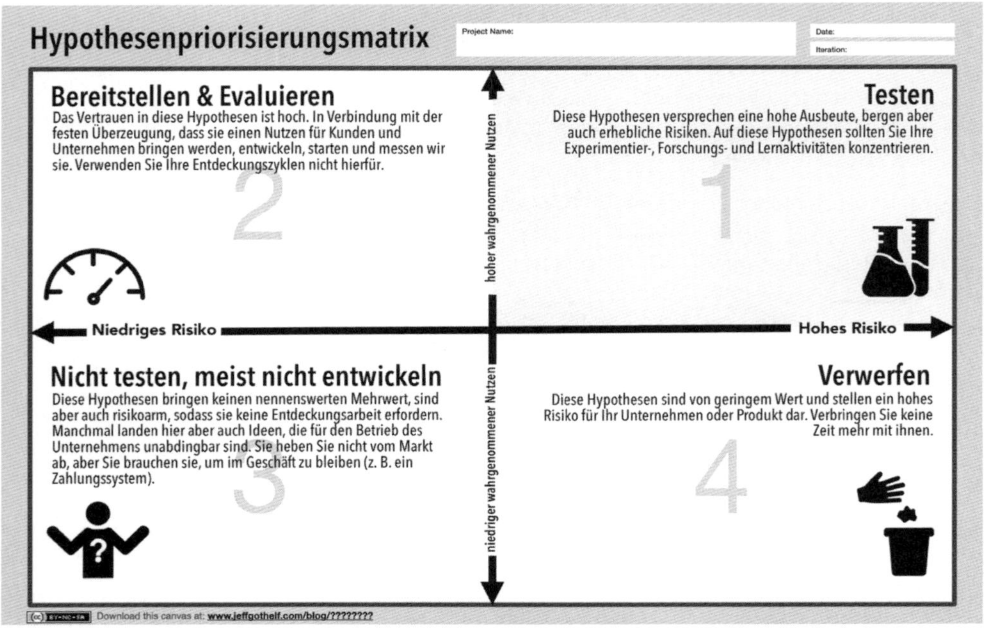

Abbildung 10.4: Die Hypothesenpriorisierungsmatrix

Es handelt sich dabei um eine Matrix aus zwei mal zwei Feldern, wobei die x-Achse das Risiko und die y-Achse den wahrgenommenen Nutzen misst – »wahrgenommener« Nutzen deshalb, weil dies eine wichtige Annahme ist. Wir gehen davon aus, dass eine Idee einen hohen wahrgenommenen Nutzen hat, wenn ihre Umsetzung einen bedeutenden Einfluss auf die Nutzererfahrung und damit auf das Geschäft hat. Was das Risiko betrifft, so bewerten wir jede Hypothese für sich. Einige Hypothesen sind technisch riskant. Einige stellen ein Risiko für die Marke dar. Andere fordern unser Design-Know-how heraus. In diesem Fall erfolgt keine Standardisierung für eine bestimmte Risikoart, sodass wir für jede Hypothese sämtliche Risikoaspekte berücksichtigen können.

Zeichnen Sie als Team Ihre Hypothesen auf das Canvas.

- Die Hypothesen, die in *Quadrant 1* landen, sind die Hypothesen, die wir testen werden. Sie werden in die Felder 7 und 8 des Lean UX Canvas übertragen.
- Wenn eine Hypothese im *Quadranten 2* der Hypothesenpriorisierungsmatrix landet – hoher Nutzen, geringes Risiko –, werden wir sie umsetzen. Schreiben Sie die User Storys, setzen Sie sie in das Backlog und stellen Sie sie bereit. Vergessen Sie aber nicht, das Feature zu evaluieren, sobald es in Betrieb ist. Wenn es Ihre Erwartungen – d.h. die in der Hypothese als Erfolg definierten Unternehmensergebnisse – nicht erfüllt, müssen Sie diese Idee überdenken.
- Jede Hypothese, die unterhalb der Risikoachse in den Bereich des geringen wahrgenommenen Nutzens fällt, wird nicht getestet. Wenn sie im *Quadranten 4* – hohes Risiko, geringer Nutzen – landet, wird sie verworfen. Wir brauchen sie auch nicht zu entwickeln.
- Hypothesen, die im *Quadranten 3* – geringes Risiko, geringer Nutzen – landen, werden nicht getestet und in den meisten Fällen auch nicht entwickelt. Manchmal landen hier jedoch Hypothesen, die zwar nicht besonders wertvoll oder riskant sind, aber dennoch erstellt werden müssen, damit Sie Ihr Geschäft betreiben können. So müssen Sie beispielsweise ein Zahlungssystem implementieren, wenn Sie eine E-Commerce-Dienstleistung aufbauen, aber das wird Sie nicht von Ihren Mitbewerbern abheben. In diesem Fall entwickeln wir die grundlegenden Use Cases in dem Wissen, dass unsere innovativen und ansprechenden Features – die riskanteren – vor der Implementierung getestet und validiert werden müssen.

Worauf Sie achten sollten

Das Erstellen von Hypothesen wird Ihnen wie die meisten neuen Techniken mit der Zeit immer besser von der Hand gehen. Oft sind die von Teams erstellten Hypothesen zu umfangreich, um sie in der Anfangsphase der Lean-UX-Reise zu testen. Wenn Sie sich in dieser Situation befinden, überdenken Sie den Umfang Ihrer Hypothese. Wie können Sie sie so weit reduzieren, dass Ihr Team die volle Verantwortung für sie übernehmen kann?

Beim Erstellen von Hypothesen profitieren Sie ebenso wie beim Verfassen von Unternehmensproblemstellungen von Konkretisierungen. Verwenden Sie spezifische Zahlen in Ihren Unternehmensergebnissen. Seien Sie sich über das zu entwickelnde Feature im Klaren. Auch in diesem Bereich ergeben Formulierungen wie »bessere Benutzererfahrung« und »intuitive Benutzeroberfläche« keinen Sinn. Wenn Sie diese »intuitive Benutzeroberfläche« testen sollen (und das werden Sie im nächsten Schritt des Canvas tun) – was werden Sie dann testen? Überlegen Sie, wie Sie mehrdeutige Formulierungen wie diese durch eine spezifischere ersetzen können, z. B. »Kauf mit einem Klick« oder »Authentifizierung durch Gesichtserkennung«.

| 11

Feld 7: Welchen wichtigsten Aspekt müssen wir zuerst in Erfahrung bringen?

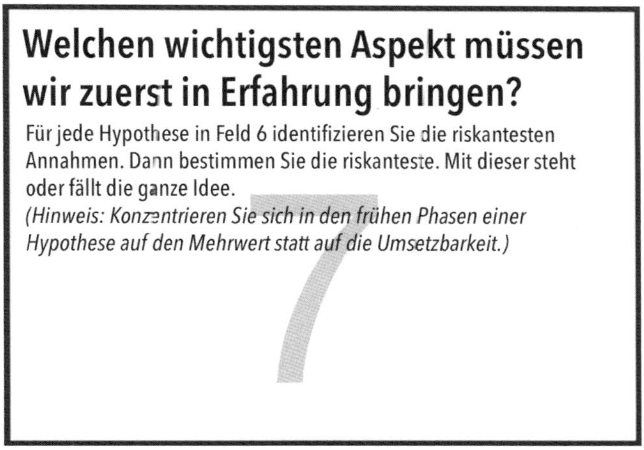

Abbildung 11.1: Feld 7 des Lean UX Canvas: Lernen

Sobald Sie Ihre Hypothesen priorisiert und herausgefunden haben, welche Hypothesen Sie testen wollen, müssen Sie im nächsten Schritt die Hauptrisiken jeder Hypothese hervorheben. Zu diesem Zweck stellen wir die erste der beiden zentralen Lean-UX-Fragen:

Welchen wichtigsten Aspekt müssen wir als Erstes über diese Hypothese in Erfahrung bringen?

Wenn wir von »Lernen« sprechen, geht es in Wirklichkeit um das Risiko. Wir wollen alles herausfinden, was unsere Hypothese zerstören könnte. Wenn Sie dies mit einem interdisziplinären Team tun, wie in diesem Buch empfohlen, werden Sie mindestens so viele Antworten auf diese Frage erhalten, wie es Disziplinen im Raum gibt. Die Softwareingenieure werden die Komplexität der Feature-Entwicklung diskutieren. Die Designer werden Probleme mit dem Arbeitsablauf und der Benutzerfreundlichkeit ansprechen. Die Produktmanager werden infrage stellen, ob das Feature den erwarteten geschäftlichen Nutzen bringen wird. All dies hat seine Berechtigung, aber wir wollen uns jetzt auf diejenigen Risiken konzentrieren, die die Hypothese ungültig machen und es uns ermöglichen, schnell weiterzumachen, wenn wir falschliegen.

In den frühen Phasen des Lebenszyklus einer Hypothese liegt das größte Risiko in der Regel im Nutzen der Lösung. Brauchen die Nutzer diese Lösung? Werden sie nach ihr suchen? Werden sie sie ausprobieren? Werden sie sie nutzen? Werden sie einen Nutzen darin sehen? Auf all diese Dinge kommt es am Anfang an. Wenn die Antwort auf diese Fragen »nein« lautet, brauchen wir uns erst gar keine Gedanken darüber zu machen, wie wir die Lösung konzipieren oder entwickeln sollen. Wenn wir es mit einer ausgereifteren Hypothese zu tun haben, bei der der Nutzen bereits validiert wurde und wir zur technischen Umsetzung übergegangen sind, dann sind Überlegungen zu technischen Herausforderungen, Benutzerfreundlichkeit und Skalierbarkeit die nächsten logischen Risiken, die es zu untersuchen gilt.

So geht es

In den meisten Fällen handelt es sich um ein Diskussionsformat. Das Team setzt sich zusammen, um die Priorisierung der Hypothesen zu prüfen und zu entscheiden, welche es zuerst testen möchte. Dann stellen Sie die Frage: *Welchen wichtigsten Aspekt müssen wir als Erstes über diese Hypothese in Erfahrung bringen?* Gerät die Diskussion ins Stocken, können Sie an dieser Stelle ein Brainstorming durchführen und ein Affinity Mapping sowie eine Abstimmung folgen lassen. Oder ein Teammitglied mit einer starken Meinung kommt zu Wort. Im Allgemeinen ist dieser Schritt nicht besonders aufwendig. Es geht darum, die ein bis drei größten Risiken im Zusammenhang mit der Hypothese zu ermitteln und dann mit der Planung Ihres Experiments fortzufahren, die Sie in Feld 8 vornehmen werden.

Worauf Sie achten sollten

Konsens ist schön, aber nicht immer zu erreichen. Wenn die Teamdiskussion zu keinem gemeinsamen Ergebnis führt, ist das ein klares Zeichen, dass das Team mehr Informationen braucht, um seine Entscheidung zu treffen. Die einzige Möglichkeit ist nun, eine Entscheidung zu treffen und zu Feld 8 überzugehen, um ein Experiment zu beginnen. In den meisten Fällen kann der Produktmanager diese Entscheidung treffen. Bedenken Sie dabei, dass wir die Hypothesen, Annahmen und Risiken nicht für immer aufgeben. Wir machen einfach mit einer Hypothese weiter, und wenn sie sich als falsch erweist, kehren wir zu den anderen Hypothesen zurück und wiederholen den Vorgang.

12

Feld 8: MVPs und Experimente

Abbildung 12.1: Feld 8 des Lean UX Canvas: MVPs und Experimente

Der letzte Schritt des Lean UX Canvas konzentriert sich auf das Experimentieren. Die zweite entscheidende Frage des Canvas, die es zu beantworten gilt, lautet: *Mit welchem geringstmöglichen Aufwand können wir das Nächstwichtigste in Erfahrung bringen?* Die Antwort auf diese Frage ist das Experiment, das Sie zum Testen Ihrer Hypothese durchführen werden.

Den geringsten Aufwand zu betreiben, hat nichts mit Faulheit zu tun – es ist Lean. Schließlich versuchen wir, Verschwendung zu vermeiden – und der Mehraufwand für das Testen Ihrer Idee ist Verschwendung. Je schneller Sie herausfinden, ob Sie an Ihrer Idee weiterarbeiten sollten, desto weniger investieren Sie in sie. Dadurch wird ein Kurswechsel viel einfacher, wodurch sich die Flexibilität des Teams erhöht.

Die Experimente, die Sie in Feld 8 vorschlagen, sind Ihr Minimum Viable Product (MVP). Tatsächlich ist dies die genaue Definition von MVP aus Eric Ries' *The Lean Startup*.

Was ist ein MVP überhaupt?

Wenn Sie in einem Raum voller Tech-Experten die Frage »Was ist ein MVP?« stellen, erhalten Sie vermutlich zahlreiche und vielfältige Antworten mit Perlen wie diesen:

»Es ist das Schnellste, was wir auf den Markt bringen können und trotzdem funktioniert.«

»Eine hässliche Version voller Kompromisse, die alle unglücklich macht.«

»Das, was der Kunde sagt.«

»Der minimale Funktionsumfang, von dem wir behaupten können, dass er funktioniert.«

»Phase 1.« (Und wir alle wissen, wie wahrscheinlich Phase 2 ist.)

Der Begriff MVP hat in seinem kurzen Leben schon viel Verwirrung gestiftet. Das Problem ist, dass er auf mindestens zwei verschiedene Arten verwendet wird. Manchmal bedeutet MVP »eine kleine und schnelle Version«. Auf diese Bedeutung beziehen sich die obigen Aussagen. Wir verwenden den Ausdruck jedoch nicht in diesem Sinne.

Wenn wir MVP sagen, meinen wir einen kleinen und schnellen Weg, um etwas in Erfahrung zu bringen. Manchmal handelt es sich um eine Softwareversion, manchmal nicht – es kann auch eine Zeichnung, eine Landingpage oder ein Prototyp sein. Es geht nicht in erster Linie darum, einen Nutzen zu schaffen, sondern zu lernen. Diese beiden Ideen schließen einander nicht aus. Schließlich wollen Sie vor allem herausfinden, was am Markt für wertvoll erachtet wird. Oftmals bietet ein gutes MVP sowohl einen Nutzen als auch Lernmöglichkeiten. Für uns ist ein MVP jedoch auf den Lerneffekt ausgerichtet.

Fallstudie: Benötigen wir einen Newsletter?

Nehmen wir zum Beispiel das mittelständische Unternehmen, das wir vor einigen Jahren beraten haben. Es untersuchte neue Marketing-Taktiken und wollte einen monatlichen Newsletter herausbringen. Die Konzeption eines erfolgreichen Newsletters ist kein Kinderspiel: Sie brauchen eine Inhaltsstrategie, einen Redaktionskalender, Layout und Design sowie eine fortlaufende Marketing- und Vertriebsstrategie, Autoren und Redakteure, die daran arbeiten. Alles in allem war der Aufwand für das Unternehmen groß. Das Team beschloss, die Newsletter-Idee als Hypothese zu behandeln.

Das Team fragte sich: *Welchen wichtigsten Aspekt müssen wir als Erstes in Erfahrung bringen?* Die Antwort: Gab es beim Kunden ausreichend Nachfrage nach einem Newsletter, um den Aufwand zu rechtfertigen? Das MVP, das zum

Testen der Idee verwendet wurde, war ein Anmeldeformular auf der aktuellen Unternehmenswebsite. Das Anmeldeformular bewarb den Newsletter und fragte die E-Mail-Adresse des Kunden ab. Dieser Ansatz würde dem Kunden keinen Nutzen bieten – noch nicht. Stattdessen sollten die Nachfrage gemessen und Erkenntnisse darüber gewonnen werden, welches Wertversprechen und welche Sprache die Anmeldungen anregten. Das Team war der Meinung, dass diese Tests genügend Informationen liefern würden, um eine gute Entscheidung über das weitere Vorgehen treffen zu können.

Das Team verbrachte einen halben Tag mit dem Entwurf und der Entwicklung des Formulars und konnte es noch am selben Nachmittag in Betrieb nehmen. Die Beteiligten wussten, dass die Website jeden Tag einen beträchtlichen Traffic verzeichnete: Sie würden sehr schnell wissen, ob Interesse an dem Newsletter bestand.

Zu diesem Zeitpunkt unternahm das Team noch keine Anstrengungen, den eigentlichen Newsletter zu entwerfen oder zu erstellen. Damit würden sie erst beginnen, wenn aus dem ersten Experiment genügend Daten vorliegen würden, und nur, wenn die Daten zeigten, dass die Kunden den Newsletter wollten. Wenn die Daten positiv ausfielen, würde das Team zum nächsten MVP übergehen, das dann einen Nutzwert bieten und tiefere Erkenntnisse über die Art des Inhalts, das Präsentationsformat, die Häufigkeit, die Verbreitung und die anderen Dinge, die es für einen guten Newsletter braucht, bereitstellen würde. Das Team plante, mit weiteren, kontinuierlich verbesserten MVP-Versionen mit weiteren Inhalten und Designs zu experimentieren, um letztendlich den angestrebten geschäftlichen Nutzen zu erzielen.

Ein MVP erstellen

Wenn es um das Erzeugen eines MVP geht, lautet die erste Frage immer: *Welchen wichtigsten Aspekt müssen wir als Nächstes in Erfahrung bringen?* In den meisten Fällen geht es hier entweder um den Nutzen oder die Implementierung. In jedem Fall sollten Sie ein Experiment konzipieren, das Ihnen genügend Anhaltspunkte liefert, um Ihre Frage zu beantworten und Ihnen bei der Entscheidung zu helfen, ob Sie mit der Idee weitermachen sollen oder nicht.

Den Nutzen anhand eines MVP ermitteln

Hier einige Leitlinien, die Sie beachten sollten, wenn Sie versuchen, den Nutzen Ihrer Idee zu ermitteln:

Bringen Sie es auf den Punkt. Unabhängig von der MVP-Methode, für die Sie sich entscheiden, sollten Sie sich darauf konzentrieren, Ihre Idee auf ihr zentrales Wertversprechen zu reduzieren und dieses Ihren Kunden zu präsentieren. Das Drumherum (z.B. Navigation, Log-ins und Passwortabfragen) ist irrelevant, wenn Ihre Idee selbst Ihrer Zielgruppe keinen Nutzen bietet. Das heben Sie sich für später auf.

Wählen Sie eine klare Handlungsaufforderung. Wenn die Kunden die Absicht zeigen, Ihre Lösung zu nutzen oder (wow!) dafür zu bezahlen, wissen Sie, dass sie gut bei den Nutzern ankommt. Geben Sie den Kunden die Möglichkeit, sich für eine Dienstleistung anzumelden. So können Sie herausfinden, ob sie daran interessiert sind und ob sie tatsächlich dafür Geld ausgeben würden.

Messen Sie Verhaltensweisen. Erstellen Sie MVP, mit denen Sie beobachten und messen können, was die Nutzer tun. So müssen Sie sich nicht darauf verlassen, was die Leute angeblich tun (werden), sondern können sich danach richten, was sie tatsächlich tun. Bei der Entwicklung digitaler Produkte ist das Verhalten wichtiger als die Meinung.

Sprechen Sie mit den Nutzern. Die Beobachtung des Nutzerverhaltens gibt Aufschluss darüber, was die Nutzer mit Ihrem MVP anfangen. Ohne zu wissen, warum sie sich so verhalten haben, bleiben die Iterationen Ihres MVP willkürlich. Interviewen Sie sowohl Anwender, die das MVP nutzen, als auch solche, die es ablehnen.

Setzen Sie knallharte Prioritäten. Ideen kosten wenig und sind reichlich vorhanden. Die besten Ideen werden sich selbst beweisen. Klammern Sie sich nicht an unbrauchbare Ideen, nur weil sie Ihnen so gut gefallen. Als Designer wissen wir, dass dies besonders schwierig umzusetzen ist. Wir sind gerne optimistisch und glauben, dass unsere Lösungen gut ausgearbeitet und durchdacht sind – egal, ob wir fünf Minuten oder fünf Monate daran gearbeitet haben. Denken Sie daran: Wenn die Ergebnisse Ihres Experiments im Widerspruch zu Ihrer Hypothese stehen, haben Sie sich geirrt.

Bleiben Sie agil. Sie werden rasch Erkenntnisse sammeln; stellen Sie deshalb sicher, dass Sie mit einem Medium oder Tool arbeiten, das eine einfache Aktualisierung ermöglicht.

Erfinden Sie das Rad nicht neu. Viele der zum Testen von Ideen benötigten Tools, Systeme und Mechanismen gibt es bereits. Überlegen Sie, wie Sie E-Mail, SMS, Chat-Apps, Facebook-Gruppen, Shopify-Storefronts, No-Code-Tools, Diskussionsforen und andere vorhandene Werkzeuge nutzen können, um die gewünschten Lernerfolge zu erzielen.

Die Implementierung anhand eines MVP erfassen

Die folgenden Richtlinien bieten sich an, um die Implementierung zu erfassen, die Sie Ihren Kunden anbieten möchten:

Arbeiten Sie funktionsorientiert. Für ein realistisches Nutzungsszenario muss ein gewisser Integrationsgrad mit dem Rest Ihrer Anwendung vorhanden sein. Sorgen Sie deshalb dafür, dass neue Workflows auf der bestehenden Funktionalität aufbauen.

Integrieren Sie Ihr MVP in bestehende Analyseverfahren. Sie müssen die Performance Ihres MVP im Kontext der bestehenden Produktabläufe bewerten. Dies wird Ihnen helfen, die Ergebnisse besser zu verstehen.

Achten Sie auf Konsistenz mit der restlichen Anwendung. Um Vorurteile gegenüber der neuen Funktionalität abzubauen, sollte Ihr MVP zu Ihrem aktuellen Erscheinungsbild und Ihrer Marke passen.

Abschließende Richtlinien für die Erstellung eines MVP

MVPs mögen einfach erscheinen, aber in der Praxis können sie sich als kompliziert erweisen. Wie bei meisten Fertigkeiten gilt auch hier: Übung macht den Meister. Bis Sie so weit sind, helfen Ihnen die folgenden Leitlinien für die Erstellung sinnvoller MVPs:

Einzeltests sind schwierig. Sie werden merken, dass es nicht immer möglich ist, nur eine Sache auf einmal zu testen: Oft möchten Sie gleichzeitig herausfinden, ob Ihre Idee einen Nutzen bietet, *und* gleichzeitig die Details der Implementierung bestimmen. Auch wenn Sie diese Vorgänge besser trennen sollten, sollten Sie bei der Planung Ihrer MVPs die oben genannten Richtlinien im Hinterkopf behalten, damit Sie die notwendigen Kompromisse und Abstriche besser meistern können.

Machen Sie sich Ihre Lernziele klar. Achten Sie darauf, dass Sie genau klären, was Sie eigentlich in Erfahrung bringen wollen. Stellen Sie zudem sicher, dass Sie auch genau wissen, welche Daten Sie dazu sammeln müssen. Es kann Ihnen schon den Tag verderben, wenn Sie ein Experiment starten und dann feststellen, dass Sie die Instrumente nicht richtig eingesetzt haben und deshalb wichtige Daten nicht erfassen können.

Fangen Sie klein an. Unabhängig von dem gewünschten Ergebnis sollten Sie mit dem kleinstmöglichen MVP beginnen. Denken Sie daran, dass es sich um ein Lerninstrument handelt, das Sie immer wieder überarbeiten werden. Sie werden es modifizieren. Vielleicht müssen Sie es sogar ganz verwerfen. Letzteres fällt viel leichter, wenn Sie mit der Entwicklung nicht so viel Zeit verbracht haben.

Sie brauchen nicht unbedingt Code. In vielen Fällen enthält Ihr MVP überhaupt keinen Code. Stattdessen verlassen Sie sich auf die Werkzeuge des UX-Designers: Scribbles, Prototyping, Copywriting und visuelles Design.

Die Wahrheitskurve

Der Aufwand, den Sie für Ihr MVP betreiben, sollte proportional zur Menge der Hinweise auf die Richtigkeit Ihrer Idee sein. Darum geht es in dem von Giff Constable entwickelten Diagramm[1] (siehe Abbildung 12.2). Die x-Achse zeigt, wie viel Aufwand Sie mit Ihrem MVP treiben sollten. Die y-Achse zeigt die Menge der marktbasierten Anhaltspunkte für Ihre Idee. Je mehr Anhaltspunkte Sie haben, desto genauer und komplexer kann Ihr MVP sein. (Der Aufwand wird höher, weil die Lernkurve steiler wird.) Je weniger Anhaltspunkte Sie haben, desto weniger Aufwand sollten Sie in Ihr MVP stecken. Denken Sie an die zweite entscheidende Frage: *Mit welchem geringstmöglichen Aufwand können wir das Nächstwichtigste in Erfahrung bringen?* Alles Weitere ist Verschwendung.

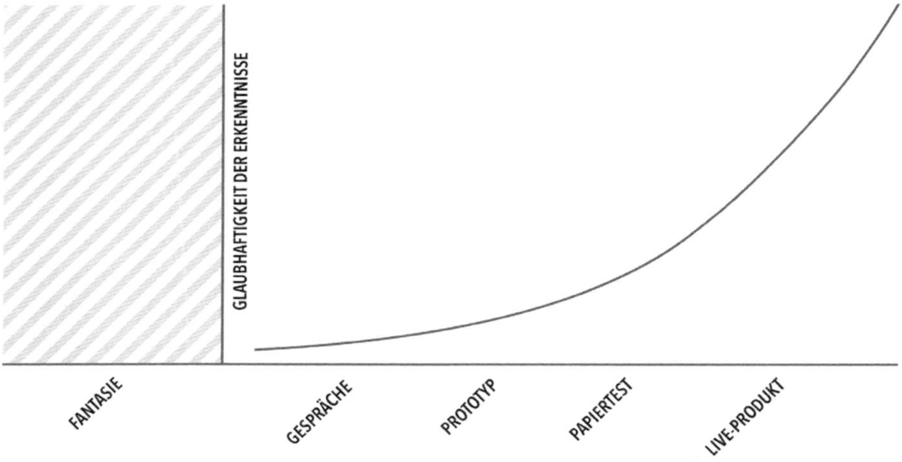

Abbildung 12.2: Unsere angepasste Version der Wahrheitskurve ist eine nützliche Erinnerung daran, dass Lernen ein ständiger Prozess ist und dass höhere Investitionen nur dann gerechtfertigt sind, wenn die Fakten dies erfordern.

Beispiele für MVPs

Werfen wir einen Blick auf verschiedene, häufig verwendete Arten von MVPs.

Landingpage-Test

Diese Art von MVP hilft dem Team, die Nachfrage nach seinem Produkt zu ermitteln. Dazu gehört die Erstellung einer Marketingseite mit einem klaren Nut-

---

1 Giff Constable, »The Truth Curve«, June 18, 2013, *https://oreil.ly/vAXJ5*.

zenversprechen, einem Call to Action und einer Möglichkeit zur Messung der Konversion. Relevante Besucher müssen auf diese Landingpage geleitet werden, sodass eine für ein nützliches Ergebnis ausreichend große Stichprobe zusammenkommt. Dazu kann entweder Traffic aus bestehenden Workflows umgelenkt werden oder Sie arbeiten mit Online-Werbung.

Positive Ergebnisse von Landingpage-Tests sind eindeutig, negative Ergebnisse hingegen oft schwer zu interpretieren. Wenn niemand »konvertiert«, bedeutet das nicht unbedingt, dass Ihre Idee keinen Nutzen hat. Vielleicht erzählen Sie auch einfach keine überzeugende Geschichte. Die gute Nachricht ist, dass Landingpage-Tests kostengünstig sind und schnell wiederholt werden können. Kickstarter (und andere Crowdfunding-Websites) sind voll von MVPs für Landingpages, wie Abbildung 12.3 zeigt.

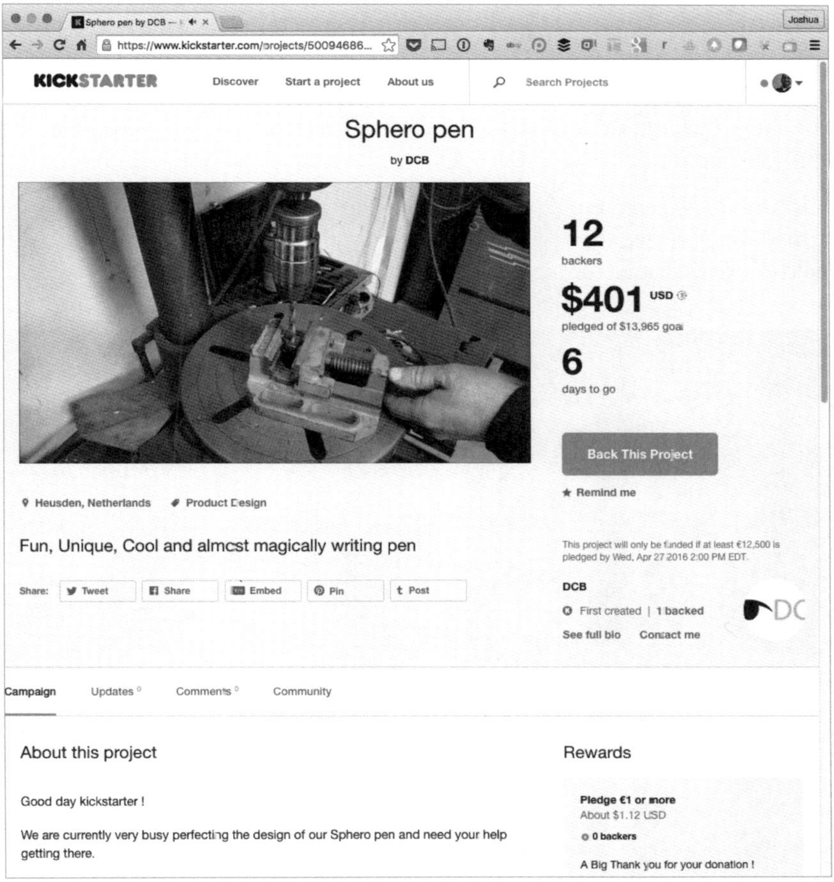

Abbildung 12.3: Ein Beispiel für eine Kickstarter-Seite

Die Leute, die auf diesen Sites Produkte anbieten, suchen nach einer Bestätigung (in Form finanzieller Unterstützung), dass sie in die tatsächliche Umsetzung der von ihnen vorgeschlagenen Ideen investieren sollten. Landingpage-Tests müssen aber nicht unbedingt Seiten sein. Es kann sich auch um Anzeigen oder andere Online-Medien mit den oben genannten Komponenten handeln.

Pseudo-Features (oder der Knopf ins Nirgendwo)

Manchmal ist die Implementierung eines Features sehr kostspielig. Dann ist es billiger und schneller, den Anschein eines Features zu erwecken, wo es tatsächlich keines gibt. HTML-Schaltflächen, Handlungsaufforderungen sowie andere Formulare und Links vermitteln Ihren Kunden die Illusion, dass eine Funktion existiert. Wenn der Benutzer darauf klickt oder tippt, erhält er die Meldung, dass die Funktion »bald« kommt und dass er darüber informiert wird. Solche Pseudo-Features sind wie Mini-Landingpages, die das Interesse messen sollen. Sie sollten sparsam eingesetzt und wieder entfernt werden, sobald geklärt wurde, ob Bedarf besteht. Wenn Sie den Eindruck haben, dass die Kundenbeziehung dadurch negativ beeinflusst wird, können Sie das wiedergutmachen, indem Sie den Nutzern, die in Ihre Falle getappt sind, einen Geschenkgutschein oder eine andere Art von Entschädigung anbieten.

Abbildung 12.4 zeigt ein Pseudo-Feature von Flickr. Der Button »Als Bildschirmschoner verwenden« lässt den Nutzer glauben, er könne ein Fotoalbum als Bildschirmschoner für sein Gerät auswählen.

Abbildung 12.4: Ein Beispiel für ein Pseudo-Feature in der Apple-TV-App von Flickr

Wenn die Nutzer auf die Schaltfläche klickten, wurden sie von dem in Abbildung 12.5 gezeigten Bildschirm begrüßt. Flickr sammelte damit Anhaltspunkte, ob die Kunden diese Funktion wünschten. Durch die Messung der Klickraten konnten sie die Nachfrage nach dieser Funktion einschätzen, bevor sie sie einführten.

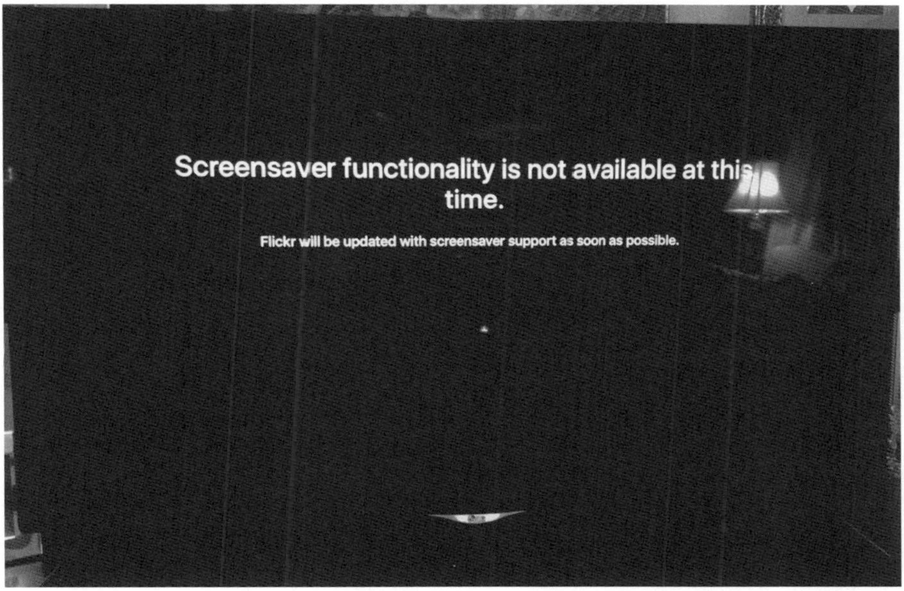

Abbildung 12.5: Der Bildschirm, der nach dem Klicken auf die Schaltfläche des Pseudo-Features erschien

Abbildung 12.6 präsentiert ein weiteres Beispiel für ein Pseudo-Feature. Hier bot MapMyRun scheinbar die Möglichkeit, während des Joggens mit zwei Overlays Fotos aufzunehmen und hochzuladen. Das Feature wurde allerdings erst implementiert, als das Unternehmen genügend Anhaltspunkte darauf erhielt, dass a) die Nutzer diese Funktion haben wollten und b) wie viel sie dafür bezahlen würden.

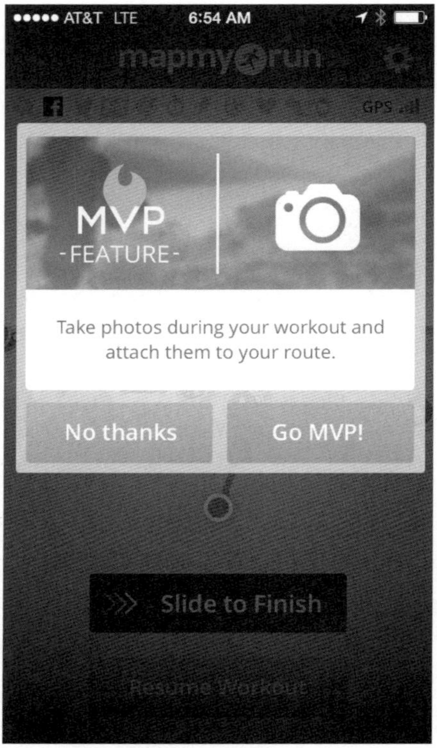

Abbildung 12.6: Ein weiteres Beispiel für ein Pseudo-Feature, diesmal auf der MapMyRun-Website

Der Zauberer von Oz

Nachdem sich eine Nachfrage nach Ihrer Idee erwiesen hat, kann ein Wizard-of-Oz-MVP Ihnen helfen, die Funktionsweise Ihres Produkts zu ergründen. Ein solches MVP sieht für den Nutzer wie eine voll funktionsfähige digitale Dienstleistung aus. Hinter den Kulissen werden die Daten und die Kommunikation mit den Nutzern jedoch manuell von Menschen bearbeitet. Das Team, das bei Amazon für Echo zuständig ist, hat zum Beispiel ein Wizard-of-Oz-MVP als Teil seiner anfänglichen Tests verwendet, um in Erfahrung zu bringen, welche Anfragen die Nutzer stellen und wie schnell sie eine Antwort erwarten. In einem Raum stellte ein Benutzer »Alexa« Fragen, in einem anderen Raum tippte ein Mensch die Fragen in Google ein und antwortete mit den Suchergebnissen. Die Testnutzer waren sich nicht bewusst, dass sie keine Software verwendeten. Der übrigen Teammitglieder beobachteten die Nutzer und konnten so in Erfahrung bringen, wie sie das neue Produkt nutzen würden – ohne großen technischen Aufwand.

Fallstudie: Wizard-of-Oz-MVP für Taproot Plus

2014 arbeitete unser Unternehmen mit einer Organisation namens Taproot Foundation, die einen Online-Marktplatz für Pro-bono-Freiwillige schaffen wollte. (Pro bono bedeutet, dass ein Fachmann seine Fähigkeiten zur Verfügung stellt, um einer guten Sache zu dienen. Anders als bei den Ehrenämtern, denen sich viele von uns am Wochenende widmen, ohne die Tätigkeit gelernt zu haben, geht es bei Pro-bono-Diensten darum, sein berufliches Know-how in einem ehrenamtlichen Kontext einzusetzen.)

Taproot Foundation bringt schon seit Jahren ehrenamtliche Helfer und gemeinnützige Organisationen zueinander, aber diese Dienstleistung wurde immer »von Hand« erbracht, durch Telefonate, E-Mails und persönliche Treffen. Nun sollte dieser Vorgang online abgewickelt werden: Taproot wollte eine Website als bilateralen Marktplatz für ehrenamtliche Helfer und die gemeinnützigen Organisationen, die von ihren Diensten profitieren könnten, aufbauen.

Zu Projektbeginn standen wir vor zahlreichen Fragen: Wie sollte das Vermittlungsverfahren funktionieren? Sollten die Freiwilligen für ihre Dienste werben? Sollten die Organisationen für ihre Projekte werben? Was würde besser funktionieren? Und wie sollten die Parteien, nachdem sie sich auf der Website gefunden hatten, das Projekt initiieren? Wie sollten die Organisationen ihren Bedarf kommunizieren? Wie sollten die Ehrenamtler die Arbeit einteilen? Selbst kleine Details stellten Taproot vor wichtige Entscheidungen: Wie sollte beispielsweise der erste telefonische Kontakt zustande kommen?

Wir hielten dies für eine ideale Gelegenheit, ein Wizard-of-Oz-MVP zu erstellen. Wir setzten eine einfache Website auf und programmierten von Hand nur die wenigen statischen Seiten, die wir brauchten, um den Eindruck eines laufenden Geschäftsbetriebs zu erwecken. Wir begannen mit insgesamt etwa einem Dutzend Seiten: einer Startseite und dann einer Seite für jedes der 12 geplanten Pilotprojekte. Hinter den Kulissen stellte ein Community-Manager eine Liste potenzieller Ehrenamtler zusammen, die wir per E-Mail mit einer Handlungsaufforderung und einem Link zu unserer neuen Website anschrieben. Um die Illusion des laufenden Systems aufrechtzuerhalten, gaben wir als E-Mail-Absender das System an, nicht den Community-Manager.

Wenn Freiwillige auf den Link in der E-Mail klickten, sahen sie unsere Wizard-of-Oz-Website (siehe Abbildung 12.7). Wenn sie sich über die Site für ein Ehrenamt bewerben wollten, erhielten sie den Eindruck, als würden sie mit dem System interagieren, aber hinter den Kulissen wurden einfach E-Mails an den Community-Manager und das Team geschickt. Wir hielten alle Interaktionen in einem einfachen Trello-Board fest (siehe Abbildung 12.8), das uns als »Datenbank« diente.

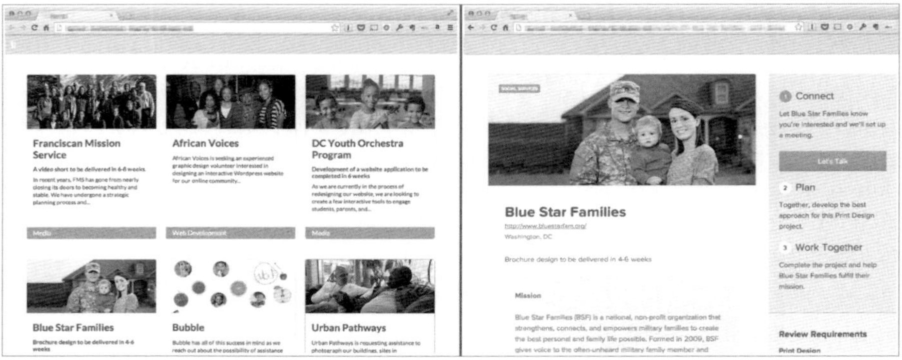

Abbildung 12.7: Die Wizard-of-Oz-Seite für die Taproot Foundation

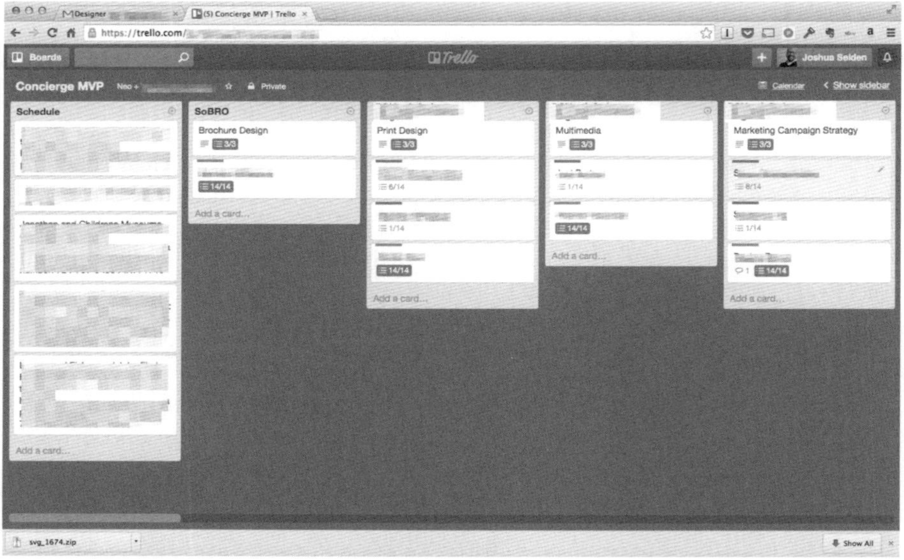

Abbildung 12.8: Unsere »Datenbank« war einfach ein Trello-Board.

Wir betrieben das System einige Monate lang auf diese Weise, lernten allmählich aus unseren Interaktionen, passten unsere Unternehmensprozesse an und fügten der Website je nach Lernfortschritt Automatisierungen und andere Aktualisierungen hinzu. Schließlich versahen wir sie mit einem echten, funktionierenden Backend, sodass wir den »Mann hinter dem Vorhang« Stück für Stück abschaffen konnten. Wir aktualisierten auch das visuelle Erscheinungsbild und gaben dem Grafikdesign den letzten Schliff (siehe Abbildung 12.9) – nachdem wir genug gelernt hatten, um zu wissen, wie wir unsere Marke kommunizieren sollten.

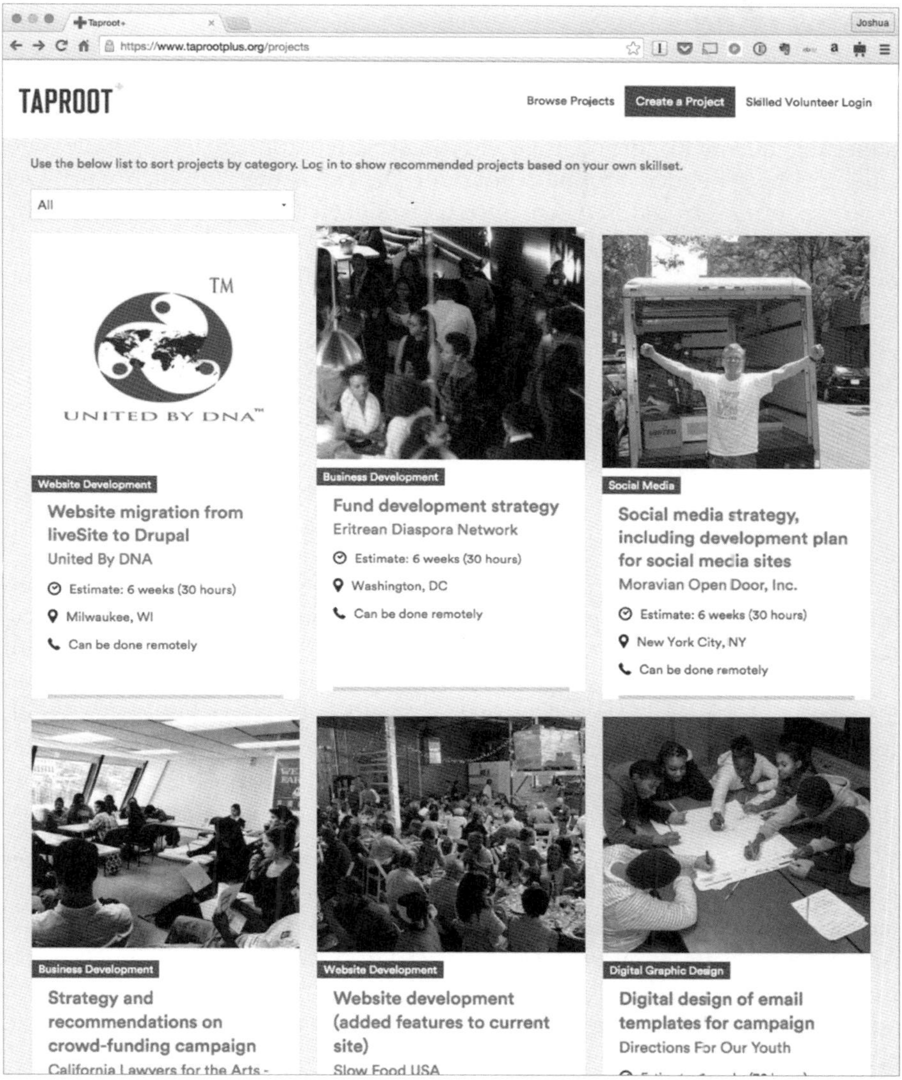

Abbildung 12.9: Die Taproot-Plus-Website mit ausgefeilterem Grafikdesign

Durch diesen Ansatz konnten wir die risikoreichen Bereiche des Designs – die Gestaltung der Unternehmensprozesse – in einem Pilotprojekt erproben und damit das Risiko ausschalten, viel Zeit und Geld für Design und Entwicklung einer ungeeigneten Lösung auszugeben.

Prototyping

Eine der effektivsten Methoden zur Erstellung eines MVP ist die Entwicklung eines Prototyps für die Benutzererfahrung. Es handelt sich dabei um eine Annäherung an eine Erfahrung, mit der Sie simulieren können, wie sich die Nutzung des betreffenden Produkts oder der Dienstleistung anfühlen wird. Der Prototyp muss auf zahlreichen unterschiedlichen Zielgeräten nutzbar sein. Gleichzeitig sollten Sie sich zum Ziel setzen, den Aufwand für die Erstellung des Prototyps so gering wie möglich zu halten. Aus diesem Grund ist die Wahl der Prototyping-Technik wichtig.

Die Wahl der Technik für Ihren Prototyp hängt von mehreren Faktoren ab:

1. Wer wird mit dem Prototyp interagieren?
2. Was möchten Sie in Erfahrung bringen?
3. Was ist bereits als zutreffend bekannt?
4. Wie viel Zeit haben Sie für die Erstellung?

Äußerst wichtig ist die Zielgruppe für Ihren Prototyp. So können Sie den kleinstmöglichen Prototyp erstellen, der ein aussagekräftiges Feedback von dieser Zielgruppe generiert. Möchten Sie mithilfe des Prototyps beispielsweise in erster Linie Softwareingenieuren in Ihrem Team Ideen präsentieren, können Sie primäre Produktbereiche, die von der neuen Erfahrung nicht betroffen sind, weitgehend auslassen – zum Beispiel die globale Navigation. Die Entwickler wissen, dass diese Elemente vorhanden sind und sich nicht ändern, sodass Sie sie nicht veranschaulichen müssen.

Stakeholder sind mit ihrem eigenen Produkt oft weniger vertraut, als sie zugeben wollen, und deshalb muss der Prototyp für sie wahrscheinlich detailgenauer sein, damit sie das Konzept wirklich begreifen. Um den verschiedenen Anforderungen dieser unterschiedlichen Zielgruppen gerecht zu werden, sollte Ihr Prototyping-Toolkit ziemlich breit gefächert sein. Werfen wir einen Blick auf die verschiedenen Prototyping-Techniken und überlegen wir, wann wir sie einsetzen sollten.

Papier-Prototypen

Papier-Prototypen bestehen aus den einfachsten Komponenten – Papier, Stiften und Klebeband – und ermöglichen es Ihnen, Erfahrungen schnell, clever und unterhaltsam zu simulieren. Keine digitalen Investitionen sind erforderlich. Mit raffinierten Tricks wie Falzen zum Ein- und Ausblenden verschiedener Zustände auf einer Seite oder sogar einem »Fenster«, in dem Sie eine Diashow zeigen, können Sie dem Team ein Gefühl für die Funktionsweise des

Produkts vermitteln. Der Prototyp bietet einen unmittelbaren Eindruck, was in der Erfahrung vorhanden ist und was noch fehlt. Das Prototyping auf Papier kann Ihnen ein Gefühl für den Fluss der von Ihnen geplanten Schnittstellenelemente vermitteln. Besonders bei Touch-Oberflächen ist diese Methode hilfreich, wenn der Nutzer die Elemente auf einem Bildschirm bedienen soll.

Vorteile

- kann innerhalb einer Stunde angefertigt werden
- leicht zusammenzustellen und umzugestalten
- billig und leicht zu entsorgen, wenn Sie falschliegen
- kann mit in jedem Büro vorhandenen Materialien zusammengebaut werden
- interessante Aktivität, an der viele Leute Spaß haben

Nachteile

- Eine schnelle Iteration und Vervielfältigung des Prototyps kann zeitaufwendig und mühsam werden.
- Die Simulation ist realitätsfern, da Sie nicht die tatsächlichen Eingabemechanismen (Maus, Trackpad, Tastatur, Touchscreen usw.) verwenden.
- Das Feedback beschränkt sich auf die übergeordnete Struktur, Informationsarchitektur und -fluss.
- Er ist nur für kleine Gruppen sinnvoll.

Low-Fidelity-Mockups

Mit klickbaren Low-Fidelity-Prototypen, etwa klickbaren Wireframes, können Sie einen Prototyp auf die nächste Stufe der Wiedergabetreue bringen. Die Umsetzung in Pixel vermittelt einen realistischeren Eindruck vom Arbeitsablauf. Testteilnehmende und Teammitglieder verwenden digitale Eingabemechanismen, um mit dem Prototyp zu interagieren. So erhalten Sie bessere Einblicke und Rückmeldungen über ihre Interaktion mit dem Produkt durch Klicken, Tippen oder Gesten.

Vorteile

- vermitteln ein Gefühl für die Länge des Arbeitsablaufs
- zeigen die größten Hindernisse für die Erledigung der Hauptaufgabe auf
- ermöglichen die Bewertung der Auffindbarkeit von Kernelementen

- können genutzt werden, um schnell »etwas Anklickbares« zu erstellen, damit Ihr Team von den vorhandenen Ressourcen lernen kann, anstatt neue erstellen zu müssen

Nachteile

- Die meisten Menschen, die mit diesen Ressourcen zu tun haben, haben genug Erfahrung, um ein unfertiges Produkt zu erkennen.
- Der Beschriftung und den Texten wird mehr Aufmerksamkeit als üblich gewidmet.

Middle- und High-Fidelity-Prototypen

Middle- und High-Fidelity-Prototypen sind wesentlich detaillierter als Wireframe-basierte Prototypen. Mit ihnen demonstrieren und testen Sie Entwürfe mit Interaktion, visuellem Design und Inhalten, die der endgültigen Produkterfahrung ähneln (oder von dieser nicht zu unterscheiden ist). Die Interaktivität, die Sie auf dieser Ebene erstellen können, variiert von Tool zu Tool; die meisten Werkzeuge dieser Kategorie ermöglichen Ihnen jedoch pixelgenaue Simulationen der endgültigen Erfahrung. Sie können funktionierende Schnittstellenelemente wie Formularfelder und Dropdown-Menüs erstellen sowie Formularschaltflächen, die Submit-Aktionen simulieren. Einige Tools erlauben logische Verzweigungen und grundlegende Datenoperationen. Viele ermöglichen kleinere Animationen, Übergänge und Zustandsänderungen.

Vorteile

- Erstellung von qualitativ hochwertigen und realistischen Prototypen
- Visuelles Design und Markenelemente können getestet werden.
- Informationsfluss und Interaktionen mit der Benutzeroberfläche können bewertet werden.

Nachteile

- Die Interaktivität ist gegenüber vollständig nativen Prototypen immer noch eingeschränkt.
- Die Benutzer können in der Regel nicht mit echten Daten interagieren, sodass den Produktinteraktionen, die simuliert werden können, Grenzen gesetzt sind.
- Je nach Tool kann es zeitaufwendig sein, solche Prototypen zu erstellen und zu pflegen. Die Pflege eines High-Fidelity-Prototyps und seine Synchronisierung mit dem tatsächlichen Produkt ist oft mit doppeltem Aufwand verbunden.

No-Code-MVP

Es ist möglich, einen funktionsfähigen Prototyp Ihres Produkts oder Ihrer Dienstleistung zu erstellen, der dennoch keine visuelle Ähnlichkeit mit dem angedachten Endprodukt aufweist. Dazu erstellen Sie einen sogenannten No-Code-MVP. No-Code-MVPs lassen sich mit einer Vielzahl von Tools wie Airtable, Zapier und Webflow erstellen. Diese erfordern keine Softwareentwicklung, ermöglichen es Ihnen aber doch, einen Prototyp zusammenzustellen, der Kunden und Endnutzern Funktionalität und hoffentlich auch einen gewissen Nutzen bietet.

Vorteile

- eine schnelle Möglichkeit, die Funktionalität zu testen, bevor Sie eigene Software schreiben
- hilft Ihnen, sich auf die wichtigen Teile Ihres Dienstes zu konzentrieren, ohne Zeit mit dem Aufbau einer umfangreichen Infrastruktur zu verschwenden
- erfordert wenig bis gar keine Kenntnisse in der Softwareentwicklung

Nachteile

- Es ist schwierig, die Marke, das Grafikdesign und andere Feinheiten der Präsentation darzustellen.
- langfristig schwer zu pflegen
- in der Anfangsphase günstig, bei der Skalierung teuer

Codierte und Live-Daten-Prototypen

Codierte Prototypen bieten den höchsten Grad an Realitätsnähe für simulierte Erfahrungen. Nutzer solcher Prototypen sollten sie nicht vom Endprodukt unterscheiden können, es sei denn, sie stoßen an ihre Grenzen (d.h., sie klicken auf einen Link zu einer Seite, die nicht im Prototyp enthalten ist). Codierte Prototypen existieren in der Regel in der nativen Umgebung (dem Browser, dem Betriebssystem, auf dem Gerät usw.) und enthalten alle erwarteten interaktiven Elemente. Schaltflächen, Dropdown-Menüs und Formularfelder funktionieren so, wie es der Nutzer erwarten würde. Die Prototypen nehmen Eingaben über die Maus, die Tastatur und den Bildschirm entgegen und bieten ein hochgradig natürliches Interaktionsmuster für die Nutzer, die den Prototyp evaluieren sollen.

Codierte Prototypen gibt es in zwei Genauigkeitsgraden: hartcodierte (oder statische) und Livedaten. Hartcodierte Prototypen sehen aus wie das Endprodukt und funktionieren auch so, berücksichtigen aber keine echten Dateneingaben, -verarbeitungen oder -ausgaben. Sie sind tatsächlich nur eine Simulation und veranschaulichen in der Regel einige vordefinierte Szenarien. Prototypen mit Livedaten beziehen echte Daten, verarbeiten Benutzereingaben und zeigen eine entsprechende Ausgabe. Sie werden oft bei tatsächlichen Kunden eingesetzt und bieten diesen ein Maß an Realismus und einen Einblick in die Nutzung des Prototyps, das über fest codierte Prototypen hinausgeht. Sie können auch für A/B-Tests bestimmter Funktionen oder Änderungen am aktuellen Arbeitsablauf verwendet werden (um zwei Versionen einer Funktion zu vergleichen und festzustellen, welche besser funktioniert).

Vorteile

- Möglichkeit der Wiederverwendung des Codes in der Produktion
- realistischste verfügbare Simulation
- kann aus vorhandenem Code generiert werden

Nachteile

- Das Team verzettelt sich möglicherweise in Diskussionen über die Feinheiten des Prototyps.
- Es ist zeitaufwendig, funktionierenden Code zu erstellen, der die gewünschte Erfahrung liefert.
- Es ist verlockend, den Code vor der Freigabe an die Kunden zu perfektionieren.
- Aktualisierungen und Iterationen können viel Zeit in Anspruch nehmen.

Was sollte der Prototyp enthalten?

Sie haben sich für ein Tool zur Erstellung Ihres MVP entschieden und sind startklar. Es ist nicht nötig, die gesamte Produkterfahrung zu prototypisieren. Konzentrieren Sie sich auf die zentralen Arbeitsabläufe, mit denen Sie die größten Risiken Ihrer Hypothese testen können.

Wenn Sie sich bei der Erstellung Ihres MVP auf die primären Arbeitsabläufe konzentrieren, findet sich das Team vorübergehend mit einem Tunnelblick wieder (im positiven Sinn!). Dieser ermöglicht es ihm, sich auf einen bestimmten Teil der Erfahrung zu konzentrieren und dessen Gültigkeit und Wirksamkeit zu evaluieren.

Demos und Previews

Vielleicht haben Sie Ihr MVP mit dem Fokus auf nur einen Benutzertyp oder nur ein Segment Ihres Kundenstamms entwickelt. Sie können aber eine Menge lernen, wenn Sie Ihre Arbeit mit Ihren Kollegen teilen. Testen Sie Ihren MVP-Prototyp mit Ihren Teamkollegen, den Stakeholdern und Mitgliedern anderer Teams. Nehmen Sie ihn mit in die Mittagspause und zeigen Sie ihn Kollegen, die an anderen Projekten arbeiten. Stellen Sie sicher, dass das Team bereits innerhalb des Unternehmens Einblicke darüber erhält, wie gut das MVP funktioniert, wie es genutzt wird und ob es sich lohnt, damit weiterzumachen. Bitten Sie die Stakeholder, sich durch das MVP zu klicken und Ihnen ihre Erkenntnisse und Gedanken mitzuteilen.

Wenn Ihr Team einen Demo-Tag veranstaltet (und das sollte es tun), nehmen Sie den Prototyp mit, um den Fortschritt des Projekts zu zeigen. Je öfter Sie ihn zeigen, desto mehr Informationen erhalten Sie hinsichtlich seiner Validität. Als Nächstes nehmen Sie Ihren Prototyp mit zu Kunden und Interessenten. Auch diese sollten sich durch die Erfahrung klicken und ihr Feedback abgeben.

Fallstudie: Einen MVP-Prototyp einsetzen

Sehen wir uns an, wie ein Team, mit dem wir kürzlich zusammengearbeitet haben, einen MVP-Prototyp einsetzte. Das Team erwog eine massive Veränderung seines Angebots. Wir setzten einen MVP-Prototyp ein, um Recherche und Entscheidungsfindung zu unterstützen.

Das etablierte Start-up-Unternehmen hatte Probleme mit seinem aktuellen Produkt, einer exklusiven, abonnementbasierten Community für die Kollaboration. Das Produkt war bereits einige Jahre am Markt und entfaltete zunächst eine gewisse Zugkraft; aber dann hatte die Akzeptanz ein Plateau erreicht – es meldeten sich keine neuen Nutzer mehr an. Darüber hinaus sah sich das Produkt einer wachsenden Konkurrenz ausgesetzt. Das Team erkannte, dass eine radikale Veränderung nötig war, und erwog, das Geschäftsmodell umzugestalten und das Produkt für ein wesentlich breiteres Marktsegment zu öffnen. Hierbei traten zweierlei Bedenken zutage:

1. Würden die derzeitigen Nutzer diese Änderung akzeptieren, da sie den exklusiven Charakter der Community verändern würde?
2. Wäre das neue Marktsegment überhaupt an dieser Produktart interessiert?

Das Team fürchtete einen doppelten Rückschlag: Aktuelle Nutzer könnten das Produkt aufgeben und es würden nicht genügend neue Nutzer hinzukommen, um den Verlust zu kompensieren.

Gemeinsam mit dem Team formulierten wir unseren Plan als Hypothese, legten das neue Marktsegment fest und definierten die Kernfunktionen, die wir anbieten wollten. Diese Teilmenge der endgültigen Vision konnte in fünf Wireframes dargestellt werden.

Wir verbrachten eine Woche mit der Erstellung der Wireframes. So wollten wir sicherstellen, dass unsere Entwickler, Marketingexperten und Führungskräfte bei diesem Richtungswechsel mit ins Boot geholt werden konnten. Wir präsentierten die Wireframes unseren aktuellen Kunden, erhielten in diesen fünf Tagen zwei Runden Kundenfeedback, und am Ende hatten wir einen klickbaren Prototyp – unseren MVP.

Der Zeitpunkt für unser Experiment war günstig: In der folgenden Woche fand in Texas eine Konferenz statt, die vor potenziellen Kunden nur so wimmeln würde. Das Team ging zu der Konferenz und zog mit dem Prototyp auf den iPads durch die Hallen des Kongresszentrums.

Die Mockups funktionierten auf den iPads hervorragend: Die Kunden tippten, wischten und unterhielten sich mit uns über das neue Angebot. Als wir drei Tage später nach New York City zurückkehrten, hatten wir sämtliche Klebezettel und jedes Stück Papier, das wir finden konnten, mit Feedback vollgeschrieben.

Wir sortierten die Notizen, fassten sie zu Gruppen zusammen, und schließlich kristallisierten sich einige klare Themen heraus. Das Feedback der Kunden ließ uns zu dem Schluss kommen, dass dieser neue Unternehmensplan zwar seine Berechtigung hatte, wir uns aber stärker von den bestehenden Produkten auf dem Markt abheben mussten, wenn wir erfolgreich sein wollten.

Insgesamt hatten wir acht Arbeitstage damit verbracht, unsere Hypothesen zu entwickeln, unser MVP zu erstellen und Feedback vom Markt einzuholen. Dies versetzte uns in die Lage, unsere Position zu ändern und das Produkt so zu optimieren, dass es besser zu unserem Marktsegment passte.

Alles unter einen Hut bringen

In diesem Teil des Buchs haben wir alle wichtigen Lean-UX-Techniken vorgestellt, von der Formulierung Ihrer Arbeit als Unternehmensproblemstellung bis hin zur Definition von Erfolg in Form von Ergebnissen für das Unternehmen und den Benutzer. Wir haben Ihnen gezeigt, wie Sie Ihr Wissen über Ihre Nutzer in Form von Proto-Personas festhalten können. Wir haben erläutert, wie Sie mit der Entwicklung Ihrer Lösungen beginnen können. Und wir haben Ihnen gezeigt, wie Sie Hypothesen erstellen und testen können. Mit dem Lean UX Canvas können Sie Ihre Arbeit übersichtlich und in prägnanter Form organisieren, während Sie diese Techniken in der realen Welt anwenden.

Allerdings ist die reale Welt ein chaotischer Ort, und jedes Projekt, an dem Sie arbeiten, wird auf seine eigene Weise chaotisch sein. (Das ist einer der Gründe, aus denen das Canvas überhaupt verwendet wird!) Zum Abschluss dieses Teils möchten wir Ihnen einige Fallstudien von Teams vorstellen, die Lean UX in dieser sehr chaotischen Welt einsetzen. Sie werden sehen, wie gut Lean UX funktioniert – und wie sehr es geeignet ist, mit dem Chaos der realen Welt fertig zu werden.

An diesen Fallstudien werden Sie erkennen, dass einige das gesamte Canvas verwendet haben. Andere haben nur manche der Lean-UX-Techniken im Canvas genutzt, ohne ihre Arbeit mit dem Canvas selbst zu organisieren. Wie bereits erläutert, ist das in Ordnung. Machen Sie sich die vorgestellten Werkzeuge zu eigen. Wir hoffen, dass die Fallstudien Ihnen dazu Ideen und Inspirationen liefern.

Das Lean UX Canvas im Unternehmen

Kürzlich meldete sich ein Produkt- und Design-Leiter bei einem großen Unternehmenssoftwareunternehmen im Silicon Valley bei uns. Die Cloud-Computing-Plattform dieser Firma unterstützt andere Unternehmen bei der Verwaltung digitaler Arbeitsabläufe. Sie wollten uns berichten, wie sie das Lean UX Canvas für den Start von Projekten und neuen Initiativen einsetzten. Wir hielten dies für eine großartige Fallstudie, die wir mit Ihnen teilen möchten.

Ein Team in diesem Unternehmen arbeitete an der zweiten Version eines Produkts, das bei den Kunden gut angekommen war. Das Produkt verfügte über eine neuartige Datendarstellung – eine wirklich schöne, gut getestete Anzeige, die sehr positives Feedback bei den Kunden hervorrief. Das Produkt verwendete ein ungewöhnliches UI-Element: eine spezielle Grafik, mit deren Hilfe die Benutzer Arbeitsabläufe visualisieren und Möglichkeiten für Prozessverbesserungen erkennen konnten.

Neben dem positiven Feedback der Kunden kam diese Benutzeroberfläche auch intern sehr gut an. Die Stakeholder liebten sie und unterstützten die Idee, sie zu verbessern. Es schien also naheliegend, in der nächsten Version auf dem Erfolg dieser Funktion aufzubauen, und genau das hatte das Team auch vor: Es wollte sich für die zweite Version richtig in diese Funktion hineinknien.

Sie hatten jedoch vor Kurzem das Lean UX Canvas kennengelernt und waren begeistert davon, wie es das methodische Denken anregte. Sie beschlossen, für diese Initiative ein Lean UX Canvas durchzuarbeiten. Dabei geschah etwas Interessantes. Als sie zu Feld 4 kamen, erlebten sie einen Durchbruch.

Um Feld 4 zu vervollständigen, musste das Team auf die bereits von den Kunden gesammelten Feedback-Daten zurückgreifen. Das passiert bei der Arbeit an einem Lean UX Canvas häufig: Man muss die für den Abschluss eines Abschnitts benötigten Informationen finden. Manchmal bedeutet das zusätzliche Recherchen, und manchmal müssen Sie einfach die bereits durchgeführten Recherchen überprüfen.

In diesem Fall fiel dem Team bei der Auswertung der Daten ein wichtiges, bisher übersehenes Muster im Nutzerfeedback auf: Den Kunden gefiel die Grafik außerordentlich, aber sie wollten nicht nur Daten angezeigt bekommen. Das Produkt sollte mehr proaktive Eigenschaften haben: »Die Darstellung ist wirklich schön, aber gut wäre ein visueller Hinweis, worauf wir achten sollten.«

Das Lean UX Canvas zwang das Team, innezuhalten und die gesammelten Daten methodisch zu untersuchen. Eines der Teammitglieder erklärte: »Wir hatten das Feedback tatsächlich schon. Wir haben nur nicht richtig hingehört!« Er fuhr fort: »Als wir die Daten mithilfe des Canvas durchgingen, um herauszufinden, was unseren Kunden wirklich wichtig war, erkannten wir, dass wir die Daten einfach ignoriert hatten!«

Das Team investierte also Zeit in die Interpretation dieses Feedbacks. Es ging der Sache auf den Grund und ermittelte, was das Feedback bedeutete und was es über die von den Kunden gewünschten Ergebnisse aussagte. Als sich die Beteiligten erneut zur Validierung der Ideen an die Kunden wandten, reagierten diese positiv.

Daraufhin traf das Team eine einfache Entscheidung: Es musste seine Prioritäten ändern. Ein Teammitglied erklärte uns, dass die Meinung im Team einhellig war. »Bei der Schlussabstimmung ging es nicht mehr um die Verbesserung der Grafik, sondern um den gewünschten Nutzen für unsere Kunden.«

Im Pilotprojekt für die zweite Version »bekamen wir richtig gute Noten von unseren Kunden«. Diese halfen dem Team, noch schneller zu einer allgemeinen Freigabe zu gelangen. »Aufgrund dieses Feedbacks haben wir es wahrscheinlich sechs Monate früher geschafft.«

Validately: Produkt mit Kundeninterviews und einem schnellen Prototyp validieren

Der Serienunternehmer Steven Cohn kam auf die Idee, Validately zu gründen, weil er sich bei der Durchführung seiner eigenen Nutzerforschung Herausforderungen gegenübersah. Als er die Branchenlandschaft untersuchte, stellte er fest, dass andere Nutzerforscher vor ähnlichen Herausforderungen standen. Nutzerforscher verwenden für ihre Studien in der Regel kostenlose Tools wie Skype und Google Docs. Wie er wusste, sind diese nicht für die Nutzerforschung konzipiert, sodass sich die Prozesse ineffizient gestalten. Einige Teams ergänzten diese Tools mit dem bekanntesten Dienst in diesem Bereich, usertesting.com. Cohn erkannte seine Chance.

Er und sein Team ermittelten mithilfe von Kundeninterviews die Bedürfnisse und Ziele dieser Nutzergruppe (Feld 4 des Lean UX Canvas). In den Gesprächen fanden sie heraus, worauf sie sich konzentrieren sollten, wenn sie die Nutzerforscher fragten, wie sie mit den Ergebnissen ihrer Studien verfuhren. Sie antworteten: »Das ist der Hauptteil meiner Arbeit.« Tatsächlich erfuhr er, dass der Großteil des Projekts erst nach Abschluss der eigentlichen Forschungsarbeit begann.

Das Validately-Team erfuhr, dass die Forscher nach einer Runde Kundeninterviews oder Usability-Tests auf ein langes und unorganisiertes Google Doc mit Notizen zurückgreifen und dieses mit den Timecodes im Studienvideo verbinden mussten. Mit diesen Timecodes (und einer Art Videobearbeitungssoftware) erstellten sie Videoclips, fügten sie zu einem Highlight-Video zusammen und teilten dieses schließlich mit ihren Teams, Kunden und Stakeholdern. Und das alles nur, um zu zeigen, was sie während der Studie erfahren haben.

Das Team führte Dutzende von Interviews, um dieses Problem zu validieren. Dabei stellte sich heraus, dass diese Arbeit – die Erstellung von Berichten und

Highlight-Videos – häufig mehr als 50 % des Gesamtaufwands jeder Studie ausmachte. Es wusste, dass es auf ein lösungswürdiges Problem gestoßen war.

Der nächste Schritt war die Arbeit an der Lösung (Feld 5 des Lean UX Canvas). Steven und sein Team erstellten in InVision einen Prototyp mit einer Hypothese, wie ein effizientes Tool für die Kombination von Notizen, Zeiterfassung, der Erstellung von Berichten und Highlight-Videos aussehen könnte. Sie verbrachten zwei Tage mit der Erstellung dieses Prototyps, bevor sie ihn den Kunden vorstellten.

Der Prototyp beantwortete fast im Alleingang die Frage: »Inwiefern sind Sie besser als usertesting.com?« Sobald die potenziellen Kunden den Nutzen des geplanten Validately-Tools sahen, waren sie unmittelbar interessiert. An diesem Punkt baten Steven und sein Team um eine weitere Art von »Feedback«. Sie baten die Leute, an Ort und Stelle zuzusagen – ein Produkt nicht irgendwann später, sondern genau jetzt zu kaufen, auch wenn es noch nicht lieferbar war. Der Vertrag enthielt eine Rücktrittsklausel für den Fall, dass die Bereitstellung nicht erfolgte, aber ansonsten nutzte Steven den Prototyp als Verkaufsinstrument für eine Dienstleistung, die es noch gar nicht gab. Die Präsentation funktionierte, und das half Validately zu bestätigen, dass ihre Lösung die richtige war. Sie gewannen genügend Kunden, um ein florierendes Geschäft in der Nische zwischen kostenlosen Tools wie Google Docs und Skype aufzubauen. Validately entwickelte sich zu einem großen Erfolg und wurde schließlich 2019 an UserZoom verkauft.

Die hier verwendeten MVPs – Kundengespräche, gefolgt von einem in zwei Tagen erstellten Prototyp – boten Cohn und seinem Team drei Ebenen der Validierung:

Zeit. Sind die Nutzer bereit, uns 30 Minuten ihrer Zeit zu schenken, um das Problem zu diskutieren? Wenn nicht, ist das Problem, das wir lösen wollen, nicht wichtig genug und wahrscheinlich kein Spielfeld für uns.

Soziales. Werden unsere Gesprächspartner die Informationen an ihren Chef, ihr Team, die Sicherheitsabteilung, die Beschaffungsabteilung und andere Stellen im Unternehmen weitergeben? Werden sie es intern bekannt machen und unterstützen? Um dies herauszufinden, fragten die Teammitglieder stets: »Werden Sie mich anderen im Unternehmen vorstellen, die an diesem Tool interessiert sein könnten?« Auch hier war es ein Signal, wenn die Frage nicht zu einer Vorstellung führte.

Geld. Wenn der potenzielle Kunde seine Zeit und seinen Ruf zur Verfügung stellt, wird er zum Kauf aufgefordert. Dies ist die ultimative Validierung, da sie tatsächlich zu einem Verkauf führt.

Kaplan Test Prep: Mit Lean UX ein neues Unternehmen starten

Kaplan Test Prep hilft Schülern in den USA seit 1938 bei der Vorbereitung auf standardisierte Tests wie Aufnahmeprüfungen für Colleges und medizinische Fakultäten. Da sich das Bildungswesen fast jährlich verändert, muss Kaplan den Nutzen für seine Kunden ständig neu erfinden. Lee Weiss, derzeit Senior Vice President des Unternehmens, hilft Kaplan seit mehr als 20 Jahren genau dabei. Im Herbst 2018 kam Lee eine neue Idee, um Kaplans Geschäft mit Hochschulpartnerschaften neu zu erfinden. Er wollte es Universitäten ermöglichen, zu den Themen College- und Berufsvorbereitung Online-Kurse für High-School-Schüler zu erstellen.

Seine Idee bestand darin, High-School-Schülern eine zuverlässige Möglichkeit zu schaffen, sich über unterschiedliche Berufswege zu informieren und gleichzeitig verschiedene Universitäten auszuprobieren. Lee und seine Kollegen verbrachten ein paar Wochen mit dem Skizzieren einiger Ideen, wie das Ganze funktionieren könnte, und hielten ihre Gedanken in PowerPoint-Folien fest. Diese Präsentation wurde zu ihrem ersten Experiment – ihrem MVP –, mit dem sie ihre erste Hypothese testen konnten: dass die Führungsebene an ihren Plänen interessiert sein würde.

Anfang 2019 trafen sie sich mit dem Führungsteam, um ihre Idee zu testen. Die Führungskräfte von Kaplan waren begeistert und gaben Lee und seiner Kollegin Liz Laub grünes Licht, sich ausschließlich auf diese neue Idee zu konzentrieren: »Nehmen Sie sich die nächsten 90 Tage Zeit und schauen Sie, ob Sie dieses Konzept umsetzen können.«

Lee und Liz begannen, sich die erste entscheidende Frage von Lean UX zu stellen: *Welchen wichtigsten Aspekt müssen wir als Erstes in Erfahrung bringen?* (Feld 7 auf dem Lean UX Canvas).

Sie erkannten, dass gar kein Geschäft zustande kommen würde, wenn sie keine Universität dafür interessieren könnten. Nachdem sie somit ihr größtes Risiko identifiziert hatten, konnten sie zur zweiten Schlüsselfrage von Lean UX übergehen: *Mit welchem geringstmöglichen Aufwand können wir das Nächstwichtigste in Erfahrung bringen?* (Feld 8 auf dem Lean UX Canvas).

Sie begannen, Universitäten zu kontaktieren, um zu ermitteln, ob sie an einer Partnerschaft mit ihnen interessiert wären – obwohl es die Initiative selbst noch gar nicht gab. Innerhalb von 90 Tagen hatte das Team mit 20 verschiedenen Universitäten gesprochen und schließlich zwei der größten Universitäten in den USA für die Idee gewinnen können – und das alles durch einfache und manchmal zufällige Gespräche. Das war eine gute Nachricht, denn damit hatten Lee und Liz genügend Informationen, um einen detaillierteren Antrag an die Leitung zu stellen. Ein Antrag auf ein Budget, um das Produkt auf den Markt zu bringen.

Zuvor mussten sie jedoch noch weitere Fragen beantworten: Was wollen die Schüler und ihre Eltern? Wie würde ihre Lösung aussehen? (Solche Fragen halten Sie in Feld 7 des Canvas fest.)

Hier begannen die Schwierigkeiten: Die Annahmen über ihr Produktangebot (Feld 5) wurden von der Realität eingeholt. Ursprünglich hatten sie gehofft, ein Produkt zu entwickeln, das es Lehrern und Schülern ermöglicht, in Echtzeit miteinander zu interagieren. Leider standen die Zeitzonen im Weg, was sie in frühen und laufenden Gesprächen mit Schülern rasch herausfanden. Also wechselten sie zu asynchronen Kursen und sahen sich schnell mit einer neuen Herausforderung konfrontiert: Wie kann man einen ansprechenden und hochwertigen Kurs erstellen?

Sie gingen davon aus, dass sich dies am besten durch den Aufbau jahrgangsbasierter Communitys erreichen ließe. Sie testeten ihre Annahmen, indem sie erste Versionen des Angebots erstellten. Obwohl die an den Tests beteiligten Schüler sehr positiv reagierten, sahen sowohl diese als auch ihre Eltern weiterhin Bedarf an persönlicher Betreuung und Unterstützung. Diesem Wunsch kamen sie nach, indem sie ehemalige Studierende dieser Universitäten als Mentoren engagierten. Dies waren die Grundpfeiler eines Produkts, das sowohl den synchronen als auch den asynchronen Anforderungen gerecht wurde.

Es gab jedoch noch ein letztes Puzzlestück, mit dem sie sich in den ersten 90 Tagen beschäftigen mussten: ihre Hypothesen über die Organisation, die für den Aufbau und den Betrieb nötig wäre. Es würde ihnen nichts nützen, den Bedarf des Markts mit einem überzeugenden Produkt zu decken, wenn sie nicht in der Lage wären, ein lebensfähiges, nachhaltiges Geschäft aufzubauen. (Diese Überlegungen zur Servicegestaltung sollten Teil Ihrer Lösungsdefinition in Feld 5 sein.)

Auch hier traf das Team eine Reihe von Annahmen darüber, wen es einstellen müsste, wie es den Preis für das Produkt festlegen sollte, wie viel sein Betrieb kosten würde und natürlich welche Form das Produkt haben sollte. Lee merkt an, dass sich fast alle diese Annahmen im Nachhinein als falsch herausstellten, aber sie verfügten nun über genügend Informationen, um sich mit einem detaillierten Antrag an die Unternehmensleitung zu wenden: Um genau zu sein, beantragten sie ein Budget von 700.000 Dollar, um das Produkt zu entwickeln und auf den Markt zu bringen. Der Antrag wurde bewilligt, allerdings mit einer Einschränkung: Sie hatten ein Jahr Zeit, um die Gewinnzone zu erreichen.

Das Team legte los. Auf der Grundlage von Gesprächen mit Schülern, Lehrern und Verwaltungsangestellten bei ihren beiden (inzwischen festen) Kunden erstellte das Team einen ersten Lehrplan mit drei Kursen. Ziel war es, so schnell wie möglich Kurse von höchster Qualität zu erstellen.

Nachdem der Kursplan erstellt war, benötigte das Team operative Systeme zur Unterstützung des Projekts – CRM, Lernmanagementsysteme, Content-Management-Systeme usw. Die Maxime lautete, sich für dasjenige Produkt zu entscheiden, mit dem sie am schnellsten starten konnten. Mithilfe von SaaS-Produkten – allesamt außerhalb des Kaplan-Ökosystems, das die Durchführung von Schnelltests verlangsamt hätte – wurde eine leichtgewichtige Lösung zusammengestellt. (Dies ist ein großartiges Beispiel für die Anwendung der No-Code-MVP-Technik.)

An dem ersten zweiwöchigen Kurs nahmen acht Schüler kostenlos teil. Alle absolvierten den Kurs vollständig und äußerten sich sehr positiv über die Produktqualität und die allgemeine Erfahrung. Nun war es an der Zeit, die erste zahlende Gruppe zu gewinnen. Das Interesse war anfangs nicht besonders groß. Lee, Liz und das Team begannen, sich Sorgen zu machen. Das Anmeldeverfahren war umständlich, der Kurs war teuer, und die 50 Dollar Anmeldegebühr, die sie anderswo gesehen und in ihr Produkt kopiert hatten, schien potenzielle Kunden abzuschrecken.

Die nächsten Experimente waren für das Team klar: Abschaffung der Anmeldegebühr, Verkürzung des Anmeldeverfahrens und Preissenkung. Das Team konnte dies aus zwei Gründen umsetzen: Erstens hatten sie als internes Innovationsteam die Entscheidungsbefugnis, die Preisgestaltung zu erkunden. Also halbierten sie ihre Preise. Der zweite Grund, warum sie auf diese Weise experimentieren konnten? Sie arbeiteten in einwöchigen Sprints. Selbst wenn eine Entscheidung katastrophal ausfiel, mussten sie höchstens eine Woche lang damit leben.

Das Team brauchte jedoch nicht lange zu warten. Noch an dem Tag, als sie die Änderungen vornahmen, gingen mehr Anmeldungen ein als in den zurückliegenden beiden Wochen zusammen. Die Verkaufserlöse verfünffachten sich. Das Produkt kam immer besser an und das Team machte sich Gedanken darüber, wie man die Produktqualität bei einer Skalierung aufrechterhalten konnte. Sie legten eine Reihe von ergebnisbasierten Kennzahlen fest, um die Entscheidungsfindung zu erleichtern und die Qualität auf einem hohen Niveau zu halten: Sie wollten erreichen, dass sich jeder Schüler innerhalb von 48 Stunden nach Kursbeginn anmeldet, sie wollten eine Kursabschlussrate von 80 % erreichen und einen Net Promoter Score (NPS) von 50 beibehalten.

Durch die Verwendung von Ergebnissen als Kompass, evidenzbasierter Entscheidungsfindung als Motor und kurzen Zyklen, um auf Kurs zu bleiben, gelang es dem Team, eine Unternehmenseinheit aufzubauen, die inzwischen mehr als 30 Mitarbeitende beschäftigt. Sie bewiesen, dass es möglich ist, die optimalen Kurskorrekturen vorzunehmen, wenn man den Daten und dem Instinkt folgt und die Entscheidungen langsam ausbaut. Wenn Sie diese Daten mit einem autonomen Team und einem klaren, ergebnisorientierten Auftrag kombinieren, sprechen die Ergebnisse für sich selbst.

TEIL III

Kollaboration

Es ist Dienstag, und Rick, Mark, Olga und Arti stehen am Whiteboard und sehen sich einen Wireframe an, den sie gezeichnet haben. Designerin Arti hält einen Marker in der Hand, aber sie zeichnet nicht. »Rick, ich verstehe nicht, worauf du hinauswillst. Kannst du mir das Problem erklären?«, fragt sie.

Rick bekommt den Marker, wischt einen Teil des Boards frei und erläutert die Vorgabe noch einmal. Das Team entwirft eine App für Aktienhändler, und deshalb müssen sie sich an strenge Vorschriften halten. Rick, der Wirtschaftsanalytiker, ist dafür verantwortlich, dass die Regularien vom Team umgesetzt werden.

Nach einer Weile nickt das Team, und Arti übernimmt wieder den Marker. Sie schlägt eine Änderung des Wireframe-Designs der App am Whiteboard vor, und das Team nickt erneut. Alle zücken ihre Smartphones, fotografieren das Board und vereinbaren, am nächsten Tag wieder zusammenzutreffen. Sie sind zuversichtlich, dass das, worauf sie sich geeinigt haben, am Donnerstag für die Nutzertests bereitstehen wird.

Arti kehrt an den Schreibtisch zurück und beginnt mit der Ausarbeitung des skizzierten Designs. Frontend-Entwickler Mark beginnt mit der Erstellung der Seite – er verwendet Komponenten aus dem Design-System, das das Team erstellt hat, sodass er nicht auf Arti warten muss, sondern die Basiselemente gleich einsatzbereit zur Verfügung hat. Rick öffnet die Wiki-Seite des Projekts und beginnt, die Entscheidungen zu dokumentieren, die das Team über das Verhalten der App getroffen hat. Er wird dies später am Tag mit dem Product Owner besprechen. Und Olga, die QS-Testerin, beginnt mit dem Schreiben von Tests für den neuen Bereich der App.

So sieht der tägliche Rhythmus von Lean UX aus: ein Team, das kollaborativ, iterativ und parallel arbeitet, mit wenigen Übergaben, minimalen Deliverables und dem Fokus auf funktionierender Software und Marktfeedback. In diesem Abschnitt erfahren Sie, wie es geht.

Über Teil III

Im vorangegangenen Teil haben wir uns mit den Ideen hinter Lean UX beschäftigt – den Prinzipien, die die Arbeit voranbringen. In diesem Abschnitt gehen wir in die Praxis und beschreiben im Detail den Lean-UX-Prozess.

Der Lean-UX-Prozess

In Kapitel 14, »Kollaboratives Design«, geht es um eines der wichtigsten Elemente von Lean UX – die interdisziplinäre Zusammenarbeit. Designer arbeiten mit Kollegen außerhalb ihres Fachbereichs zusammen, um die bestmöglichen Produkte zu entwickeln. In diesem Kapitel sehen wir uns hierzu die wichtigsten Techniken an.

In Kapitel 15, »Feedback und Forschung«, beschäftigen wir uns mit kontinuierlicher und kollaborativer Forschung in Lean UX. Für viele Teams bedeutet das eine Umstellung, daher beschreiben wir hier einige der wichtigsten Aspekte, die Sie kennen müssen.

Kapitel 16, »Lean UX und Agile im Zusammenspiel«, zeigt, wie Sie Lean UX und agile Methoden unter einen Hut bringen. Agile Methoden sind ein grundlegender Baustein von Lean UX. Lean UX entstand aus der Notwendigkeit, mit agilen Softwareentwicklungsteams zusammenzuarbeiten – ein Kampf, dem sich viele Designer täglich stellen. Dieses Kapitel wird Ihnen helfen, sich zurechtzufinden.

Kollaboratives Design

Bleiben Sie offen für Zusammenarbeit. Die Ideen anderer Menschen sind oft besser als Ihre eigenen. Umgeben Sie sich mit Menschen, die Sie herausfordern und inspirieren, verbringen Sie viel Zeit mit ihnen, und Ihr Leben wird sich verändern.

– Amy Poehler

Was ist eine »Benutzererfahrung«? Sie ist die Summe aller Interaktionen, in die ein Nutzer mit Ihrem Produkt oder Ihrer Dienstleistung tritt. Sie entsteht durch alle Entscheidungen, die Sie und Ihr Team in Bezug auf Ihr Produkt oder Ihre Dienstleistung treffen: die Preisgestaltung, die Verpackung, der Vertrieb, die Einbindung der Nutzer, der Support, die Pflege und Aktualisierung und so weiter und so fort. Mit anderen Worten: Die Benutzererfahrung ist eine Teamleistung, nicht die eines einzelnen Designers. Aus diesem Grund liegt Lean UX die Idee zugrunde, dass User Experience Design ein kollaborativer Prozess sein sollte.

Lean UX bringt Designer und Nicht-Designer zusammen. Das Ergebnis sind Ideen, die größer und besser sind als die der einzelnen Mitwirkenden. Um eines klarzustellen: Wir befürworten kein »Design by Committee«, ein Begriff, der einen Prozess voller fauler Kompromisse und uninformierter Entscheidungsfindung impliziert. Stattdessen werden Lean-UX-Prozesse von Designern orchestriert und moderiert und von Fachspezialisten ausgeführt, wobei alle nach einem gemeinsamen Leitfaden arbeiten. Lean UX stärkt die Eigenverantwortung Ihres Teams, weil individuelle Standpunkte bereits frühzeitig und dann kontinuierlich während des Prozesses eingebracht werden können. Letztendlich geht es darum, das vielfältige Fachwissen Ihres Teams zu nutzen, um *funktionierende* Designs zu entwickeln.

In diesem Kapitel lernen Sie die zahlreichen Vorteile kennen, die sich aus dieser engen, interdisziplinären Zusammenarbeit ergeben.

Lassen Sie uns anfangen ...

Kollaboratives Design

In Feld 6 haben Sie etwas über Hypothesen gelernt. Um Ihre Hypothesen zu testen, führen Sie manchmal einfach eine Untersuchung durch (beschrieben in Feld 8). Manchmal ist aber auch Design- und Entwicklungsarbeit notwendig, um Ihre Hypothesen zu testen. Wenn Sie zum Beispiel noch ganz am Anfang eines Projekts stehen, können Sie die Nachfrage testen, indem Sie eine Landingpage erstellen, die misst, wie viele Kunden sich für Ihre Dienstleistung registrieren. In einer späteren Phase des Produktlebenszyklus arbeiten Sie vielleicht an den Features und fügen neue Funktionen hinzu, etwa um die Produktivität der Benutzer zu erhöhen. Der Umgang mit den vielen möglichen Designoptionen für diese Features kann für das Team schwierig sein. Wie oft haben Sie schon Konflikte im Team aufgrund von Designentscheidungen erlebt?

Unserer Erfahrung nach ist die effektivste Methode, um ein Team auf eine Designrichtung einzuschwören, die Kollaboration. Langfristig führt diese Zusammenarbeit zu besseren Ergebnissen als heldenhaftes Design (wobei ein Designer oder ein Designteam hinzugezogen wird, der oder das etwas Schönes entwickelt und dann weiterzieht, um das nächste Projekt zu retten). Teams lernen oder verbessern sich selten, wenn sie mit Helden arbeiten. So wie das gemeinsame Aufstellen von Hypothesen den Produkt-IQ des Teams erhöht, verbessert die gemeinschaftliche Designarbeit den Design-IQ des Teams. Alle Teammitglieder können dabei ihre Ideen artikulieren. Die Designer können bei der Verfeinerung des Designs auf eine breite Ideenpalette zurückgreifen. Dies wiederum stärkt bei allen Teammitgliedern das Gefühl, am Projekt beteiligt zu sein. Und schließlich wird durch kollaboratives Design ein gemeinsames Verständnis im Team geschaffen – die Währung von Lean UX. Je mehr gemeinsames Verständnis das Team entwickelt, desto weniger muss es sich auf Dokumentationen verlassen, um voranzukommen.

Kollaboratives Design ermöglicht es dem Team, gemeinsam zu gestalten. Die Teams können ein gemeinsames Verständnis sowohl für das Designproblem als auch für die Lösung entwickeln. Alle gemeinsam entscheiden, welche Funktionen und Schnittstellenelemente das gewünschte Feature am besten umsetzen.

Dennoch wird kollaboratives Design von Designern geleitet. Es liegt in der Verantwortung des Designers, kollaborative Design-Meetings nicht nur einzuberufen, sondern auch zu moderieren. Manchmal kommt es zu informellen Chats und Scribble-Sitzungen, manchmal auch zu strukturierten Einzelsitzungen mit einem Entwickler an einem Whiteboard. In anderen Fällen versammelt sich das gesamte Team zu einer Design-Studio-Session oder sogar zu einem Design-Sprint. Der Schlüssel liegt in der Zusammenarbeit einer vielfältigen Gruppe von Teammitgliedern.

In einer typischen kollaborativen Design-Sitzung erstellen die Teams gemeinsam Skizzen, besprechen diese und einigen sich schließlich auf eine Lösung, der sie die größten Erfolgschancen zurechnen. Der Designer übernimmt zusätzlich die Rolle des Moderators, der das Team durch die verschiedenen Tätigkeiten führt.

Das Ergebnis dieser Sitzungen besteht in der Regel aus Low-Fidelity-Skizzen und Wireframes. Die geringe Genauigkeit ist bedeutsam: Erstens können so alle einen Beitrag leisten, auch Teammitglieder, die nicht so gut zeichnen können. Zweitens bleibt das Projekt formbar. Das Team hat die Möglichkeit, schnell umzuschwenken, wenn die Tests zeigen, dass der Ansatz nicht funktioniert. Sie können viel leichter von einem fehlgeschlagenen Ansatz abrücken, wenn sie nicht so viel Zeit damit verbracht hat, ihn mühsam auszuarbeiten, zu dokumentieren und im Detail zu beschreiben.

Kollaboratives Design: der informelle Ansatz

Vor einigen Jahren entwarf Jeff ein Dashboard für eine Webanwendung, die sich an Personalvermittler und Arbeitgeber der Jobbörse TheLadders richtete. Es mussten sehr viele Informationen auf einem Bildschirm untergebracht werden, und das machte ihm einige Mühe. Anstatt zu viel Zeit an seinem Schreibtisch mit Pixelschubsen zu verbringen, schnappte er sich ein Whiteboard und bat den Chefentwickler Greg, ihn zu unterstützen. Jeff skizzierte seine ursprüngliche Vorstellung von der Anordnung aller Inhalte und Funktionen für das Dashboard (siehe Abbildung 14.1). Die beiden diskutierten dann über die Idee, und schließlich reichte Jeff Greg den Marker weiter. Dieser skizzierte seine Ideen auf demselben Whiteboard. So ging das hin und her, bis sie sich schließlich auf ein Layout und einen Ablauf geeignet hatten, der ihnen brauch- und machbar erschien, da sie innerhalb des laufenden zweiwöchigen Sprints eine Lösung bereitstellen mussten. Am Ende dieser zweistündigen Sitzung kehrten sie an ihre Schreibtische zurück und nahmen die Arbeit auf. Jeff verfeinerte die Skizze zu einem formellen Wireframe und Workflow, während Greg mit dem Infrastrukturcode begann, der für die Übertragung der benötigten Daten in die Präsentationsebene erforderlich war.

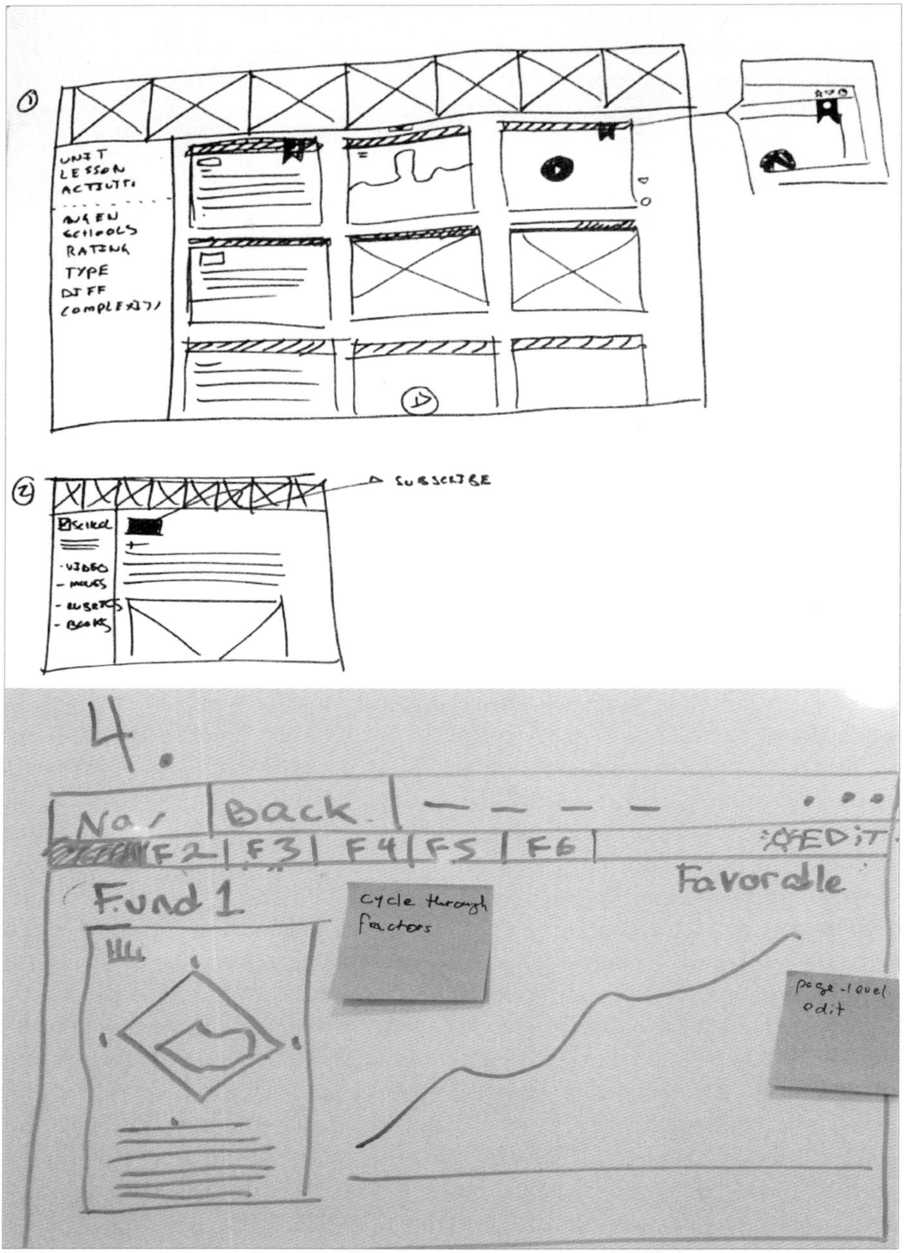

Abbildung 14.1: Beispiele für Whiteboard-Skizzen

Sie hatten durch ihre kollaborative Design-Sitzung ein gemeinsames Verständnis entwickelt. Beide wussten, was sie entwickeln wollten und was das Feature leisten musste. Sie brauchten nicht auf die Dokumentation zu warten. So konnten sie die erste Ideenversion innerhalb von zwei Wochen umsetzen.

Gespräche: Ihr wirkungsvollstes Werkzeug

Lean UX fördert Gespräche als primäres Mittel der Kommunikation zwischen den Teammitgliedern. Dies entspricht dem Agilen Manifest, das »Individuen und Interaktionen über Prozesse und Werkzeuge« stellt. Die Gespräche vereint das Team in einer gemeinsamen Vision. Außerdem werden Erkenntnisse aus verschiedenen Disziplinen viel früher in das Projekt eingebracht, als dies in einem herkömmlichen Designzyklus möglich wäre. Bei neuen Ideen oder Änderungen am Design können die Erkenntnisse eines Teammitglieds schnell Fragen aufwerfen, auf die der Designer alleine nicht gekommen wäre.

Werden solche Gespräche frühzeitig und häufig geführt, kennt das Team die Ideen aller Beteiligten und kann früher mit der eigenen Arbeit beginnen. Wenn dem Team zum Beispiel bekannt ist, dass die vorgeschlagene Lösung eine bestimmte Backend-Infrastruktur erfordert, können die Softwareingenieure bereits mit dieser Arbeit beginnen, während das Design noch verfeinert und fertiggestellt wird. Parallel laufende Softwareentwicklung und Design ist der schnellste Weg zur tatsächlichen Benutzererfahrung.

Diese Gespräche mögen anfangs unangenehm erscheinen, weil sie die traditionellen Wände zwischen den Disziplinen einreißen. Im Laufe des Gesprächs geben die Designer den Entwicklern jedoch Anregungen für die Implementierung bestimmter Funktionen, sodass ihre Vision wie gewünscht ausgearbeitet werden kann. Diese Kommunikation fördert die Transparenz und den Fortschritt des Prozesses. Die Transparenz schafft eine gemeinsame Sprache und bindet die Teammitglieder fester aneinander. Wenn diese sich gegenseitig vertrauen, arbeiten sie motivierter zusammen und liefern qualitativ hochwertige Ergebnisse.

Suchen Sie nach Möglichkeiten, häufiger mit Ihren Teamkollegen zu sprechen, sowohl zum Projekt als auch darüber hinaus. Durch die Zeit, die Sie mit der Pflege sozialer Bindungen zu Ihrem Team verbringen – zum Beispiel durch gemeinsame Mahlzeiten –, werden auch arbeitsbezogene Gespräche leichter, ehrlicher und produktiver.

Lean-UX- und Design-Sprints

In Feld 5 haben wir über eine Technik namens »Design-Studio« geschrieben. Dies ist eine großartige Methode, um ein Team zu einer strukturierten Design-Sitzung zusammenzubringen. In den letzten Jahren ist ein ähnlicher Ansatz populär geworden, der »Design-Sprint«. Wie in dem Buch *Sprint* von Jake Knapp, John Zeratsky und Braden Kowitz (Simon and Schuster) beschrieben, ist ein Design-Sprint ein fünftägiger Prozess, bei dem sich ein Team zusammensetzt, eine Frage definiert, Ideen entwickelt, einen Prototyp baut und testet – und das alles in einer einzigen Woche. Design-Sprints sind wie ein gedoptes Design-Studio. Oder wie ein Lean-UX-Mini-Zyklus. Nachdem wir selbst einige Design-Sprints geleitet haben, wissen wir, wie wirkungsvoll sie sein können. Wenn Sie ein Team, ein Projekt oder eine Initiative in Schwung bringen wollen, ist ein Design-Sprint eine großartige Möglichkeit. Das Wort »Sprint« kann hier verwirrend sein. In diesem Zusammenhang sprechen wir nicht von einem Sprint im Agile-Stil, was in Scrum eine »Iteration« genannt wird. Wenn wir den Ausdruck »Design-Sprint« verwenden, unterstreichen wir deutlich, dass wir über den spezifischen Prozess sprechen, der im Buch *Sprint* beschrieben ist.

Allerdings enthalten die Methoden auch einige vielleicht widersprüchliche Teile. Lean UX beinhaltet zum Beispiel eine bestimmte Art, Probleme zu formulieren. Bei Design-Sprints werden Probleme am ersten Tag mit einer anderen Methode formuliert. Lean UX empfiehlt Hypothesen, Experimente und MVPs zum Testen Ihrer Ideen. Design-Sprints führen Teams in den letzten Tagen des Sprints durch Prototyping und Tests, ohne dass dabei Hypothesen oder der Begriff MVP verwendet werden. Manchmal scheinen die Methoden deshalb im Widerspruch zueinander zu stehen.

Wir sind der Meinung, dass die Methoden im Grundsatz sehr kompatibel sind, wenn auch nicht in der Praxis. Wenn man sich auf den Sinn der Methoden einlassen kann, passen Design-Sprints sehr gut zu einem Lean-UX-Ansatz.

Trotzdem wollten wir etwas mehr darüber herausfinden und haben mit Jake Knapp einige unserer Fragen geklärt.

Lean UX und Design-Sprints: Ein Gespräch mit Jeff, Josh und Jake Knapp

Viele Leute fragen sich, wie Lean UX und Design-Sprints gemeinsam funktionieren. Wie ist Ihr Gedanke dazu?

Jake Knapp: Für mich ist Lean UX wie ein Kochbuch, das man über den gesamten Produktzyklus und in der gesamten Organisation verwenden kann. Design-Sprints sind ein einzelnes Rezept – etwas sehr Spezielles für einen bestimmten Moment mit einem bestimmten Teil Ihres Teams. Die Philosophien sind vollkommen kompatibel miteinander. Jeder, der mit Lean UX vertraut ist, sollte sich Design-Sprints ansehen und umgekehrt.

Wie viel Flexibilität bietet das Design-Sprint-Rezept? Können wir es anpassen?

Ja ... aber passen Sie das Rezept nicht an, bevor Sie das Original ausprobiert haben. Die Schritte sind aus einem bestimmten Grund so vorgegeben. Wenn Sie Design-Sprints ein paar Mal nach dem Buch durchgeführt haben und glauben, dass Sie eine Anpassung brauchen, versuchen Sie es!

Das hören wir gerne – denn wir empfehlen, genau so mit Lean UX umzugehen. Es geht immer darum, Dinge auszuprobieren, zu lernen und sie auf der Grundlage des Gelernten zu optimieren.

Ja, genau. Beobachten Sie, was passiert, und machen Sie sich Notizen. Betrachten Sie es als Experiment innerhalb des Experiments. Und wenn Sie eine Verbesserung finden, lassen Sie es mich bitte wissen.

Wofür sind Design-Sprints wirklich gut, wofür nicht?

Design-Sprints eignen sich hervorragend für Teams, die etwas Neues aufbauen oder etwas verändern wollen. Sie sind ideal, um mit großen Projekten zu beginnen und die eigene Abstimmung zwischen Produkt und Markt zu verbessern. Sie eignen sich hervorragend, um Dynamik im Team aufzubauen und ihm eine Richtung zu geben ... mit anderen Worten, Design-Sprints bringen alle Beteiligten dazu, mit einem echten Ziel in dieselbe Richtung zu rudern. Sie eignen sich auch hervorragend, um die Teamkultur neu auszurichten und Risikobereitschaft und Entscheidungsfreude im positiven Sinn zu fördern. Sie können den Mitarbeitenden ein besseres Verständnis für ihre Kunden und eine stärkere Kundenfokussierung vermitteln und sie ihren Kollegen näherbringen. Sie können zu einer neuen Freude an der Arbeit führen, weil man endlich den ganzen Quatsch hinter sich lassen kann und einfach das wirklich Wichtige tun kann.

Okay, jetzt die andere Seite der Medaille: Wofür sind sie NICHT geeignet?

Design-Sprints sind NICHT dafür gedacht, jedes Detail eines Produkts zu entwerfen oder die gesamte Entwicklung zeitlich zu planen. Sie ersetzen nicht Ihren MVP und bieten keinen Weg von null bis zur Markteinführung. Sie sind wirklich für diesen einen bestimmten Moment gut geeignet – ich kann getrost sagen, dass sie der beste Weg sind, den ich kenne, um ein neues Projekt zu starten. Vor und nach diesem Moment ... nun, lesen Sie den Rest des Buchs, das Sie in der Hand halten :)

Es scheint viele Überschneidungen zwischen den Methoden zu geben. Welche sollten wir wählen?

Beide!

Design-Sprints im Lean-UX-Prozess einsetzen

Wie Sie aus unserem Gespräch mit Jake ersehen können, sind wir alle der Meinung, dass die Methoden gut zusammen funktionieren. Wie kann man also Lean UX am besten einsetzen, um einen erfolgreichen Design-Sprint auf die Beine zu stellen? Und wie können Sie Lean UX nach einem Design-Sprint anwenden?

Wir empfehlen Folgendes:

- Lean UX ermutigt Sie, Ihre Arbeit als ein zu lösendes Problem zu betrachten und nicht als »etwas, das man entwickeln muss«. Gehen Sie nicht mit dem Gedanken »Was können wir entwickeln?« in einen Sprint. Nutzen Sie diesen stattdessen, um herauszufinden: »Wie können wir unser Problem lösen?«

- Lean UX ermutigt Sie dazu, Ihre Annahmen über das Problem, die Zielgruppe, potenzielle Lösungen und die Erfolgsaussichten zu formulieren. Auf diese Weise können Sie Hypothesen aufstellen. Das ist eine gute Möglichkeit, einen Design-Sprint zu gestalten.
- Verwenden Sie Ihre Hypothese(n) als Input für Ihren Design-Sprint.
- Nutzen Sie den Sprint, um diese Annahmen zu zerlegen, zu testen und am anderen Ende mit besseren Hypothesen und klar strukturierten nächsten Schritten herauszukommen.
- Diese Hypothesen können als Input für den nächsten Zyklus der Lean-UX-Arbeit dienen.

Designsysteme

Wie die Geschichte von Jeff und Greg am Whiteboard verdeutlicht, ist kollaboratives Design am effektivsten, wenn man mit einem fetten Stift arbeitet. Design-Sprints sind eine weitere Technik, die sich diese Arbeitsweise mit dem dicken Stift zunutze macht. Sie fertigen gemeinsam Skizzen an und treffen auf höchster Ebene Entscheidungen über Konzept, Struktur, Ablauf und Funktionalität. Dieser Grad an Detailgenauigkeit eignet sich am besten für kollaboratives Design. Kollaboratives Design bedeutet fast nie, dass Teams gemeinsam vor dem Computer sitzen und Pixel schubsen. Für die meisten Designer ist diese Art von Gruppenarbeit auf Pixelebene der schlimmste Albtraum. (Um es klar zu sagen: *Tun Sie es nicht.*)

Und doch ist das Design nicht abgeschlossen, wenn die Skizze fertig ist. Es wird nicht am Whiteboard fertiggestellt. Normalerweise fängt es damit gerade erst an. Wie heben wir also das Design auf die Pixelebene? Wie erhalten wir ein fertiges visuelles Design?

Wir beobachten, dass sich Teams immer öfter Designsystemen zuwenden. Designsysteme sind quasi gedopte Styleguides. Als wir die erste Auflage dieses Buchs schrieben, waren Designsysteme eine neue Sache. In der Tat hatten wir in der Branche noch nicht wirklich entschieden, wie wir sie nennen sollten. Damals waren wir von Designsystemen begeistert, weil sie versprachen, die Zusammenarbeit zwischen Designern und Entwicklern zu erleichtern und viele sich wiederholende und routinemäßige Probleme zu lösen. Dadurch konnten sich die Designer den schwierigeren und wichtigeren Herausforderungen zuwenden.

Als wir vier Jahre später die zweite Auflage dieses Buchs schrieben, waren Designsysteme zum Mainstream geworden. Vorausschauende Großunternehmen hatten ihre Systeme bereits entwickelt oder waren dabei, sie zu entwickeln. Start-ups setzten sie vom ersten Tag an ein. Beratungsunternehmen, die sich auf Designsysteme spezialisiert hatten, waren aus dem Boden geschossen. Konferenzen brachten Praktiker zusammen. Wir hatten noch viele weitere Beispiele, die wir in der zweiten Auflage des Buchs aufführen konnten, und wir haben sie zu Ihrer Information an dieser Stelle belassen.

Spulen wir bis heute vor. Designsysteme sind nun ein fester Bestandteil der Designarbeit in unserer Branche. Sie halten nach wie vor, was sie in ihren Anfängen versprachen – auch die Vorteile, von denen wir gleich zu Anfang so begeistert waren: Sie ermöglichen es Produktteams, kollaborativ und hochgradig agil zu arbeiten. Bevor wir uns ansehen, wie Designsysteme Teams zu mehr Agilität verhelfen, sollten wir uns damit beschäftigen, worum es sich dabei eigentlich handelt.

Designsysteme: Was verbirgt sich hinter diesem Wort?

Styleguides. Musterbibliotheken. Markenrichtlinien. Asset-Bibliotheken. Designsysteme. In diesem Bereich der Designwelt gibt es kaum einen gemeinsamen Jargon. Deshalb nehmen wir uns kurz Zeit, um die Begrifflichkeiten zu klären.

Seit Jahren entwickeln große Unternehmen Markenrichtlinien (siehe Abbildung 14.2) – umfassende Dokumente mit Regeln für das Markendesign und die Verwendung der Marke in diesen Unternehmen. In vordigitalen Zeiten waren dies Dokumente, die manchmal nur ein paar Seiten umfassten, häufig aber große, gebundene Bücher waren. In der digitalen Welt finden sich diese Dokumente manchmal als PDF-Dateien, Webseiten oder Wikis im Internet.

Abbildung 14.2: Beispiel für Richtlinien zu Markenstandards, hier von der NASA

Gleichzeitig entwickelten Verlage und Institutionen häufig Styleguides mit Regeln für das Erstellen und die Präsentation von Inhalten. College-Studierende in den Vereinigten Staaten sind beispielsweise mit der beruhigenden Strenge von *The Chicago Manual of Style*, *The MLA Style Manual and Guide to Scholarly Publishing* und anderen vertraut.

Ein Beispiel für Styleguides in der Computerwelt sind die berühmten *Human Interface Guidelines* (HIG) von Apple – ein umfassendes Dokument, in dem jede Komponente des Apple-Betriebssystems erläutert wird, das Regeln für die Verwendung der Komponenten enthält und anhand von Beispielen die korrekte Verwendung demonstriert.

Entwickler wiederum sind mit den *Asset-Bibliotheken* vertraut. Diese Sammlungen von wiederverwendbaren Codeelementen sollen die Arbeit der Entwickler erleichtern. Sie stellen getesteten, wiederverwendbaren Code bereit, der einfach aus einem stets aktuellen *Code-Repository* heruntergeladen werden kann.

Wie viele Ideen in der digitalen Welt sind auch digitale Designsysteme (die wir der Kürze halber als Designsysteme bezeichnen) eine Mischung aus all diesen Ideen. Ein gutes Designsystem enthält eine umfassende Dokumentation der Elemente eines Designs, Regeln und Beispiele für deren Verwendung und – ganz wichtig – *den Code und andere Elemente, mit denen das Design tatsächlich umgesetzt wird.*

In der Praxis fungiert ein Designsystem als eine alleinige Referenz für die Präsentationsschicht eines Produkts. Teams können am Whiteboard skizzieren und dann schnell auf die Elemente aus dem Designsystem zugreifen, um einen Prototyp oder eine produktionsreife Benutzeroberfläche zusammenzustellen.

Der Nutzen von Designsystemen

Designsysteme sind ein leistungsfähiger Wegbereiter für Lean UX. Sie ermöglichen die Entwicklung und Pflege der visuellen und mikrointeraktiven Details eines Designs parallel zu den anderen Entscheidungen, die ein Team trifft. So können Entscheidungen wie Bildschirmstruktur, Prozessablauf und Informationshierarchie – Aspekte, die am Whiteboard ausgearbeitet werden können – von den richtigen Teammitgliedern getroffen werden, während Dinge wie etwa Farbe, Schrift und Abstände von einer anderen (sich sehr wahrscheinlich überschneidenden) Gruppe bearbeitet werden können.

Dies hat für die Teams zahlreiche Vorteile:

Schnellere Designs. Das Team muss nicht jedes Mal das Rad neu erfinden, wenn es einen Bildschirm konzipiert.

Schnellere Prototypen. Frontend-Entwickler haben Teile-Baukasten – sie müssen die Elemente einer Lösung nicht jedes Mal neu erstellen, sondern können sich einfach die entsprechenden Teile aus dem Designsystem holen.

Auch für Unternehmen bieten sich große Vorteile:

Konsistenz. Ein gutes Designsystem ist für die Entwickler einfach zu bedienen. Dadurch steigt die Wahrscheinlichkeit, dass sie passende Elemente im Designsystem finden und seltener eigene Lösungen entwickeln. Dadurch erhöht sich die Wahrscheinlichkeit, dass ihre Arbeit den Markenstandards entspricht.

Höhere Qualität. Durch die Zentralisierung des Designs und der Erstellung von benutzerfreundlichen Elementen machen Sie sich die Arbeit weniger hoch qualifizierter und hoch spezialisierter Designer und UI-Entwickler zunutze. Deren Arbeit kann von anderen, weniger spezialisierten Entwicklern im Unternehmen umgesetzt werden, um hervorragende Ergebnisse zu erzielen.

Niedrigere Kosten. Ein gutes Designsystem ist nicht kostenlos. Sein Aufbau erfordert Investitionen, seine Pflege Personal. Im Laufe der Zeit macht es sich jedoch bezahlt, weil es Werkzeuge und Frameworks bereitstellt, durch die die Benutzer des Systems – die anderen Entwickler im Unternehmen – effizienter und produktiver werden. So können sich beispielsweise neue Designer schneller einarbeiten, da alle in einer Anwendung verwendeten Frontend-Konventionen dokumentiert werden. Ebenso können sich neue Entwickler schneller einarbeiten, da die grundlegenden Bausteine ihrer Arbeit in einem einfach zu verwendenden Framework zur Verfügung stehen.

Designsystem-Teams sind Produktteams

Täuschen Sie sich nicht: Ein Designsystem-Team ist ein Produktteam. Obwohl es an einem Produkt arbeitet, das (in den meisten Fällen) von internen Nutzern verwendet wird, ist es dennoch ein Produktteam: In erster Linie muss es ein Produkt herstellen, das seine Benutzer wertvoll finden. Wie bei jedem internen Produkt ist Ihr Erfolgsmaßstab nicht der Umsatz, sondern die Akzeptanz. Die Bedürfnisse Ihrer Nutzer zu verstehen und ihnen gerecht zu werden, ist also der Schlüssel zu einer schnellen Akzeptanz Ihrer Arbeit und letztlich auch zu Ihrem Erfolg.

Designsystem-Teams können diese Herausforderung mit Lean-UX-Methoden angehen. Einige Methoden, wie z.B. bestimmte Experimente, können für Designsystem-Teams schwierig oder unmöglich sein: Da Designsysteme Plattformprodukte sind, werden sie von den Teams in einer Vielzahl von Kontexten verwendet und müssen in eine breite Palette von Umgebungen integriert werden. Daher können die von Ihnen durchgeführten Experimente durch Fragen der Kompatibilität und Stabilität eingeschränkt werden.

Da es sich bei den Nutzern von Designsystemen um interne Mitarbeitende handelt, sollte es Ihnen leichtfallen, Zugang zu ihnen zu erhalten. Das bedeutet, dass Designsystem-Teams die Techniken des kollaborativen Designs in Form von Workshops, Sprints und gemeinsamen Whiteboard-Sitzungen einsetzen können, um die Zusammenarbeit und das gemeinsame Verständnis zwischen Entwicklern und Nutzern von Designsystemen zu fördern.

Die dicken Filzstifte brauchen Sie trotzdem

Mit der zunehmenden Verbreitung von Designsystemen wird die überraschende Befürchtung geäußert, dass Designer wegen der guten und einfachen Bedienbarkeit von Designsystemen versucht sein könnten, die Skizzierphase des Designprozesses auszulassen und direkt zur Arbeit mit High-Fidelity-Prototypen überzugehen. In diesem Fall könnten Artefakte, die die frühe Konzeptentwicklungsphase des Projekts repräsentieren, von Stakeholdern, Kollegen und sogar den Designern selbst missverstanden werden. Es liegt in der menschlichen Natur, auf High-Fidelity-Mockups anders zu reagieren als auf Low-Fidelity-Mockups. Wenn Sie insbesondere Nicht-Designern ein High-Fidelity-Mockup präsentieren, erhalten Sie in der Regel Feedback zu den Details, den Schriftarten, Farben und Inhalten. Zeigen Sie jedoch eine Papier- und Bleistiftskizze, gibt es *keine Details* zu kommentieren. Stattdessen lesen die Betrachter diese Skizzen als Konzeptzeichnungen und reagieren darauf entsprechend.

Als Designer sollten Sie sich deshalb nicht davon verführen lassen, wie einfach es ist, einfach Figma herauszuholen, die Komponenten in Ihr Designsystem zu packen und ein glaubwürdiges Mockup zu erstellen. Tun Sie es nicht. Beginnen Sie mit Ihren Filzstiften und Markern.

Für Teams, die sich mit Designsystemen befassen, bietet sich jedoch die Möglichkeit, den Benutzern bei der Auswahl des richtigen Tools für ihre Arbeit zu helfen. Als wir die erste Auflage dieses Buchs schrieben, standen Designern eine Reihe von digitalen Wireframing-Tools zur Verfügung, die für die Erstellung skizzentreuer Zeichnungen optimiert waren. Mittlerweile stellen wir fest, dass Designteams beginnen, skizzentreue Elemente in ihre Toolkits aufzunehmen. Dies ist ein faszinierender Trend, dessen weitere Entwicklung wir aufmerksam verfolgen werden.

Werfen wir nun einen Blick auf den Einsatz von Designsystemen in einem großen Unternehmen ...

Fallstudie: GE-Designsystem

Im Jahr 2012 eröffnete General Electric (GE) in San Ramon, Kalifornien, GE Software. Dieses neue »Center of Excellence« (CoE) sollte GE bei der Verbesserung der Softwareentwicklung helfen. Einige Jahre zuvor hatte das Unternehmen im Rahmen einer strategischen Untersuchung festgestellt, wie zentral Software für sein Geschäft geworden war: Gemessen an der Anzahl der Codezeilen war GE etwa auf Platz 17 der größten Softwareunternehmen der Welt. Dennoch hatte man das Gefühl, dass der Softwareentwicklung nicht die gebührende Aufmerksamkeit geschenkt wurde.

In San Ramon wurde daraufhin ein neues Team gegründet: das GE Software User Experience Team. Dieses kleine Team im Herzen eines riesigen Unternehmens schuf 2013 sein erstes Designsystem, um seine Schlagkraft zu verstärken. Da weniger als 50 Designer mit mehr als 14.000 Entwicklern (in einem Unternehmen mit mehr als 300.000 Mitarbeitenden) zusammenarbeiten mussten, hatte dieses Start-up-Designteam keine Möglichkeit, schnell genug zu wachen, um bei GE etwas Nennenswertes zu erreichen.

Das erste Designsystem des Teams trug die Bezeichnung IIDS (Industrial Internet Design System) und wurde von einem internen Designteam und der Unterstützung eines kleinen Teams von Frog Design, einem der führenden Designunternehmen der Welt, entwickelt. Das Team baute das System auf Bootstrap auf, dem von Twitter entwickelten HTML/CSS-Framework. Es erwies sich als unglaublich erfolgreich. Innerhalb weniger Jahre wurde es von internen Entwicklern mehr als 11.000 Mal heruntergeladen und zur Erstellung von mehreren Hundert Anwendungen genutzt. Software-Teams im ganzen Unternehmen konnten damit ansprechendere und konsistentere Anwendungen erstellen. Und vielleicht genauso wichtig war, dass es dem Software- und dem UX-Team in San Ramon eine enorme Sichtbarkeit verschaffte.

Mit diesem Erfolg gingen auch einige Probleme einher. Natürlich bedeutet die Verfügbarkeit eines guten UI-Kits noch lange nicht, dass ein Team ein gut gestaltetes Produkt herstellen kann. Designsysteme lösen nicht jedes Designproblem. Und Bootstrap stieß an seine Grenzen als Plattform. Es hatte dem Team geholfen, seine ersten Ziele zu erreichen: schnell etwas herauszubringen, vielfältige UI-Elemente abzudecken und eine breite Akzeptanz zu erzielen, da es einfacher zu benutzen war als eigene Lösungen. Aber Bootstrap war schwer zu pflegen und zu aktualisieren und für die meisten Anforderungen einfach zu groß.

Im Jahr 2015 wurde GE Software, das als internes Dienstleistungsunternehmen großen Erfolg hatte, in GE Digital umgewandelt, ein eigenständiges, gewinnbringendes Unternehmen. Ihr erstes Produkt hieß Predix (siehe Abbildung 14.3) und war eine Plattform, auf der Entwickler innerhalb und außerhalb von GE Software für industrielle Anwendungen entwickeln konnten. Mit diesem Strategiewechsel wurde dem Team klar, dass es sein Designsystem überdenken musste. Während es früher eine breite Abdeckung und eine breite Akzeptanz erreichen wollte, würde das neue Designsystem von neuen Anforderungen bestimmt werden: Es musste großartige Predix-Anwendungen ermöglichen – ein deutlich schärferes Ziel als zuvor. Es durfte nicht mehr jedes mögliche UI-Widget unterstützt werden, sondern die Anzahl der Auswahlmöglichkeiten mussten *begrenzt* werden. Es musste nach wie vor einfach integrier- und verwendbar sein – es war jetzt für die Verwendung durch GE-Kunden gedacht –, aber jetzt musste es auch unbedingt leicht wartbar sein.

Das Designsystem-Team war zu diesem Zeitpunkt auf etwa 15 Personen angewachsen und umfasste Frontend-Entwickler, die sich sowohl mit Design als auch mit Code beschäftigten, Interaktionsdesigner, Grafikdesigner, einen technischen Redakteur und einen Product Owner.

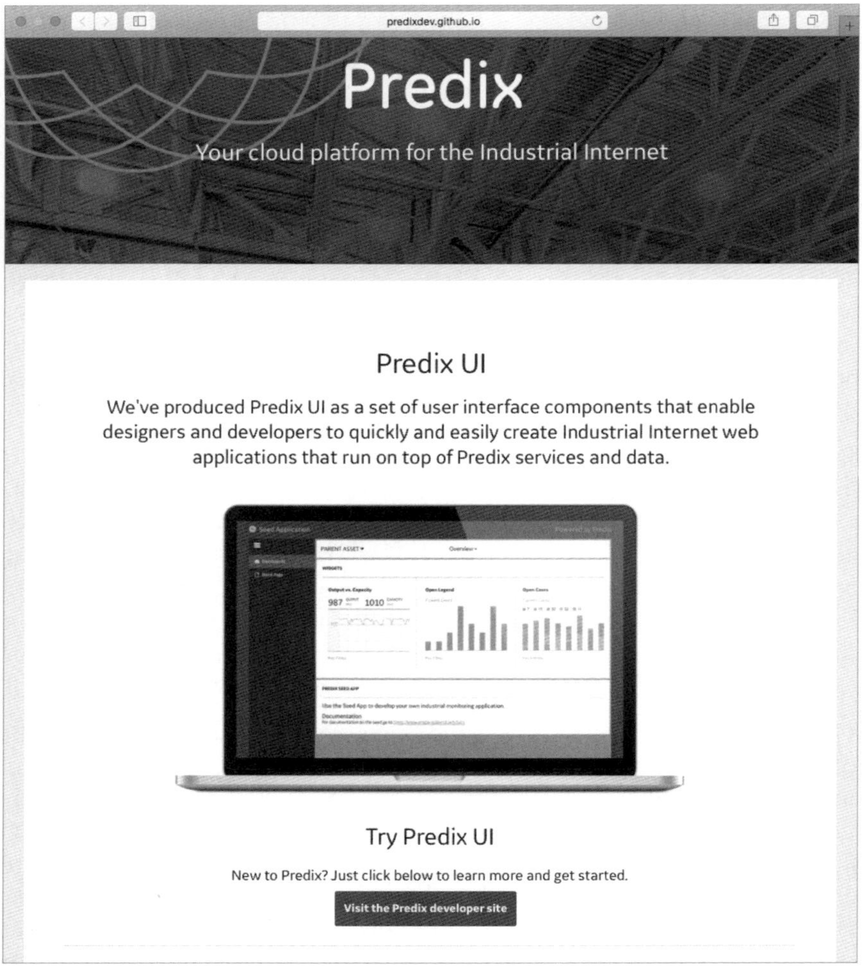

Abbildung 14.3: Das GE-Predix-Designsystem

Das Team beschloss, das Designsystem auf eine neue Technologieplattform zu verlagern (siehe Abbildung 14.4). Das System basierte nicht mehr auf Bootstrap, sondern wurde mit Polymer erstellt, einem JavaScript-Framework, mit dessen Hilfe das Team *Web Components* implementieren konnte. Webkomponenten haben sich in den letzten Jahren als Möglichkeit für die ausgereiftere Frontend-Entwicklung herauskristallisiert.

Vor der Entwicklung des neuen Designsystems verbrachte das Team fast sechs Monate mit dem Erstellen von Prototypen. Es war wichtig, dass das Team nicht isoliert arbeitete. Stattdessen arbeiteten sie mit einem der Anwendungsteams zusammen und entwarfen Komponenten, die den Bedürfnissen der Benutzer entsprachen – in diesem Fall den Designern und Entwicklern, die in den Anwendungsteams arbeiteten. Dieser Punkt ist wichtig: Kollaboratives Design kann viele Formen annehmen. Manchmal müssen Sie mit Ihrem interdisziplinären Team designen, manchmal gemeinsam mit den Endnutzern. In diesem Fall handelte es sich um eine Mischform: Design mit einem interdisziplinären Team von Designern und Entwicklern, *die gleichzeitig auch die Nutzer sind.*

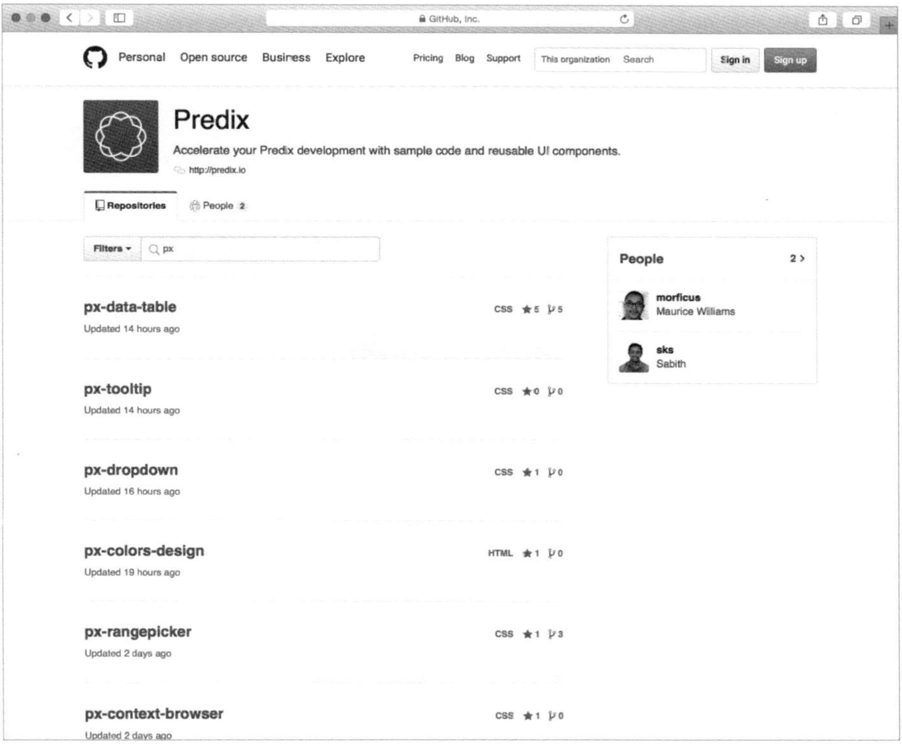

Abbildung 14.4: Das GE-Predix-Designsystem auf GitHub

Mit geografisch verteilten Teams zusammenarbeiten

Räumliche Entfernung ist eine der größten Herausforderungen für eine gute Zusammenarbeit. Manche der in diesem Buch erörterten Methoden werden schwieriger, wenn sich das Team nicht am selben Ort zusammenfindet. Dennoch – und das haben wir alle im Jahr 2020 durch die COVID-19-Krise gelernt – können Sie auch dann Wege zur Zusammenarbeit finden, wenn Sie und Ihr Team durch räumliche Entfernung getrennt sind. Tools wie Zoom, Skype, Google Meet und Slack bieten die Möglichkeit, in Echtzeit zusammenzuarbeiten. Google Docs und ähnliche Systeme ermöglichen die gleichzeitige Zusammenarbeit an Dokumenten. Team-Collaboration-Tools wie Mural und Miro dienen als Raum für die kreative Zusammenarbeit. Trello und Wikis ermöglichen es den Teams, Informationen gemeinsam zu verfolgen. Design-Tools wie Figma sind von Grund auf für die Kollaboration konzipiert. Und mithilfe der Smartphone-Kamera lassen sich Fotos schnell und spontan austauschen. All diese Tools können die zeitzonenübergreifende Zusammenarbeit effektiver machen und Teams helfen, sich über lange Zeiträume des Tages virtuell verbunden zu fühlen.

In virtuellen Teams zusammenarbeiten

Wenn wir von verteilten Teams sprechen, gibt es eigentlich eine Vielzahl unterschiedlicher Szenarien. Manchmal sitzen wir mit einem Teil unseres Teams in einem Büro in New York und arbeiten mit Kollegen zusammen, die im Londoner Büro arbeiten. Ein anderes Mal bedeutet es, dass wir im Stil von 2020 von zu Hause aus arbeiten, im selben Raum mit unseren Haustieren, Kindern und Partnern. Manchmal handelt es sich um eine gemischte Situation – die meisten von uns sitzen im Büro, aber ein paar Leute am Telefon. Was in dem einen Szenario funktioniert, eignet sich vielleicht nicht für andere. Aber einige wichtige Ideen können Sie nutzen, um die Zusammenarbeit in allen Fällen zu erleichtern.

Sorgen Sie für gleiche Bedingungen. Haben Sie schon einmal an einer Sitzung teilgenommen, bei der Sie die einzige Person am Smartphone waren, während alle anderen an einem Tisch saßen? Schwierig. Stellen Sie sich nun einen Raum voller Leute vor, die mit Haftnotizen arbeiten oder am Whiteboard zeichnen, während Sie in Ihrer Küche sitzen und am Handy zuhören. Es ist schwierig – vielleicht sogar unmöglich – für Sie, einen sinnvollen Beitrag zu leisten. Eine Lösung für dieses Problem besteht darin, dass die Hilfsmittel im Besprechungsraum so gewählt werden, dass jeder teilnehmen kann. Anstatt das Whiteboard im Konferenzraum zu verwenden, kann Ihr Team ein gemeinsames Dokument öffnen oder ein Online-Whiteboard-Tool wie Mural oder Miro verwenden. Das bedeutet, dass jeder im Konferenzraum seinen eigenen Laptop oder sein eigenes Tablet benötigt, aber andererseits ist so sichergestellt, dass alle auf Augenhöhe zusammenarbeiten können.

Schaffen Sie soziale Verbindungen. Es kann verlockend sein, Online-Meetings sehr reglementiert durchzuziehen. Das Team begrüßen, die Tagesordnung abarbeiten, pünktlich Schluss machen, zack. Virtuelle Meetings beginnen und enden abrupter als physische Besprechungen. Wenn wir uns in einem Konferenzraum treffen, unterhalten wir uns vor der Besprechung ein paar Minuten auf dem Flur. Wir plaudern, während wir unsere Plätze einnehmen. Wir verlassen gemeinsam den Raum und trinken danach einen Kaffee. Diese Momente mögen in Bezug auf unsere Arbeit nebensächlich erscheinen, aber sie sind tatsächlich ein wichtiger Bestandteil des Projekts – sie geben uns Zeit, die sozialen Bindungen zu festigen, die die Arbeit erst möglich machen. Bemühen Sie sich um den Aufbau sozialer Beziehungen bei der Zusammenarbeit über große Entfernungen hinweg. Planen Sie zusätzliche Zeit für die gemächliche Eröffnung Ihrer Meetings ein. Planen Sie soziale Teamgespräche über die Entfernung hinweg. Richten Sie in den Slack-Arbeitsbereichen Ihres Teams soziale Kanäle ein, die nicht der Arbeit dienen. Wenn Sie die Möglichkeit haben, zu Ihren entfernten Teamkollegen zu reisen, sollten Sie gesellige Anlässe in Ihre Reisepläne einbauen.

Funktionierende Kollaboration

Nicht jedem Team fällt die Kollaboration leicht. Die meisten von uns beginnen ihre berufliche Laufbahn mit der Entwicklung ihrer fachlichen Fähigkeiten als Designer, Entwickler und so weiter. Und in vielen Unternehmen kommt es selten zu interdisziplinärer Zusammenarbeit. (Auch in der Schule wird sie selten gelehrt, weder als explizites Thema noch durch den Aufbau unseres Bildungssystems.) Es ist also nichts Ungewöhnliches, dass Sie hier vor Herausforderungen stehen.

Eines der wirkungsvollsten Werkzeuge zur Verbesserung der Zusammenarbeit sind die agile Technik der *Retrospektive* und die damit verbundenen *Teamarbeitsvereinbarungen*. Retrospektiven sind regelmäßig angesetzte Treffen, die meist am Ende eines jeden Sprints stattfinden und in denen das Team einen ehrlichen Rückblick auf den vergangenen Sprint wirft. Dabei wird untersucht, was gut und was schlecht lief und was das Team verbessern möchte. Normalerweise wählt das Team ein paar Dinge aus, die es beim nächsten Sprint in Angriff nehmen möchte. Wir können uns kein wirkungsvolleres Instrument zur Verbesserung der Zusammenarbeit vorstellen als regelmäßige effektive Retrospektiven.

Eine Teamarbeitsvereinbarung ist ein Dokument, das gemeinsam mit der Retrospektive eingesetzt wird. Es hält fest, wie das Team zusammenarbeiten will, und ist ein selbst erstelltes, ständig aktualisiertes Regelwerk, auf dessen Einhaltung sich das Team verständigt. Bei jeder Retrospektive sollte das Team seine Arbeitsvereinbarung daraufhin überprüfen, ob sie immer noch befolgt wird und ob sie mit neuen Vereinbarungen aktualisiert werden muss bzw. ob alte, nicht mehr sinnvolle wegfallen müssen.

Im Folgenden finden Sie einen Überblick über die Punkte, die Sie in Ihren Teamarbeitsvereinbarungen berücksichtigen sollten:

Prozess-Übersicht. Welche Art Prozess verwenden wir? Agil? Wenn ja, welcher Typ? Wie lang sind unsere Iterationen?

Rituale. Welche Rituale hält das Team ein? Wann finden zum Beispiel Daily Stand-ups statt? Wann halten wir Planungsbesprechungen und Demos ab?

Kommunikation/Tools. Welche Systeme verwenden wir für die Kommunikation und Dokumentation unserer Arbeit? Welches ist unser Projektmanagement-Tool? Wo bewahren wir unsere Ressourcen auf?

Kultur/Sicherheit/Konfliktlösung. Welche Art Teamkultur möchten wir? Was brauchen wir als Einzelne, um uns bei unseren Teamkollegen sicher zu fühlen? Was werden wir tun, sobald (nicht falls!) es einen Konflikt gibt? Wie wollen wir Meinungsverschiedenheiten lösen?

Arbeitszeiten. Wer arbeitet wo? Wann befinden sich die Leute im Büro? Wie gehen wir mit Teammitgliedern in unterschiedlichen Zeitzonen um?

Anforderungen und Design. Wie definieren wir Anforderungsbeschreibungen und ihre Priorisierung? Wann kann die Designphase beginnen? Wann kann das Design in User Storys unterteilt werden?

Entwicklung. Auf welche Herangehensweise haben wir uns geeinigt? Verwenden wir Pair Programming? Wie wollen wir testen, welche Methoden verwenden wir für die Versionskontrolle?

Unfertige Aufgaben. Wie groß dürfen unser Backlog und unsere Icebox werden? Welche Grenzen gibt es in den verschiedenen Phasen unseres Prozesses für Work in Progress?

Deployment. Wie sieht unser Deployment-Rhythmus aus? Wie gehen wir bei Akzeptanz von Anforderungen vor?

... und eventuelle weitere Vereinbarungen.

Psychologische Sicherheit

Gemeinsames Design ist eine kreative Tätigkeit. Damit sie effektiv sein können, müssen sich die Beteiligten sicher fühlen. Das bedeutet physische, emotionale und psychologische Sicherheit. Dieser Gedanke wird oft auf oberflächliche Weise ausgedrückt, z.B. »dass es beim Brainstorming keine schlechten Ideen gibt« oder »dass es keine dummen Fragen gibt«. Diese Aussagen sind zwar richtig, reichen aber nicht aus. Psychologische Sicherheit ist mehr als das. Die Autorin Alla Weinberg definiert psychologische Sicherheit als »die gemeinsame Überzeugung, dass niemand im Team einen anderen in Verlegenheit bringt oder bestraft, wenn er einen Fehler zugibt, eine Frage stellt oder eine neue Idee anbietet«.

Bei Lean UX dreht sich alles um die Idee, dass Design ein iterativer Prozess ist. Man muss ausprobieren, lernen und iterieren. Mit anderen Worten: Sie müssen Fehler machen, um Fortschritte zu erzielen. Das ist nicht möglich, wenn Sie und Ihr Team sich nicht sicher fühlen.

Wenn Sie feststellen, dass Sie oder Ihr Team in einem Trott feststecken, viele Konflikte erleben oder sich generell ängstlich verhalten, treten Sie einen Schritt zurück und fragen Sie: Fühle ich mich in diesem Team sicher? Glaube ich, dass sich meine Teammitglieder sicher fühlen? Wenn Sie sich nicht sicher sind, sollten Sie sich die Arbeiten von Autoren wie Weinberg und Amy Edmondson ansehen. So können Sie sich und Ihrem Team helfen, diese Bedenken auszuräumen.

Fazit

Kollaboratives Design (siehe Abbildung 14.5) ist eine Weiterentwicklung des UX-Designprozesses. In diesem Kapitel haben wir beschrieben, wie die Öffnung des Designprozesses das gesamte Team stärker in das Projekt einbindet. Wir haben Ihnen praktische Techniken gezeigt, mit denen Sie ein gemeinsames Verständnis schaffen können – die grundlegende Währung von Lean UX. Mithilfe von Tools wie Designsystemen, Styleguides, kollaborativen Design-Sitzungen, Design-Studio und einfachen Gesprächen kann Ihr Team ein gemeinsames Verständnis aufbauen, durch das es viel schneller vorankommen kann als in traditionellen Umgebungen.

Abbildung 14.5: Ein Team setzt kollaborative Designtechniken ein.

Feedback und Forschung

Forschung ist formalisierte Neugier. Sie ist ein zielgerichtetes Suchen und Stöbern.

– Zora Neale Hurston

Die Nutzerforschung ist das Herzstück des UX-Designs. Zu oft jedoch lagern Teams diese Aufgabe an spezialisierte Forschungsteams aus. Und zu oft finden diese Aktivitäten nur bei seltenen Gelegenheiten statt – entweder am Anfang oder Ende eines Projekts. Lean UX löst diese Probleme: Die Nutzerforschung wird sowohl *kontinuierlich* als auch *kollaborativ* gestaltet. Sehen wir uns an, wie das geht.

In diesem Kapitel behandeln wir die folgenden Themen:

- Techniken der kollaborativen Nutzerforschung, mit der Sie ein gemeinsames Verständnis mit Ihrem Team aufbauen können
- kontinuierliche Forschungstechniken, mit denen Sie kleine, informelle, qualitative Studien in jede Iteration integrieren können
- wie Sie regelmäßige Nutzerforschung in kleinen Einheiten betreiben, um Längsschnittstudien zu erstellen
- wie Sie widersprüchliches Feedback aus verschiedenen Quellen in Einklang bringen
- welche Artefakte Sie testen sollten und welche Ergebnisse Sie aus diesen Tests erwarten können
- wie Sie die Erwartungen der Kunden in den gesamten Lean-UX-Zyklus einbeziehen

Kontinuierliche und kollaborative Nutzerforschung

Lean UX basiert auf grundlegenden UX-Forschungstechniken und setzt zwei wichtige Ideen obendrauf. Erstens ist Lean-UX-Research ein *kontinuierlicher* Prozess. Das bedeutet, dass Sie in jeden Sprint Forschungsaktivitäten einbauen. Sie verzichten auf einen kostspieligen und störenden »Big Bang« und nehmen die Recherche häppchenweise vor, sodass Sie sie in Ihren laufenden Prozess einbauen können. Zweitens ist Lean-UX-Recherche kollaborativ. Das bedeutet, dass Sie sich nicht auf die Arbeit von Spezialisten verlassen, die Ihrem Team Erkenntnisse liefern. Stattdessen werden die Forschungsaktivitäten und -verantwortlichkeiten auf das gesamte Team verteilt. Durch den Wegfall der Übergabe zwischen Forschern und Teammitgliedern erhöht sich die Lernqualität. Das Ziel ist es, im gesamten Team ein umfassendes gemeinsames Verständnis zu schaffen.

Kollaborative Erkundung

Kollaborative Erkundung ist der Prozess, bei dem ein Team gemeinsam Ideen auf dem Markt testet. Sie ist eine der beiden wichtigsten interdisziplinären Techniken, die ein gemeinsames Verständnis in einem Lean-UX-Team schaffen. (Die andere ist das kollaborative Design, mit dem wir uns in Kapitel 14 beschäftigt haben.) Kollaborative Erkundung ist ein Forschungsansatz, bei dem das gesamte Team das Gebäude verlässt – im wörtlichen und übertragenen Sinne –, um sich mit Kunden und Nutzern zu treffen und von ihnen zu lernen. So kann jedes Teammitglied erfahren, wie die Hypothesen getestet werden, und – was am wichtigsten ist – es werden auf diese Weise auch die Perspektiven, die das Team durch die Kundenbeobachtung gewinnt, vervielfacht.

Wichtig ist, dass Sie und Ihr Team gemeinsam Forschung betreiben; deshalb sprechen wir von kollaborativer Erkundung. Die Auslagerung von Forschungsarbeiten mindert ihren Nutzen dramatisch: Sie vergeuden Zeit, schränken die Teambildung ein und filtern die Informationen durch Deliverables, Hand-offs und Interpretationen. Tun Sie es nicht.

Manchen Nutzerforschern gefällt dieser Ansatz nicht. Als ausgebildete Fachleute weisen sie zu Recht darauf hin, dass sie über spezielle Kenntnisse verfügen, die für den Forschungsprozess wichtig sind. Wir pflichten ihnen bei. Deshalb sollten Sie nach Möglichkeit einen Nutzerforscher in Ihr Team einbinden. Lagern Sie das Projekt jedoch nicht an diese Person aus. Setzen Sie den Researcher stattdessen als fachkundigen Ratgeber ein, der Ihr Team bei der Planung seiner Arbeit unterstützt und es durch seine Forschungsaktivitäten führt. Lean UX verpflichtet die Designer zu einem unterstützenden Ansatz und verlangt dasselbe von den Nutzerforschern. Diese sollten ihr Fachwissen nutzen, um das Team zu unterstützen, die Recherchen zu planen, gute Fragen zu stellen und die richtigen Methoden für die Aufgabe auszuwählen. Sie sollten nur nicht die gesamte Nutzerforschung für Sie übernehmen.

Gemeinsame Feldstudien

Kollaborative Erkundung ist eine Möglichkeit, mit Ihrem Team in die Praxis zu gehen. So geht es:

1. Überprüfen Sie im Team Ihre Fragen, Annahmen, Hypothesen und MVPs. Entscheiden Sie, welche Informationen Sie in Erfahrung bringen müssen (Feld 7 auf dem Lean UX Canvas).
2. Entscheiden Sie im Team über Ihre Forschungsmethode (Feld 8 auf dem Lean UX Canvas). Wenn Sie direkt mit Kunden und Nutzern arbeiten möchten, entscheiden Sie, mit wem Sie sprechen und wen Sie beobachten müssen, um Ihre Lernziele zu erreichen.
3. Erstellen Sie einen Gesprächsleitfaden (siehe Kasten »Der Gesprächsleitfaden«), den Sie als Richtschnur für Ihre Interviews verwenden können.
4. Teilen Sie Ihr Team in Interviewpaare ein und kombinieren Sie dabei unterschiedliche Rollen und Disziplinen (d.h., ordnen Sie einem Designer keinen anderen Designer zu). Wenn die Untersuchung über mehrere Tage laufen soll, bilden Sie jeden Tag andere Interviewpaare, damit alle die Möglichkeit erhalten, Erfahrungen mit verschiedenen Teammitgliedern auszutauschen.
5. Statten Sie jedes Paar mit einer Version Ihres MVP, Prototyps oder anderen Materialien aus, die Sie den Probanden zeigen möchten.
6. Schicken Sie die Teams los, um sich mit Kunden/Nutzern zu treffen.
7. Ein Teammitglied führt das Interview, während das andere Notizen macht.
8. Beginnen Sie mit Fragen, Gesprächen und Beobachtungen.
9. Führen Sie das MVP später in der Sitzung vor und ermöglichen Sie dem Probanden, damit zu interagieren.
10. Sammeln Sie Notizen, wenn der Kunde Feedback gibt.
11. Wenn der leitende Interviewer fertig ist, tauschen Sie die Rollen, damit der Protokollant die Möglichkeit hat, Folgefragen zu stellen.
12. Bitten Sie den Probanden am Ende des Gesprächs um Verweise auf andere Personen, die ebenfalls nützliches Feedback geben könnten.

Der Interview-Leitfaden

Um sich auf die Feldstudie vorzubereiten, erstellen Sie einen kleinen Spickzettel, der in Ihr Notizbuch passt. Schreiben Sie auf diesen Spickzettel die Fragen und Themen, die Sie behandeln wollen. So sind Sie stets darauf vorbereitet, das Gespräch fortzuführen.

Denken Sie bei der Planung Ihrer Fragen an einen sequenziellen Trichter:

- Versuchen Sie zunächst festzustellen, ob der Kunde zu Ihrer Zielgruppe gehört.
- Versuchen Sie dann, alle Problemhypothesen für dieses Segment zu bestätigen.

Wenn Sie einen Prototyp oder ein Modell dabeihaben, zeigen Sie dieses zuletzt. So vermeiden Sie, dass sich das Gespräch auf Ihre Vorstellung von der Lösung beschränkt.

Fallstudie: kollaborative Erkundung

Ein Team, mit dem wir bei PayPal zusammengearbeitet haben, machte sich mit einem klickbaren Prototyp auf den Weg, um eine kollaborative Erkundung durchzuführen. Das Team bestand aus zwei Designern, einem UX-Forscher, vier Entwicklern und einem Produktmanager, die sich in Zweier- und Dreierteams aufteilten. Jedem Entwickler wurde ein Nicht-Entwickler zur Seite gestellt. Bevor sie sich auf den Weg machten, hielten sie ein Brainstorming darüber ab, was sie von ihrem Prototyp lernen wollten, und nutzten diese Ideen, um kurze Interviewleitfäden zu schreiben. Da ihr Produkt auf einen breiten Consumer-Markt abzielte, wollten sie einfach die um ihr Büro herum liegenden Einkaufszentren aufsuchen. Jedes Paar wählte ein anderes Einkaufszentrum. Sie hielten zwei Stunden lang Fremde an, stellten ihnen Fragen und demonstrierten ihre Prototypen. Nach einer Stunde tauschten sie ihre Rollen (vom Interviewer zum Protokollführer).

Als sich alle Beteiligten später wieder zusammensetzten, las jedes Paar seine Notizen dem Rest des Teams vor. Fast sofort zeichneten sich Muster ab, die einige Annahmen bestätigten und andere widerlegten. Anhand dieser neuen Informationen passten sie das Design ihres Prototyps an und machten sich noch am selben Nachmittag erneut auf den Weg. Nach einem ganzen Tag Feldforschung war klar, welche Teile ihrer Idee gut funktionierten und welche angepasst werden mussten. Am nächsten Tag begannen sie den nächsten Sprint und arbeiteten alle auf derselben klaren Grundlage, weil sie am Vortag durch die kollaborative Erkundung ein gemeinsames Verständnis erzielt hatten.

Kontinuierliches Lernen

Designer und Nutzerforscher stehen unter großem Druck, ihre Arbeit in einen Sprint-Rahmen zu pressen. Das Problem ist, dass manche Aufgaben einfach sehr lange dauern, insbesondere in der Forschung. Diese langwierige Arbeit kann in agilen Teams zu Konflikten führen. Nutzerforscher sind es zum Beispiel gewohnt, mehrwöchige Forschungsprojekte zu planen. Wenn sie dies in einem agilen Team versuchen und ihr achtwöchiges Forschungsprojekt in das Backlog aufnehmen wollen, müssen sie am Ende jedes Sprints erklären, warum ihre Arbeit nicht »fertig« ist. Das macht niemanden glücklich.

Zurück zu den Grundsätzen

Wenn Sie mit einem solchen Konflikt konfrontiert werden, ist es hilfreich, sich auf Prinzipien zu besinnen. Erinnern Sie sich an das Prinzip *Machen Sie dasselbe nicht schneller*? Oder *Hüten Sie sich vor Phasen*? Diese Grundsätze sagen uns, dass wir nicht versuchen sollten, eine achtwöchige Forschungsstudie in einen zweiwöchigen Sprint zu packen. Stattdessen sollten wir die Planung unserer Forschungsarbeit und die »Definition of Done« überdenken.

Dazu sollten wir uns überlegen, warum das Scrum-Rahmenwerk so viel Gewicht auf den Begriff »Done« legt. Scrum besagt, dass jede Arbeit, die Sie während eines Sprints erledigen, am Ende dieses Sprints abgeschlossen – also *done* – sein sollte. Dies ist ein starker Antrieb: Alle sind gezwungen, ihre Arbeit herzuzeigen. Und dabei wird davon ausgegangen, dass die fertige Arbeit einen Nutzen bietet. (Das trifft nicht immer zu, ist aber das Ziel.)

Für uns ist das Ziel von *done* also tatsächlich: »Transparenz und ein Nutzen nach jedem Sprint.«

Wie können wir diese Idee bei der Planung der Nutzerforschung nutzen? Statt über die Fertigstellung unserer achtwöchigen Studie in zwei Wochen nachzudenken, können wir uns fragen: »Wie können wir Transparenz verwirklichen und alle zwei Wochen einen Nutzen liefern, selbst wenn wir an einer achtwöchigen Studie arbeiten?« Wir könnten bei Sprint-Demo-Meetings einen Erfahrungsbericht vorlegen. Wir könnten einige erste Schlussfolgerungen präsentieren, nachdem wir die Hälfte unserer Interviews abgeschlossen haben. Wir könnten während der Interviews neu aufgekommene Fragen präsentieren und diskutieren. All dies ist für das Team wertvoll. Sie machen das Projekt transparent. Sie bewahren den Geist von Agile und halten gleichzeitig die Integrität der Forschungsarbeit hoch.

Kontinuierliche Recherche: Nutzerforschung ist nie abgeschlossen

Ein gut funktionierendes agiles Team sollte kontinuierlich Nutzerforschung betreiben. Eine wichtige Best Practice bei Lean UX ist die regelmäßige Einbindung von Kunden. Durch regelmäßige, geplante Kundeninterviews können Sie die Zeit zwischen der Erstellung von Hypothesen, dem Design von Experimenten und dem Nutzerfeedback minimieren und haben so die Möglichkeit, Ihre Hypothesen schnell zu validieren.

Mit anderen Worten: Die Forschung sollte die Entscheidungen des Produktteams unterstützen. Da Sie ständig Entscheidungen treffen, sollten Sie sicherstellen, dass Sie immer die neuesten Forschungsdaten zur Hand haben. (Umgekehrt sollte die Forschungsagenda manchmal die Entwicklungsprioritäten vorgeben, denn immer wieder müssen Sie Dinge entwickeln, die speziell auf die Bedürfnisse Ihrer Forscher zugeschnitten sind.)

Die Gewissheit, dass Sie nie mehr als ein paar Tage vom Kundenfeedback entfernt sind, hat eine starke Wirkung auf Ihr Team. Es nimmt den Druck aus der Entscheidungsfindung, weil Sie wissen, dass Sie bald Gelegenheit haben werden, aussagekräftige Daten vom Markt zu bekommen – und bei Bedarf schnell den Kurs korrigieren können.

Denken Sie also nicht mehr in Nutzerstudien und Forschungsphasen, sondern betrachten Sie die Recherche stattdessen als kontinuierlichen Teil des Arbeitsrhythmus Ihres Teams. Teilen Sie Ihre Arbeit. Liefern Sie jede Woche einen Nutzen. Sagen Sie ehrlich, was Sie wissen und was nicht. Helfen Sie Ihrem Team zu lernen. Der Rest dieses Kapitels zeigt Ihnen, wie es geht.

Kontinuierliches Lernen im Labor: jeden Donnerstag drei Nutzer

Obwohl Sie auf der Grundlage der oben erläuterten Aspekte einen festen Zeitplan für die Feldarbeit erstellen können, ist es viel einfacher (vor allem für Unternehmen, die mit Verbrauchern arbeiten), Kunden in das Gebäude zu holen – Sie müssen nur ein wenig kreativ sein, um das gesamte Team einzubeziehen.

Wir verwenden gerne einen wöchentlichen Rhythmus für die Planung von Recherchen, wie in Abbildung 15.1 gezeigt. Wir nennen diese Technik »Drei, zwölf, eins«, weil sie auf den folgenden Richtlinien basiert: drei Nutzer, bis zwölf Uhr mittags, einmal pro Woche.

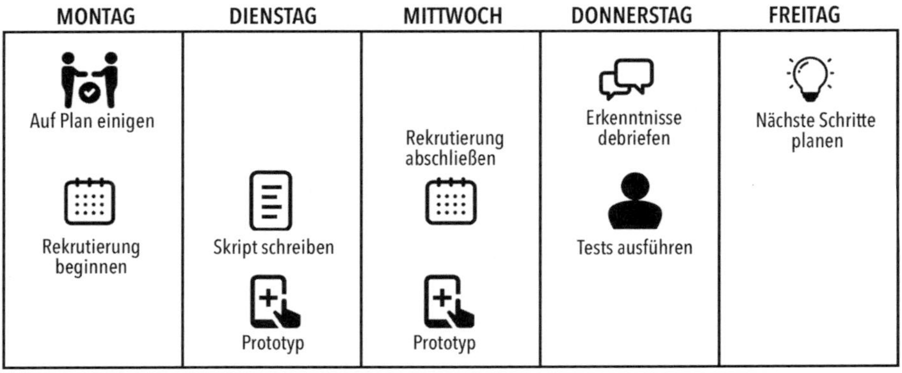

Abbildung 15.1: Der Drei-Zwölf-Eins-Aktivitätskalender

Die Aktivitäten des Teams gliedern sich folgendermaßen:

Montag: Rekrutieren und planen Sie.

Entscheiden Sie im Team, was diese Woche getestet werden soll. Entscheiden Sie, wen Sie für die Tests rekrutieren müssen, und beginnen Sie mit dem Rekrutierungsprozess. Lagern Sie diese Aufgabe nach Möglichkeit aus: Sie ist sehr zeitaufwendig (siehe Kasten »Über die Rekrutierung von Probanden«).

Dienstag: Optimieren Sie die Testkomponenten.

Je nachdem, in welchem Stadium sich Ihr MVP befindet, beginnen Sie mit der Verfeinerung des Designs, des Prototyps oder des Produkts bis zu einem Punkt, der es Ihnen ermöglicht, den Kunden mindestens eine vollständige User Story zu bieten.

Mittwoch: Verfeinern Sie weiter, schreiben Sie das Skript und schließen Sie die Rekrutierung ab.

Geben Sie Ihrem MVP den letzten Schliff. Schreiben Sie das Testskript, das Ihr Moderator mit jedem Teilnehmer durchgehen wird. (Ihr Moderator sollte nach Möglichkeit jemand aus dem Team sein.) Schließen Sie die Rekrutierung und den Zeitplan für die Tests am Donnerstag ab.

Donnerstag: Testen Sie!

Verbringen Sie den Vormittag damit, Ihr MVP mit Kunden zu testen. Sehen Sie maximal eine Stunde für jeden Kunden vor. Alle Teammitglieder sollten sich Notizen machen. Richten Sie einen separaten Beobachtungsstandort für die Teammitglieder ein. Besprechen Sie die Ergebnisse mit dem gesamten Projektteam, sobald der letzte Teilnehmer fertig ist.

Freitag: Planen Sie.

Nutzen Sie die neuen Erkenntnisse, um zu entscheiden, ob sich Ihre Hypothesen bestätigt haben und was Sie als Nächstes tun müssen.

Vereinfachen Sie Ihre Testumgebung

Viele Unternehmen haben ein eigenes Usability-Labor eingerichtet – und früher brauchte man auch eines. Heute ist das nicht mehr der Fall – Sie benötigen lediglich einen ruhigen Platz in Ihrem Büro, einen Computer mit Netzwerkanschluss und eine Webcam. Früher waren spezielle Produkte für Usability-Tests erforderlich, um Sitzungen aufzuzeichnen und entfernte Computer mit einzubeziehen. Heutzutage brauchen Sie nicht einmal mehr das. Wir führen routinemäßig Tests mit virtuellen Beobachtern durch und verwenden dabei nichts Exotischeres als Zoom.

Der Einbindung von entfernten Beobachtern kommt eine wesentliche Rolle zu: So können Teammitglieder und Stakeholder die Testsitzungen beobachten, auch wenn sie nicht vor Ort anwesend sein können. Dies hat enorme Auswirkungen auf die Zusammenarbeit, weil das Verständnis für Ihre Kunden tief in die Organisation hineingetragen wird. Man kann gar nicht hoch genug einschätzen, wie wichtig dies ist.

Wer sollte Beobachter sein?

Die kurze Antwort lautet: Ihr gesamtes Team. Wie fast alle anderen Aspekte von Lean UX sollten auch Usability-Tests eine Gruppenaktivität sein. Wenn das gesamte Team die Tests beobachtet, Feedback erhält und in Echtzeit reagiert, werden weniger Debriefings erforderlich. Das Team erfährt aus erster Hand, wo seine Bemühungen erfolgreich sind und wo sie scheitern. Nichts macht so bescheiden (und motiviert so sehr), als selbst zu sehen, wie ein Benutzer mit der gerade entwickelten Software kämpft.

Über die Rekrutierung von Probanden

Die Anwerbung, Einplanung und Bestätigung von Probanden ist zeitaufwendig. Ersparen Sie Ihrem Team diesen zusätzlichen Aufwand und übertragen Sie diese Aufgabe einem speziellen Rekrutierer. Einige Unternehmen verfügen über interne Vermittler, die diese Arbeit als Teil der Aufgaben ihres DesignOps- oder ResearchOps-Teams erledigen, andere beauftragen externe Anbieter. In beiden Fällen lohnt sich die Investition. Der Rekrutierer wird für jeden vermittelten Probanden bezahlt. Darüber hinaus kümmert er sich um die Auswahl, die Terminplanung und den Ersatz für nicht erschienene Teilnehmende am Testtag. Dienstleister berechnen in der Regel für jeden von ihnen vermittelten Probanden eine Gebühr. Sie müssen auch die Vergütung einplanen, die Sie den Testteilnehmenden selbst anbieten.

Kontinuierliche Forschung: einige Beispiele

Unternehmen setzen kontinuierliche Forschung auf viele verschiedene Arten um. Das Team der niederländischen Bank ABN AMRO führt zum Beispiel einmal pro Woche ein sogenanntes Kundenvalidierungskarussell durch. Diese wöchentliche Veranstaltung zur Nutzerforschung ist wie ein Speed-Dating aufgebaut. Jede Woche kommen fünf Kunden ins Büro des Unternehmens. Jeder Kunde wird an einer eigenen Forschungsstation platziert. Dann verteilt sich eine Gruppe von Interviewern im Raum. Jeder sitzt mit einem Kunden zusammen. (Bei ABN AMRO sind viele der Interviewer »Leute, die Forschung betreiben« – mit anderen Worten, Designer und Produktmanager und keine ausgebildeten Nutzerforscher. Aus diesem Grund helfen ihnen die ausgebildeten

Nutzerforscher vor der Veranstaltung bei der Erstellung des Forschungsplans und der Gesprächsleitfäden. Die Interviews werden oft von zwei Interviewern durchgeführt, die sich mit Interview und Notizen abwechseln.)

Die Interviewer führen mit jedem Teilnehmer ein 15-minütiges Gespräch. Danach geht jedes Paar zum nächsten Teilnehmer – eine Art Reise nach Jerusalem. Auf diese Weise kommt jeder Interviewer mit jedem Teilnehmer ins Gespräch. Nachdem jeder mit jedem gesprochen hat, verabschieden sich die Probanden und die Interviewer kommen zur Nachbesprechung zusammen. Normalerweise ist jedem Interviewer ein einziges Thema zugeteilt, aber auch wenn nicht alle an denselben Fragen arbeiten, ist die Nachbesprechung wertvoll, da sie hilft, die Kunden besser zu verstehen und die gesammelten Daten zu interpretieren. Die Erkenntnisse aus dieser Veranstaltung werden in einer einseitigen Vorlage festgehalten und in die gemeinsame Datenbank des Unternehmens eingefügt. Der Forscher Ike Breed, der an der Erstellung dieses Prozesses beteiligt war, erklärte uns, dass dieser Schritt die Forschung wirklich demokratisiert hat. »Die Leute dachten, unsere Insights-Datenbank sei eine sehr formelle Sache. Sie fragten: ›Kann ich da wirklich was reinschreiben?‹« Nachdem sie für die Beiträge einer größeren Gruppe geöffnet wurde, fühlten sich die Produkt- und Designteams stärker verantwortlich für die Nutzerforschung und die Daten, die im Rahmen dieses Prozesses gesammelt wurden.

Test-Dienstage

Ein anderer Nutzerforscher berichtete uns, wie er in einem Finanzdienstleistungsunternehmen, das verbrauchernahe Technologien entwickelt, eine Praxis namens »Testing Tuesdays« einführte. Andrew Bourne wurde dort als Usability-Forscher eingestellt. Zu Beginn erkannte er, dass ein umfangreicher Backlog auf ihn wartete. Während er diesen abarbeitete, begann er, bei jeder Sprint-Demo, die in seinem Unternehmen immer dienstags stattfand, über die Forschungsergebnisse zu berichten. Da der Arbeitsrückstand so groß war, gab es immer etwas Neues zu berichten. Um sicherzustellen, dass seine Berichte von allen Interessierten gehört wurden, gab er den Inhalt seiner Besprechungen im Voraus per E-Mail bekannt: »Diese Woche werde ich über X berichten.« Dies hatte zwei sehr positive Auswirkungen. Erstens kamen dadurch mehr Leute zu seinen Briefings – oft interessierten sich viel mehr Menschen für die Ergebnisse, als er erwartet hatte. Darüber hinaus traten Produktverantwortliche an ihn heran und baten um seine Unterstützung bei der Forschung, die sie durchführen wollten. Mit anderen Worten: Die Nachfrage nach Nutzerforschung stieg – und zwar nicht nur für Usability-Studien. Die Leute, die sich an ihn wandten, baten um alle Arten von Recherchen, auch um formative Studien im Frühstadium.

Kontinuierliche Forschung bei Sperientia Labs

Sperientia Labs ist eine Agentur für Nutzererfahrungsforschung mit etwa 30 Mitarbeitenden in Puebla, Mexiko. Sperientia bietet ihren Kunden Recherchen in einem einzigartigen Format: Man verwendet eine Serie von einwöchigen Forschungssprints. »Wir behalten dabei den agilen Rahmen immer im Hinterkopf«, sagt Gründer Victor M. González.

Diese Herangehensweise hat mehrere Vorteile. Erstens, so González, arbeiten die meisten Kunden bereits in einem agilen Rhythmus. Dies ermöglicht es Sperientia, den Zeitplan mit dem der Kunden zu synchronisieren.

Ein weiterer Vorteil ist die Geschwindigkeit, in der die Zyklen Ergebnisse liefern. Sperientia führt im Laufe einer stark strukturierten Woche Erkundungsinterviews und Usability-Tests durch. Die Planung und Rekrutierung erfolgt am Freitag, am Montag werden Rekrutierung und Vorbereitung fortgesetzt und am Dienstag und Mittwochmorgen dann Tests mit drei bis sechs Teilnehmenden durchgeführt. Am Mittwochnachmittag folgt eine Nachbesprechung mit den Kunden. »In vielen Fällen brauchen die Kunden nur diese Nachbesprechung, und sie können sofort mit den Erkenntnissen arbeiten«, sagt González. Dennoch nutzt Sperientia die Donnerstage, um die Ergebnisse und Empfehlungen in einem Bericht festzuhalten, und trifft sich dann am Freitagmorgen mit den Kunden, um die Ergebnisse im Detail zu besprechen. Nach dem Mittagessen am Freitag ist man bereit, mit der Planung des nächsten Zyklus zu beginnen.

Nun können nicht alle Forschungsziele in einer Woche erreicht werden, und ein typisches Sperientia-Forschungsprogramm dauert 3 bis 12 Monate. Obwohl also in allen Programmen einwöchige Forschungszyklen verwendet werden, beschränkt sich das Unternehmen nicht nur auf die Beantwortung von Fragen, die in einer einzigen Woche abgearbeitet werden können. Stattdessen werden kontinuierliche einwöchige Zyklen verwendet, um ein viel breiteres Spektrum an Fragen zu behandeln.

Die Agentur arbeitet mit einer Vielzahl von Nutzerforschungszielen: Sie hilft Kunden, Nutzenversprechen zu verstehen und zu entwickeln, die Aufgaben der Nutzer zu verstehen und die Benutzerfreundlichkeit und das Design ihrer Angebote zu evaluieren.

Durch ein Programm mit mehreren einwöchigen Zyklen kann Sperientia Forschungsprogramme durchführen, die mit den Erkenntnissen wachsen und sich weiterentwickeln, die mit der Produktentwicklung Schritt halten. Sie können Programme durchführen, die im Längsschnitt angelegt sind. Und obwohl Sperientias Ansatz grundsätzlich qualitativ ist (also auf persönlichen Gesprächen mit Nutzern und Kunden basiert), kann auch die Agentur Programme entwickeln, die quantitative Daten sammeln, indem Woche für Woche dieselben Fragen gestellt werden.

Kürzlich begann Sperientia, mit einem neuen, zweiwöchigen Forschungssprint-Format zu experimentieren. Sie verwenden dieses Format, wenn sie Fragen beantworten müssen, die einen Prototyp erfordern. In diesen Fällen wird der Zyklus um eine Woche Prototypentwicklung erweitert, gefolgt von einer typischen Forschungswoche. Zu diesem Zweck wird das Forschungsteam um Designer erweitert, die an der Erstellung von Prototypen für Tests mitwirken können.

Die Arbeit mit diesen kurzen einwöchigen Zyklen hilft der Agentur, sich an das Tempo des Kunden anzupassen, schnelle und kontinuierliche Ergebnisse bereitzustellen, und hat noch einen weiteren Vorteil. González beschreibt ihn so: »Wir können unsere Wochenenden in der Gewissheit verbringen, dass wir fertig sind!«

Die Forschungsergebnisse auswerten: eine Teamaktivität

Egal, ob Ihr Team Feldforschung oder Laborarbeit betreibt, bei der Forschung fallen eine Menge Rohdaten an. Die Auswertung kann zeitaufwendig und frustrierend sein. Deshalb wird dieser Prozess oft an Spezialisten übertragen, die die Forschungsergebnisse zusammenfassen sollen. Das sollten Sie nicht tun. Geben Sie sich stattdessen größte Mühe, die Daten im Team sinnvoll auszuwerten.

Versammeln Sie das Team nach Abschluss der Recherchesitzungen baldmöglichst – am besten noch am selben Tag, wenn nicht, dann am nächsten Tag – zu einer Besprechungsrunde. Bitten Sie alle Teammitglieder, sich gegenseitig ihre Ergebnisse vorzulesen. Eine sehr effiziente Methode besteht darin, die laut vorgelesenen Notizen auf Karteikarten oder Haftnotizen zu übertragen und dann nach Themen zu sortieren. Dieser Prozess des Lesens, Sortierens und Diskutierens führt dazu, dass jeder einen Beitrag leistet und sich das angestrebte gemeinsame Verständnis entwickelt. Mit den ermittelten Punkten können Sie und Ihr Team dann die nächsten Schritte für Ihr MVP festlegen.

Verwirrung, Widersprüche und (mangelnde) Klarheit

Wenn Sie und Ihr Team Feedback aus verschiedenen Quellen sammeln und versuchen, Ihre Erkenntnisse zusammenzufassen, werden Sie unweigerlich auf Situationen stoßen, in denen Ihre Daten Widersprüche aufweisen. Wie geben Sie dann all dem einen Sinn? Im Folgenden finden Sie einige Möglichkeiten, wie Sie die Dynamik aufrechterhalten und den größtmöglichen Lerneffekt sicherstellen können.

Suchen Sie nach Mustern. Achten Sie bei der Durchsicht der Forschungsergebnisse auf Muster in den Daten. Diese offenbaren mehrere gleichlautende Nutzermeinungen, die untersucht werden sollen. Wenn etwas nicht in ein Muster passt, handelt es sich wahrscheinlich um einen Ausreißer.

»Parken« Sie Ihre Ausreißer. So verlockend es auch ist, Ausreißer zu ignorieren (oder zu versuchen, sie in Ihrer Lösung zu berücksichtigen), tun Sie es nicht. Legen Sie stattdessen einen Parkplatz oder Backlog dafür an. Im Laufe Ihrer Recherchen (denken Sie daran: jede Woche) werden Sie vielleicht weitere Ausreißer erkunden, die dem Muster entsprechen. Haben Sie Geduld.

Gleichen Sie mit anderen Quellen ab. Wenn Sie nicht davon überzeugt sind, dass das Feedback, das Sie über einen einzelnen Kanal erhalten haben, valide ist, suchen Sie in anderen Kanälen danach. Spiegeln die E-Mails des Kundensupports die gleichen Bedenken wider wie Ihre Usability-Studien? Wurde der Nutzen Ihres Prototyps von Kunden innerhalb und außerhalb Ihres Unternehmens bestätigt? Wenn nicht, ist Ihre Stichprobe eventuell unverhältnismäßig verzerrt.

Muster im Zeitverlauf erkennen

Typische UX-Forschungsprogramme sind so strukturiert, dass sie eine abschließende Antwort liefern: Sie planen genug Forschung ein, um eine Frage oder eine Reihe von Fragen abschließend zu beantworten. Lean-UX-Research verfolgt einen anderen Ansatz. Die Priorität liegt auf der Kontinuität, sodass Sie Ihre Forschungsaktivitäten ganz anders strukturieren müssen. Sie führen keine großen Studien durch, sondern treffen sich jede Woche mit einer kleinen Nutzeranzahl. Das bedeutet, dass einige Fragen über mehrere Wochen hinweg offenbleiben können. Ein großer Vorteil ist jedoch, dass sich im Laufe der Zeit interessante Muster herauskristallisieren können.

So konnte das Team von TheLadders bei regelmäßigen Testsitzungen im Zeitraum von 2008 bis 2011 eine interessante Veränderung in der Mentalität der Probanden beobachten. Im Jahr 2008 begannen sie, sich regelmäßig mit Arbeitssuchenden zu treffen, und diskutierten verschiedene Möglichkeiten der Kommunikation mit Arbeitgebern. Eine von ihnen vorgeschlagene Option war SMS. Im Jahr 2008 zeigte die Zielgruppe, die sich aus gut verdienenden Personen Ende 40, Anfang 50 zusammensetzte, eine starke Ablehnung von SMS als legitimer Kommunikationsmethode – SMS nutzten ihre Kinder (und vielleicht auch sie mit ihren Kindern), aber es war sicherlich keine »angemessene« Methode, eine Stellensuche durchzuführen.

Im Jahr 2011 hatten sich SMS-Nachrichten in den Vereinigten Staaten jedoch durchsetzen können. Da Textnachrichten in der Unternehmenskultur auf zunehmende Akzeptanz stießen, begann sich die Haltung der Zielgruppe zu ändern. Woche für Woche konnte TheLadders bei ihrer Nutzerforschung mit Arbeitssuchenden beobachten, wie sich die Ansichten zu SMS änderten. Das Team stellte fest, dass Arbeitssuchende bei der Jobsuche in der Mitte ihrer beruflichen Laufbahn viel eher bereit waren, SMS zu nutzen, als es noch einige Jahre zuvor der Fall gewesen war.

Das Team von TheLadders hätte diesen zielgruppenweiten Trend nie erkannt, wenn wir nicht Woche für Woche mit einer Stichprobe dieser Zielgruppe gesprochen hätten. Außerdem verfolgte das Team aber auch einen systematischen Ansatz zur Untersuchung langfristiger Trends. Im Rahmen ihrer regelmäßigen Interaktion mit den Kunden stellten sie immer eine Reihe von Fragen, um die »Vitalparameter« der Stellensuchenden zu erfassen – unabhängig davon, welche anderen Fragen, Funktionen oder Produkte gerade getestet wurden. Auf diese Weise war das Team in der Lage, eine Ausgangsbasis zu schaffen und im Lauf der Zeit größere Trends zu erkennen. Die Erkenntnisse über SMS hätten die Erkenntnisse des Teams über die Zielgruppe nicht ins Wanken gebracht, wenn es sich nur um ein paar anekdotische Datenpunkte gehandelt hätte. Aber im Laufe der Zeit ließen sich diese Datenpunkte zu einem sehr aussagekräftigen Datensatz zusammenfassen.

Bei der Planung Ihrer Nutzerforschung ist es wichtig, nicht nur die dringenden Fragen zu berücksichtigen – die Dinge, die Sie in den nächsten Wochen erfahren wollen. Berücksichtigen Sie stattdessen auch großen Fragen. Sie müssen trotzdem umfangreiche Einzelstudien planen, um einige dieser Fragen zu beantworten, aber mit etwas Planung werden Sie auch langfristige Fragestellungen in Ihre wöchentlichen Studien einbauen.

Testen Sie alles, was Sie haben

Um eine regelmäßige Kadenz von Benutzertests aufrechtzuerhalten, muss Ihr Team nach der Maxime handeln: »Wir testen alles, was wir haben.« Alles, was am Testtag fertig ist, wird den Nutzern vorgeführt. Durch diese Politik befreit sich Ihr Team davon, dem Testtag entgegenzuhetzen – oder, schlimmer noch, Forschungsaktivitäten auf der Suche nach dem »perfekten« Moment zu verzögern. Stattdessen werden Sie Ihre wöchentlichen Testsitzungen nutzen, um sich in jeder Design- und Entwicklungsphase neue Erkenntnisse anzueignen. Natürlich müssen jedoch die Erwartungen dem Feedback entsprechen, das Sie mit den einzelnen Artefakten generieren können.

Skizzen. Rückmeldungen zu Skizzen helfen Ihnen, den Nutzen Ihres Konzepts zu bestätigen (siehe Abbildung 15.2). Sie eignen sich hervorragend als Gesprächsanregung für Interviews und helfen, abstrakte Konzepte zu konkretisieren. Mit Skizzen erhalten Sie jedoch kein detailliertes, schrittweises Feedback zum Prozess, Erkenntnisse zu bestimmten Designelementen oder sogar aussagekräftiges Feedback zur Auswahl der Texte. Sie werden nicht viel (oder gar nichts) über die Benutzerfreundlichkeit Ihres Konzepts lernen können.

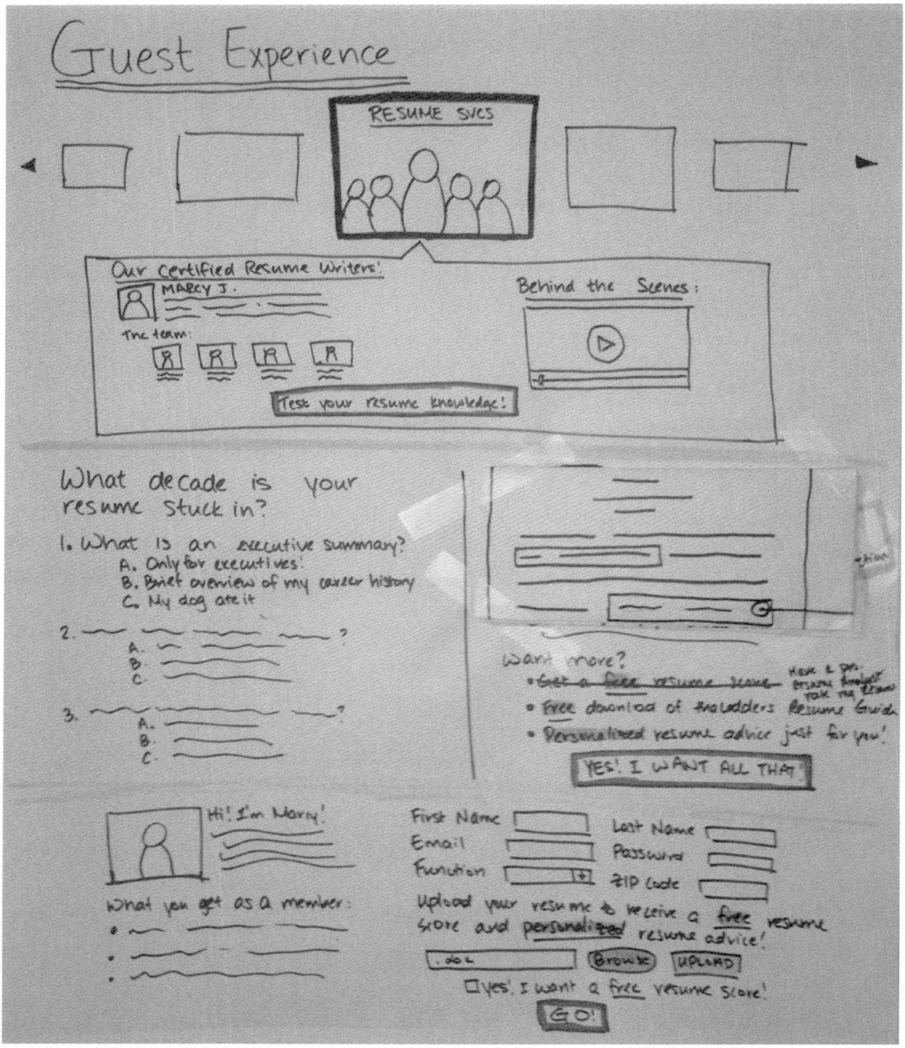

Abbildung 15.2: Beispiel für eine Skizze, die bei Kundenbefragungen verwendet werden kann

Statische Wireframes. Wenn Sie den Probanden Wireframes (siehe Abbildung 15.3) zeigen, können Sie die Informationshierarchie und das Layout Ihrer Erfahrung beurteilen lassen. Darüber hinaus erhalten Sie Feedback zu Taxonomie, Navigation und Informationsarchitektur.

Sie werden die ersten Rückmeldungen zum Workflow erhalten, aber zu diesem Zeitpunkt konzentrieren sich Ihre Testteilnehmenden hauptsächlich auf die Texte auf der Seite und die Auswahlmöglichkeiten, die sie treffen können. Wireframes bieten eine gute Gelegenheit, mit dem Testen der Texte zu beginnen.

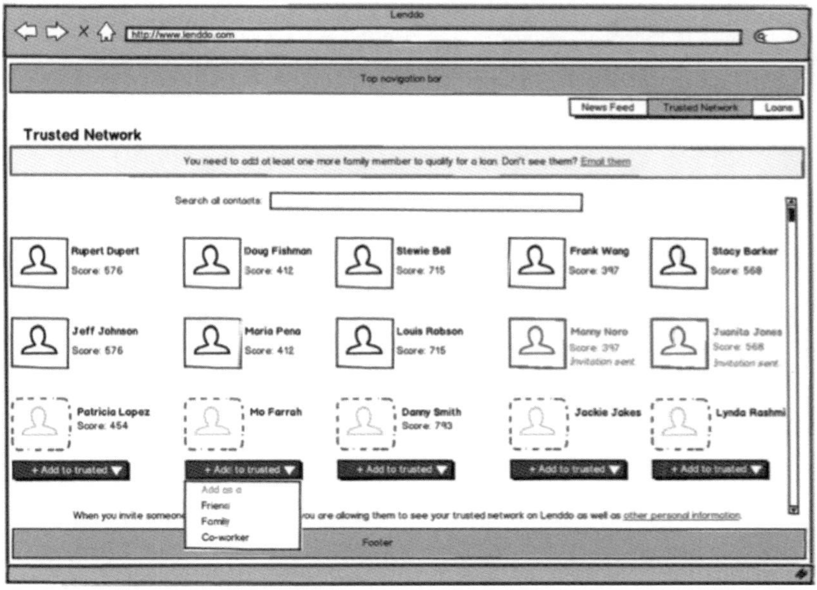

Abbildung 15.3: Beispiel für ein Wireframe

Visuelle High-Fidelity-Mockups (nicht klickbar). Bei High-Fidelity-Mockups für das visuelle Design können Sie mit viel detaillierterem Feedback rechnen. Die Testteilnehmenden können auf Branding, Ästhetik und visuelle Hierarchie sowie auf Aspekte der Figur/Grund-Beziehung, die Gruppierung von Elementen und die Klarheit Ihrer Handlungsaufforderungen reagieren. Sie werden sich (fast sicher) auch zu Ihrer Farbpalette äußern (siehe Abbildung 15.4).

Auch bei nicht klickbaren High-Fidelity-Mockups können Ihre Kunden nicht auf natürliche Weise mit dem Design interagieren oder den Informationsfluss Ihrer Lösung erleben. Statt die Nutzer beim Klicken, Tippen und Wischen zu beobachten, müssen Sie sie fragen, was sie erwarten würden, und diese Antworten dann mit der von Ihnen geplanten Erfahrung abgleichen.

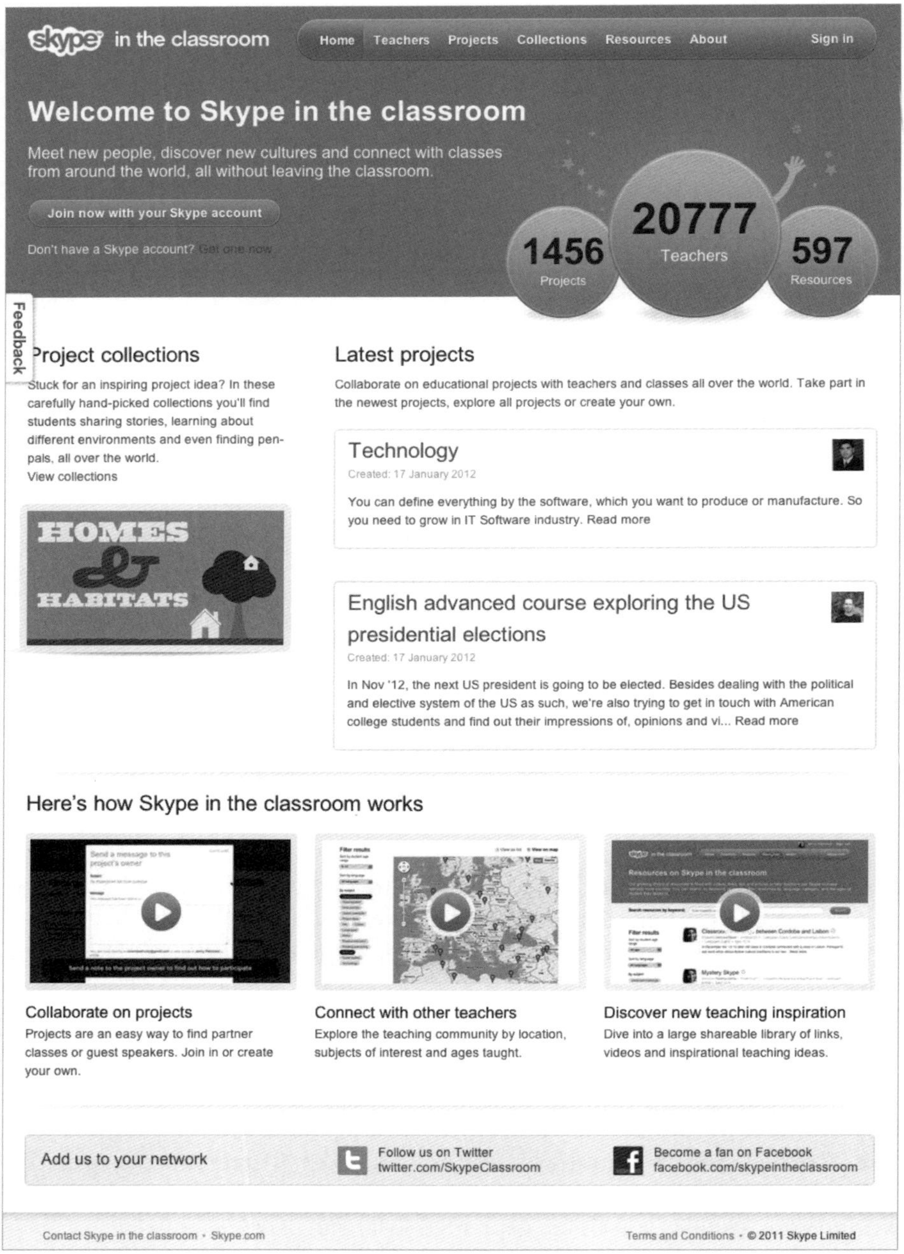

Abbildung 15.4: Beispiel für ein Mockup von Skype in the Classroom (Design von Made By Many)

Klickbare Mockups. Klickbare Mockups wie in Abbildung 15.4 ermöglichen eine realitätsnähere Interaktion, da eine Reihe statischer Elemente zu einer Simulation der Produkterfahrung verknüpft ist. Heutzutage können Sie mit den meisten Design-Tools auf einfache Weise eine Reihe von statischen Bildschirmen miteinander verknüpfen, um solche Mockups zu erstellen. In visueller Hinsicht können sie eine hohe, mittlere oder auch geringe Wiedergabetreue aufweisen. Wichtig ist hier nicht so sehr der optische Feinschliff, sondern vielmehr die Simulation von Arbeitsabläufen und die Interaktion der Nutzer mit Ihrem Design.

Früher stand nur eine begrenzte Auswahl an Tools für die Erstellung von klickbaren Mockups zur Verfügung, aber in den letzten Jahren sind zahlreiche neue Werkzeuge hinzugekommen. Einige davon sind für die Erstellung von Mockups für Mobilgeräte optimiert, andere für das Web und wieder andere plattformneutral. Die meisten eignen sich nicht für die Verknüpfung mit Daten, aber einige (etwa Axure) ermöglicht einfache datengesteuerte oder bedingt logikgesteuerte Simulationen. Darüber hinaus verfügen Designtools wie Figma, Sketch, InVision und Adobe XD über »Mirror«-Funktionen, mit denen Sie Ihre Designarbeit in Echtzeit auf mobilen Geräten anzeigen und Bildschirme koppeln können, um ohne spezielle Prototyping-Tools Prototypen zu erstellen.

Codierte Prototypen. Codierte Prototypen können die *Funktionalität* am besten wiedergeben und ermöglichen es, Ihren Probanden realitätsnahe Simulationen vorzustellen. Design, Verhalten und Fluss Ihres Produkts werden nachgebildet. Sie können mit echten Daten testen und die Prototypen in andere Systeme integrieren. All dies macht codierte Prototypen sehr leistungsfähig, aber auch besonders entwicklungsintensiv. Aber durch die exakte Simulation erhalten Sie auch ein zuverlässigeres Feedback als bei anderen Simulationen.

Monitoring-Techniken für kontinuierliche und kollaborative Nutzerforschung

Bisher haben wir uns damit beschäftigt, wie Sie qualitative Nutzerforschung regelmäßig zur Bewertung Ihrer Hypothesen einsetzen können. Sobald Sie jedoch Ihr Produkt oder Ihre Funktion auf den Markt gebracht haben, werden die Nutzer Ihnen ständig Feedback geben – und zwar nicht nur zu Ihrem Produkt. Sie werden von sich selbst, vom Markt und von der Konkurrenz erzählen. Diese Erkenntnisse sind von unschätzbarem Wert – und sie strömen aus allen Ecken in Ihr Unternehmen. Suchen Sie nach diesen Schätzen und nutzen Sie sie, um die laufende Produktentwicklung und -erkundung voranzutreiben, wie in Abbildung 15.5 dargestellt.

Abbildung 15.5: Kunden können über viele Kanäle Feedback geben.

Kundenbetreuung

Kundenbetreuer sprechen täglich mit mehr Kunden als Sie selbst im Verlauf eines gesamten Projekts. Es gibt mehrere Möglichkeiten, ihr Wissen zu nutzen:

- Gehen Sie auf sie zu und fragen Sie sie, was sie von den Kunden über das Produkt zu hören bekommen, an dem Sie arbeiten.
- Halten Sie regelmäßig monatliche Meetings mit den Kundenbetreuern ab, um sich über Trends zu informieren. Was gefällt den Kunden in diesem Monat? Was gefällt ihnen gar nicht?
- Nutzen Sie das umfassende Produktwissen der Kundenbetreuer, um zu erfahren, wie sie die Herausforderungen Ihres Teams lösen würden. Beziehen Sie sie in Design-Sitzungen und Design-Reviews ein.
- Integrieren Sie Ihre Hypothesen in ihre Telefonsupport-Skripte. Eine der billigsten Möglichkeiten, Ihre Ideen zu testen, besteht darin, sie den Kunden als Lösung für ihre Reklamationen vorzuschlagen.

Mitte der 2000er-Jahre leitete Jeff das UX-Team eines mittelständigen Technologieunternehmens in Portland, Oregon. Eine Methode zur Priorisierung der Arbeit bestand darin, regelmäßig den Puls des Kundenstamms zu überprüfen. Das Team traf sich dazu monatlich mit Vertretern des Customer Service. Sie informierten das UX-Team über die 10 wichtigsten Punkte, über die sich die Kunden beschwerten. Das Team nutzte diese Informationen, um seine Arbeit zu fokussieren und deren Effizienz zu überprüfen. Am Monatsende schaffte das nächste Gespräch mit dem Kundendienst Klarheit darüber, ob die Bemühungen Früchte getragen hatten oder nicht. Wenn das Problem sich dann immer noch in der Top-10-Liste der Reklamationen befand, hatte die Lösung nicht funktioniert.

Diese Herangehensweise hatte einen zusätzlichen Vorteil: Die Kundendienstmitarbeiter erkannten, dass jemand Interesse an ihren Erkenntnissen hatte, und fingen an, proaktiv Kundenfeedback über die monatlichen Treffen hinaus zu teilen. Dieser Dialog lieferte dem UX-Team eine kontinuierliche Feedback-Schleife für Produkthypothesen.

Onsite-Feedback

Richten Sie in Ihrem Produkt einen Feedback-Mechanismus ein, sodass die Kunden Ihnen regelmäßig ihre Meinung mitteilen können. Hier ein paar Möglichkeiten:

- einfache E-Mail-Formulare
- Kundensupport-Foren
- Community-Seiten von Dienstleistern

Sie können diese Tools zum Beispiel folgendermaßen für die Nutzerforschung nutzen:

- Ermitteln Sie, wie viele eingehende E-Mails Sie von einem bestimmten Bereich der Website erhalten.
- Beteiligen Sie sich an Online-Diskussionen und testen Sie einige Ihrer Hypothesen.
- Nutzen Sie Community-Sites, um schwer zugängliche Nutzertypen zu erkunden und zu rekrutieren.

Über diese Kanäle erhalten Sie Feedback aus der Sicht Ihrer aktivsten und engagiertesten Kunden. Nachfolgend ein paar Taktiken, um andere Perspektiven zu erhalten.

Suchprotokolle

Logdateien durchsuchen. Suchbegriffe geben klare Auskunft darüber, was die Kunden auf Ihrer Website suchen. Suchmuster verdeutlichen, was sie finden und was nicht. Wiederholte Suchanfragen mit leichten Variationen zeigen, dass es für den Nutzer schwierig ist, bestimmte Informationen zu finden.

Um Suchprotokolle für die MVP-Validierung zu nutzen, können Sie beispielsweise eine Testseite für die geplante Funktion erstellen. Dann können Sie anhand der Logdateien erfahren, ob der Testinhalt (oder das Feature) auf dieser Seite den Bedürfnissen der Nutzer entspricht. Suchen diese weiterhin nach Variationen des Inhalts, ist Ihr Experiment fehlgeschlagen.

Websitenutzung analysieren. Website-Nutzungsprotokolle und Analysepakete – insbesondere Trichteranalysen – zeigen, wie die Kunden die Website nutzen, wo sie abspringen und wie sie das Produkt zu manipulieren versuchen, sodass es die gewünschten oder erwarteten Dinge tut. Diese Berichte stellen einen realen Kontext für Entscheidungen bereit, die das Team treffen muss.

Nutzen Sie darüber hinaus Analysetools, um den Erfolg von bereits laufenden Experimenten zu ermitteln. Wie hat sich die Nutzung des Produkts durch das Experiment verändert? Erzielen Sie das gewünschte Ergebnis? Diese Tools liefern eine unvoreingenommene Antwort.

Wenn Sie gerade erst mit der Entwicklung eines Produkts beginnen, sollten Sie von Anfang an Nutzungsanalysen in das Produkt integrieren. Mithilfe von Metriktools von Anbietern wie Kissmetrics und MixPanel können Sie dies einfach und kostengünstig implementieren, und Sie erhalten unschätzbare Informationen, die kontinuierliches Lernen unterstützen.

A/B-Tests. A/B-Tests sind eine von Marketingspezialisten entwickelte Technik, mit der ermittelt werden soll, welches von zwei (oder mehr) relativ ähnlichen Konzepten das definierte Ziel effektiver erreicht. Bei der Anwendung im Rahmen von Lean UX wird A/B-Testing zu einem leistungsstarken Werkzeug, um die Gültigkeit Ihrer Hypothesen zu ermitteln. Die Anwendung von A/B-Tests ist relativ einfach, nachdem Sie Ihre Ideen in funktionierenden Code umgesetzt haben. Und so geht es:

- Geben Sie der Zielgruppe Zugriff auf die vorgeschlagene Lösung – allerdings nur einer kleinen Nutzergruppe.
- Messen Sie die Performance Ihrer Lösung für diese Zielgruppe. Vergleichen Sie sie mit der anderen Gruppe (Ihrer Kontrollgruppe) und halten Sie die Unterschiede fest.
- Hat Ihre neue Idee die Kompassnadel in die richtige Richtung bewegt? Wenn ja, dann haben Sie eine Erfolg versprechende Idee.

- Wenn nicht, haben Sie eine Kundengruppe, die sich für weitere Untersuchungen eignen könnte. Was halten die Nutzer von der neuen Erfahrung? Wäre es sinnvoll, eine qualitative Untersuchung mit ihnen durchzuführen?

Die Tools für A/B-Tests sind weit verbreitet und oft recht kostengünstig. Es gibt kommerzielle Tools von Anbietern wie Optimizely. Außerdem existieren Open-Source-Frameworks für A/B-Tests, die für alle wichtigen Plattformen verfügbar sind. Unabhängig von den von Ihnen gewählten Tools besteht der Trick darin, sicherzustellen, dass vorgenommene Änderungen überschaubar sind und die von Ihnen ausgewählte Stichprobe groß genug ist, sodass jede Verhaltensänderung mit Sicherheit auf Ihre Modifikation zurückgeführt werden kann. Wenn Sie zu viele Dinge ändern, kann die Verhaltensänderung nicht direkt auf Ihre Hypothese zurückgeführt werden.

Fazit

In diesem Kapitel haben wir viele Möglichkeiten zur Validierung Ihrer Hypothesen durchgearbeitet. Wir haben uns mit Techniken der kollaborativen Erkundung und des kontinuierlichen Lernens beschäftigt. Sie haben gesehen, wie man einen wöchentlichen Lean-Testing-Prozess aufbaut, was Sie testen sollten und was Sie von diesen Tests erwarten können. Sie haben sich angesehen, wie Sie Ihre Kundenerfahrung im Lean-UX-Kontext überwachen können, und wir haben uns mit der Leistungsfähigkeit von A/B-Tests befasst.

Diese Techniken bilden in Verbindung mit den beschriebenen Prozessen die vollständige Lean-UX-Prozessschleife. Ihr Ziel ist es, diese Schleife so oft wie möglich zu durchlaufen und Ihre Herangehensweise mit jeder Iteration zu verfeinern.

Im nächsten Abschnitt wenden wir uns von den Prozessen ab und werfen einen Blick auf die Integration von Lean UX in Ihr Unternehmen. Wir befassen uns mit den organisatorischen Veränderungen, mit denen Sie den Lean-UX-Ansatz unterstützen können – ob Sie nun ein Start-up, ein großes Unternehmen oder eine Digitalagentur sind.

16

Lean UX und Agile im Zusammenspiel

Fragen Sie irgendjemanden in irgendeinem Unternehmen nach ihrer oder seiner Standardarbeitsmethode, erhalten Sie unweigerlich die Antwort: »Wir arbeiten mit Agile!« Folgen Sie dieser Frage mit: »Und wie funktioniert das bei Ihnen?«, und in den meisten Fällen besteht die Antwort in einer vagen Handbewegung: »Hm, ganz okay.«

Agile wurde von 17 Entwicklern ins Leben gerufen, aus Frustration über ältere technische Prozesse und die Unvorhersehbarkeit der Softwareentwicklung. Bei einem Wochenendtreffen in Utah im Jahr 2001 stellten diese Softwareentwickler eine Reihe von Grundsätzen zusammen, die sie das Agile Manifest nannten.[1] Wenn Sie das Manifest noch nicht gelesen haben (holen Sie es nach; es ist kurz), werden Sie überrascht sein, dass es dort nicht viele verpflichtende »Prozesse« gibt. Da steht nichts von »Sie sollen jeden Tag um 9:15 Uhr ein Daily Stand-up mit Ihrem Team abhalten« oder »Sie sollen in zweiwöchigen Zyklen arbeiten, die Sprints genannt werden.« Diese Techniken sind vielmehr aus spezifischen agilen Methoden wie Scrum und Extreme Programming (XP) übernommen, die von einigen der Ersteller des Agilen Manifests erdacht wurden. Die Autoren des Manifests haben jedoch keine spezifischen Praktiken niedergeschrieben, sondern Werte und Prinzipien für eine hochgradig kollaborative, kundenorientierte Softwareentwicklung. Die überzeugendste Zeile des gesamten Manifests – und unserer Meinung nach die Grundlage für echte Agilität – lautet: »Wir legen Wert darauf, auf Veränderungen zu reagieren, anstatt einem Plan zu folgen.«

Das ist der eigentliche Kern der Sache. Wenn Ihre Arbeitsweise zum Lernen einlädt, Sie neue Erkenntnisse auf eine bescheidene Weise zulassen und bereit sind, Ihre Pläne entsprechend diesen Erkenntnissen zu ändern – dann sind Sie agil.

In den 20 Jahren, die seit der Erstellung des Manifests vergangen sind, ist diese Arbeitsweise in den meisten Unternehmen zum Standard geworden (oder zu-

1 »Manifesto for Agile Software Development«, abgerufen am 18. Juni 2021, *http://agilemanifesto.org*.

mindest zum Standardziel). Die agilen Ideen gehen weit über die Softwareentwicklung hinaus und werden nun in allen Bereichen angewandt, von der strategischen Planung und Führung bis hin zum Personalwesen, zu Finanzen, Marketing und natürlich Design.

Die bekannteste Form von Agile ist Scrum, ein leichtgewichtiges Framework, das vor allem von Jeff Sutherland und Ken Schwaber Mitte der 1990er-Jahre entwickelt wurde. (Ja, Scrum gibt es schon länger als das Agile Manifest.) Doch trotz seiner Popularität hat die Scrum-Community selbst erst kürzlich damit begonnen, darüber nachzudenken, wie Design in den Prozess passt. Noch im November 2020 wurde im Scrum Guide, der offiziellen Dokumentation von Scrum, das Thema User Experience oder Design in keiner Weise erwähnt. Da großartiges Design und Kundenorientierung als Erfolgsfaktoren für Technologieprodukte immer wichtiger werden, müssen Designer und agile Praktiker gleichermaßen herausfinden, wie sie sich in agile Prozesse integrieren können. Während der Rest von Lean UX eine agile Arbeitsweise beschreibt, soll dieses Kapitel helfen, die Frage zu beantworten, wie Lean UX mit den agilen Methoden verzahnt ist. Und insbesondere werden wir uns auf das Design im Kontext von Scrum konzentrieren.

Machen Sie sich den agilen Prozess zu eigen

Oft werden wir gefragt, wie neu gebildete agile Teams arbeiten sollten. Sollen sie Scrum anwenden? Sollten sie in zweiwöchigen Sprints arbeiten? Welcher Grad an Formalität ist Erfolg versprechend? Angesichts der vielen frustrierenden Erfahrungen mit agilen Umstellungen möchten Teams und Führungskräfte so schnell wie möglich alles richtig machen und Schwierigkeiten, Frustration und Produktivitätsverluste minimieren. Man könnte die nächsten 10 Jahre damit verbringen, alle Bücher über die besten Scrum-Praktiken zu lesen, aber wenn man es auf den Kern reduziert, bleiben die folgenden Komponenten übrig, die für jedes Team einen guten Ausgangspunkt darstellen:

- Arbeiten Sie in kurzen Zyklen.
- Liefern Sie am Ende eines jeden Zyklus einen Nutzen.
- Halten Sie eine kurze tägliche Planungsbesprechung (oder Daily Scrum) ab.
- Halten Sie nach jedem Zyklus eine Retrospektive ab.

Man kann viel Zeit damit verbringen, über all die anderen Komponenten von Scrum zu debattieren (sowie über die Dinge, die *angeblich* auch zu Scrum gehören, die aber im *Scrum Guide* nie erwähnt werden) –, aber diese vier Grundelemente sind alles, was Sie brauchen, um die Agilität Ihres Teams zu erhöhen.

Ein engagiert aufgestelltes Team wird gemeinschaftlich herausfinden, was in jedem Zyklus zu erledigen ist. Die Beteiligten treffen sich täglich und legen fest, was als Nächstes zu tun ist, und – was besonders wichtig ist – sie überprüfen nach jedem Zyklus die Effizienz ihrer Herangehensweise.

Richtig eingesetzte Retrospektiven sind zweifellos der Schlüssel zum Aufbau eines zusammenhängenden, interdisziplinär agilen Teams. Scrum schreibt Ihnen nicht vor, wie Sie Designer oder Designarbeit in einem Sprint einsetzen oder wie Sie Designarbeit im Backlog abwickeln sollen, aber wenn Ihr Team ein oder zwei Sprints lang eine Möglichkeit ausprobiert, Design in den Scrum-Prozess einzubauen, und dann in Retrospektiven prüft, ob das gut funktioniert hat, fangen Sie an, den agilen Prozess zu beherrschen. Wenn Sie das verbindliche Scrum-Ethos beiseitelassen und stattdessen die philosophische Brille des Agilen Manifests aufsetzen, reagieren Sie tatsächlich auf Veränderungen, statt einem Plan zu folgen. In diesem Fall ist der Plan das vorgegebene Rezept des agilen Prozesses; die Veränderung, auf die Sie reagieren, ist Ihr eigenes Urteil darüber, wie gut dieses Rezept für Sie und Ihr Team funktioniert. Wenn es gut funktioniert, fantastisch! Weiter so. Wenn es aber nicht so funktioniert, wie Sie es sich erhofft haben, dann ändern Sie den Kurs. Jetzt *sind* Sie agil, statt nur agil zu arbeiten.

Aus diesem Grund sind Retrospektiven so wirkungsvoll und deshalb befürworten wir sie so ausdrücklich. Ehrliche, gute Retrospektiven geben dem Team regelmäßig die Möglichkeit, seine Arbeitsweise anzupassen. Eine Retrospektive blickt auf die letzten ein oder zwei Zyklen zurück und fragt: Was hat gut funktioniert? Was weniger gut? Was werden wir in Zukunft ändern? Das Beste daran ist, dass es nur ein minimales Risiko gibt, wenn Sie den Prozess ändern. Sie müssen nicht länger als einen Sprint lang mit einer Änderung leben. In diesem Kapitel erfahren Sie von vielen Möglichkeiten, einen integrierten Lean-UX- und Scrum-Prozess aufzubauen. Was auch immer Sie tun: Stellen Sie sicher, dass Sie Ihre Arbeit mithilfe von Retrospektiven evaluieren. Wenn die von uns empfohlenen Techniken nicht zu Ihrem Team passen, verändern Sie sie, kombinieren Sie sie oder verwerfen Sie sie. Ihre Version von Agile (oder Scrum) wird sich von der eines anderen Teams unterscheiden. Das ist in Ordnung. Wir sind sogar der Meinung, dass genau das der Sinn von Agile ist.

»Definition of Done« neu gedacht

Wann ist Software fertig? Damit haben wir uns in Kapitel 3, »Ergebnisse«, beschäftigt. Wenn Sie an einem Ergebnis arbeiten, müssen Sie die Software (die Leistung) bereitstellen und dann sehen, ob sie das gewünschte Ergebnis darstellt. Sie können die Software nicht bereitstellen, bevor sie »fertig« ist. Aber sie ist erst dann wirklich fertig, wenn Sie die Software auch »validiert« haben.

In Scrum können Sie nichts an einen Nutzer übergeben, bevor es nicht »fertig« ist. Das macht Sinn. Sie müssen sicherstellen, dass die von Ihnen freigegebene Software bestimmte gemeinsame Qualitätsstandards erfüllt (in Scrum »Definition of Done« genannt) und dass sie die von Ihnen und Ihrem Team geplanten Funktionen bietet (in Scrum »Akzeptanzkriterien« genannt). Die Definition von Done wird vom Team erstellt, und die Akzeptanzkriterien werden normalerweise vom Produktmanager oder Product Owner festgelegt. Gemeinsam stellen diese Standards sicher, dass jedes Stück des Projekts vollständig ist, wie geplant funktioniert, so fehlerfrei und stabil ist, dass es in Produktion gehen kann. Für die meisten Scrum-Teams ist dies jedoch das Ende ihres Engagements für dieses Stück Software. Dieser Endpunkt lässt jedoch die Verantwortung für die Ergebnisse völlig außer Acht und entspricht einer antiquierten Vorstellung von der Natur der Software.

Als wir ins Berufsleben eintraten, wurde Software in einer Pappschachtel verkauft. Wenn das für Sie seltsam klingt, finden Sie es vielleicht noch viel seltsamer, dass Jeffs Vater als Kind in den 1970er-Jahren Lochkarten mit nach Hause brachte, auf denen sich Software befand. In beiden Fällen, die mehr als 20 Jahre auseinanderliegen, war Software statisch. Sie hatte einen Endzustand. Wir konnten sie in Pappschachteln oder auf Papierkarten verpacken. Spulen Sie noch einmal 20 Jahre vor, und diese Konzepte erscheinen heute lächerlich. Software wird nicht in einer Schachtel verkauft und ist nicht mehr statisch. Heute bauen wir Systeme, die ständig aktualisiert und unbegrenzt optimiert werden können. Heute kann man sagen, dass Software nie fertig ist. Deshalb ist die Frage, »Wann sind wir fertig?«, schwer zu beantworten. Aber wir müssen eine Antwort finden, denn diese hilft uns, weitere, noch wichtigere Fragen zu beantworten. Machen wir mit dem nächsten Feature weiter oder nicht? Wird das Team für seine Leistung honoriert oder abgewatscht? Bekommt der Stakeholder seinen Bonus?

Scrum mit seinen Konzepten der »Akzeptanzkriterien« und der »Definition of Done« gibt den Teams klare Ziele vor, die erreicht werden müssen. Aber diese Zielvorgaben greifen zu kurz. Wie erwähnt stellen sie sicher, dass die Software »wie geplant funktioniert«. Aber das bedeutet lediglich, dass die Software konsequent das tut, was wir ihr aufgetragen haben. Leider reicht das nicht. Wir müssen auch wissen, ob die Software einen Nutzen bietet. *Hat jemand das Feature gefunden, das wir gerade implementiert haben? Haben die Nutzer es ausprobiert? Konnten sie es erfolgreich nutzen? Haben sie es erneut genutzt? Haben sie uns dafür Geld bezahlt?* Mit anderen Worten: Wir müssen wissen, ob es zu einem Ergebnis gekommen ist.

Woher wissen unsere Teams also, wann die Arbeit fertig ist? Wann wissen sie, wann sie zur nächsten Initiative übergehen müssen? Wir müssen hier ein Konzept hinzufügen: das der »Validierung«. Und der Weg zur Validierung beginnt mit unseren Kunden.

Wir validieren unsere Arbeit, nachdem sie »Done« ist. Nachdem sie »akzeptiert« wurde. Nachdem sie in den Händen unserer Kunden liegt. Dazu untersuchen wir ihr Verhalten. Wir hören uns ihre Bedürfnisse an, prüfen, ob unser Feature diese Bedürfnisse erfüllt, und iterieren dann, bis diese Bedürfnisse erfüllt sind. Immer und immer wieder. Tatsächlich gelingt es Designern sehr gut, diese Aufgabe zu erfüllen.

Indem wir unsere Vorstellung von »Done« von »funktioniert wie geplant« auf »mit Kunden validiert« ausweiten, verändern wir das Ziel unserer Scrum-Teams. Sie konzentrieren sich nicht auf die Implementierung von Features, sondern wollen die Kunden zufriedenzustellen. Design ist ein integraler Bestandteil davon, denn Designwerkzeuge ermöglichen es, die Kunden zu verstehen und Lösungen zu verfeinern, um sie zufriedenzustellen. Wenn die »Definition of Done« einer Funktion als Ergebnis betrachtet wird, hat das Team keine andere Wahl, als frühe Versionen seiner Idee zu testen, mit den Kunden zu interagieren, zu verstehen, was verbessert werden kann, und das Feature zu optimieren, um auf sich ständig ändernde Anforderungen zu reagieren.

Hier ein Beispiel – traditionell formulierte Akzeptanzkriterien für eine Passwort-Authentifizierung:

- erfordert Passworteingabe
- Kennwort entspricht grundlegenden Anforderungen.
- Passwort wird korrekt eingegeben, Benutzer wird im System verifiziert.
- Link zur Wiederherstellung des Passworts ist aktiv.
- Fehlermeldung wird bei falscher Passworteingabe angezeigt.
- Zugang nach drei Fehlversuchen gesperrt.

Neu formulierte Kriterien für dasselbe Feature:

- Der Prozentsatz der Benutzer, die sich beim ersten Versuch erfolgreich authentifizieren, liegt bei mindestens 99 %.
- Die Anzahl der Versuche, das Passwort wiederherzustellen, wurde um 90 % reduziert.
- Der Prozentsatz der Anrufe beim Callcenter mit der Bitte um Zurücksetzung des Passworts wurde um 75 % reduziert.

Im traditionellen Beispiel entwickelt und veröffentlicht das Team eine Reihe von Features, die wie geplant funktionieren. Bei der zweiten Definition ist das

Team erst fertig, wenn der Kunde nachweislich zufriedener ist als zuvor. Diese Methode spiegelt die moderne Natur von Software wider und erfordert das Eingreifen und die Einbeziehung von Nutzerforschung, Produkterkundung und Design in den Scrum-Prozess. Diese Neukalibrierung des Teamziels leugnet nicht den Wert der traditionellen Akzeptanzkritierien. Wir wollen weiterhin stabilen, qualitativ hochwertigen, leistungsstarken und sicheren Code in die Produktion geben. Das genügt jedoch nicht. Diese Attribute sind unabdingbar. Nichts davon ist von Bedeutung, wenn es den Kunden nicht zufriedenstellt.

Wir machen immer noch gestaffelte Sprints. Warum?

Im Mai 2007 veröffentlichte Desiree Sy »Adapting Usability Investigations for Agile User-Centered Design« im *Journal of Usability Studies*.[2] Sie versuchte als eine der Ersten, Agile und UX zu kombinieren, und die von ihr vorgeschlagenen Lösungen stießen auf große Resonanz. In dem Artikel beschreibt Sy detailliert ihre Idee einer produktiven Integration von Agile und nutzerzentriertem Design. Sie nannte sie Zyklus 0 (obwohl sie im Jargon auch als »Sprint Zero« oder manchmal als »gestaffelte Sprints« bezeichnet wird).

Kurz: Sy beschrieb gemeinsam mit Lynn Miller einen Prozess, bei dem die Designaktivitäten in einem Sprint vor der Entwicklung stattfinden. Das Projekt wird während des »Design-Sprints« entworfen und validiert und dann in den Entwicklungsstrom einleitet, um während des Entwicklungs-Sprints implementiert zu werden, wie in Abbildung 16.1 dargestellt.

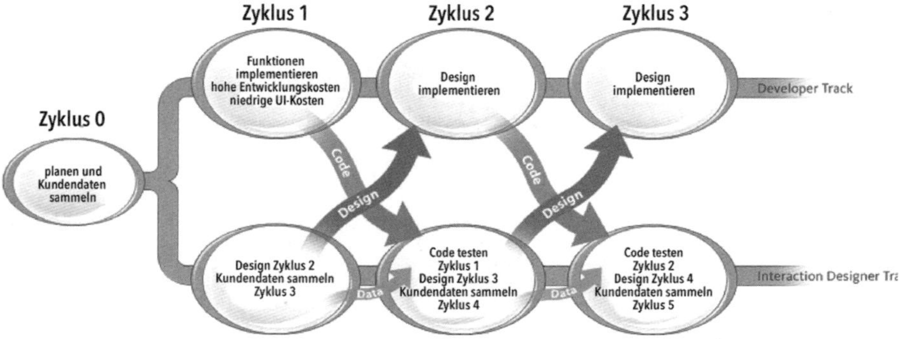

Abbildung 16.1: Das Modell der »gestaffelten Sprints« von Sy und Miller

2 Desirée Sy, »Adapting Usability Investigations for Agile User-Centered Design«, Journal of Usability Studies 2, no. 3 (Mai 2007): 112–132, *https://oreil.ly/Bhxq1*.

Viele Teams interpretierten dieses Modell jedoch falsch. Sy plädierte immer für eine enge Verzahnung von Design- und Entwicklungsarbeit sowohl während der Design- als auch während der Entwicklungssprints. Diesen kritischen Punkt übersahen viele Teams und schufen stattdessen Arbeitsabläufe, bei denen Designer und Entwickler durch Übergabedokumente miteinander kommunizieren, wodurch eine Art Mini-Wasserfallprozess entsteht.

Für Teams, die von Wasserfall auf Agile umsteigen, ist diese Arbeitsweise von Vorteil. Man lernt, in kürzeren Zyklen zu arbeiten und die Arbeit in aufeinanderfolgende Teile zu trennen. Das Modell eignet sich jedoch am besten für den Übergang. Es ist nicht der Weg, den Sie mit Ihrem Team einschlagen sollten.

Der Grund: Sehr leicht entsteht die Situation, dass niemals das gesamte Team gleichzeitig an derselben Sache arbeitet. Die Vorteile einer interdisziplinären Zusammenarbeit werden nicht ausgespielt, weil die verschiedenen Disziplinen sich auf unterschiedliche Aspekte konzentrieren. Ohne diese Zusammenarbeit kann kein gemeinsames Verständnis aufgebaut werden, sodass man sich am Ende stark auf die Dokumentation und die Weitergabe von Informationen verlässt.

Und noch aus einem weiteren Grund ist diese Herangehensweise nicht ideal: Sie kann zu Verschwendung führen. Sie verschwenden Zeit mit der Erstellung von Dokumenten, in denen Sie beschreiben, was während der Design-Sprints passiert ist. Und wenn die Entwickler nicht am Design-Sprint teilgenommen haben, hatten sie keine Gelegenheit, das Projekt auf seine Machbarkeit oder seinen Umfang zu prüfen. Das findet erst beim Hand-off statt. Können sie die vorgegebenen Designs tatsächlich in den nächsten zwei Wochen umsetzen? Wenn nicht, war die ganze Arbeit, die in die Entwicklung dieser Elemente geflossen ist, umsonst.

Trotz dieser Nachteile arbeiten viele Teams auch heute noch in gestaffelten Sprints. Unserer Erfahrung nach gibt es dafür mehrere Ursachen:

Das Designteam ist nicht in den Entwicklungsprozess integriert. In vielen Unternehmen arbeiten die Designer immer noch als interne Agentur. Sie werden keinem bestimmten Scrum-Team zugewiesen, sondern als Voraussetzung für den Beginn der Softwareentwicklungsarbeit betrachtet. Die Designer arbeiten also einen Sprint im Voraus, um die Softwareentwicklungsmaschine zu »füttern«.

Softwareentwicklung wird ausgelagert. Einige Unternehmen lagern ihre Softwareentwicklung immer noch aus. In einer Welt, in der Software der Motor für Geschäft und Wachstum ist, ist dies eine äußerst riskante Achillesferse. Wenn die Programmierung von einem Dienstleister durchgeführt wird, möchte dieser »endgültige« Entwürfe sehen, bevor er die Arbeit kalkuliert und beginnt. Gestaffelte Sprints machen dies für Teams möglich, die mit ausgelagerten Partnern zusammenarbeiten.

Cargocult Agile. Manche Unternehmen haben agile Prozesse eingeführt, um die Effizienz und Produktivität der Softwareentwicklung zu steigern, nicht aber, um auf der Grundlage neuer Erkenntnisse und Einsichten ihren Kurs zu ändern. In diesem Fall arbeitet das Unternehmen wie eine Softwarefabrik, die so schnell wie möglich neue Features auf den Markt wirft. Auch wenn die Arbeit in Sprints aufgeteilt ist und im gesamten Unternehmen agiles Vokabular verwendet wird, hat es immer noch Priorität, einfach Features bereitzustellen. Diese Unternehmen konzentrieren sich in der Regel auf Fristen und nehmen sich nur selten Zeit, Funktionen zu iterieren und durch Feedback und Validierung zu verbessern. Gestaffelte Sprints sind in der Feature-Fabrik der Treibstoff für die Produktion. Die Zusammenarbeit zwischen Designern und Entwicklern ist minimal, da Hand-offs und Deliverables nach wie vor die Kommunikationsgrundlage zwischen ihnen bilden.

Gestaffelte Sprints sind ein Symptom für eine Organisation, die Agilität noch nicht vollständig verinnerlicht hat. Sie sind ein Schritt in die richtige Richtung, aber ein klares Zeichen dafür, dass das Team noch nicht am Ziel ist. Dieses sollte darin bestehen, die Zusammenarbeit und Transparenz zwischen Designern und Entwicklern zu verbessern und gleichzeitig die Verschwendung von Dokumentenübergaben, langwierigen Design-Reviews und Feature-Verhandlungen zu minimieren.

Dual-Track Agile

Das Dual-Track-Agile-Modell integriert Produktentwicklung und -auslieferung in einen Prozess für ein einziges Team. Dies ist unserer Meinung nach das bisher erfolgreichste Modell, um Lean UX erfolgreich in den agilen Prozess zu integrieren. In vielerlei Hinsicht entspricht Dual-Track Agile dem eigentlichen Wesen des gestaffelten Sprintmodells von Sy und Miller. Damit Dual-Track Agile jedoch funktioniert, muss das Team beides erledigen: Produkterkundung (Lean UX) und -umsetzung.

Manche Teams interpretieren Dual-Track Agile als zwei verschiedene Aufgabenkreise für zwei unterschiedliche Arbeitsgruppen.

Uns gefällt dieses Modell vor allem deshalb nicht, weil es das Produktentwicklungsteam in kleinere (oder, schlimmer noch, getrennte) Gruppen aufteilt, die sich dann zwangsläufig wieder zusammenfinden müssen, um ein gemeinsames Verständnis aufzubauen. In der Praxis haben wir festgestellt, dass Teams dabei auf die folgenden Probleme stoßen:

Getrennte Teams für Produkterkundung und -bereitstellung: Ein Muster, das wir immer wieder beobachten, ist die Aufteilung zwischen den Teams, die für die Entwicklung und die Umsetzung zuständig sind. Oft übernehmen der UX-Designer und/oder der Produktmanager den Großteil der Entwicklungsarbeit. Die Ingenieure werden mit der frühen Bereitstellung betraut. Auf diese Weise werden die Mini-Wasserfälle der gestaffelten Sprints, wie sie weiter oben beschrieben wurden, im Grunde genommen wiederhergestellt. Das gemeinsame Verständnis bricht zusammen; dadurch wird das Tempo der Entscheidungsfindung verlangsamt und der Zusammenhalt, die Produktivität und der Lernprozess des Teams beeinträchtigt.

Begrenzte Kompetenzen bei der Produkterkundung: Der Aufbau eines Dual-Track-Prozesses setzt voraus, dass Ihr Team weiß, wie man Produkterkundung betreibt. Es gibt viele Tools, mit denen Sie Feedbackschleifen in ein Discovery-Backlog einbauen können. Ohne profunde Kenntnisse dieser Tools greifen die Teams auf die Werkzeuge zurück, mit denen sie am besten vertraut sind, und wählen oft suboptimale Taktiken. Wenn Sie Kontakt zu Nutzerforschern haben, sollten Sie versuchen, sie in Ihr Team aufzunehmen. Holen Sie zumindest ihre Meinung ein, wenn Sie neue Forschungsinitiativen beginnen. Erfahrene Praktiker können Ihrem Team die beste Methode für Ihre Ansprüche nahebringen und Ihnen bei der Planung Ihrer Forschungsarbeit helfen.

Fehlendes Feedback aus der Bereitstellung in den Discovery-Backlog: Diese Herausforderung ist symptomatisch für ein Unternehmen, das immer noch inkrementell denkt. Nachdem ein Feature von der Entwicklung zur Bereitstellung gelangt ist, implementiert das Team es wie geplant und liefert es aus. Das Fantastische daran ist, dass diese neue Funktion, sobald sie in Betrieb ist, neue Daten darüber liefert, wie gut sie funktioniert und worauf Sie sich bei Ihren nächsten Entwicklungsaktivitäten konzentrieren sollten. Sie müssen nur aufmerksam sein – und Ihr Team dazu anhalten, aufmerksam zu sein. Vergewissern Sie sich, dass Ihr Team Feedback zu bereitgestellten Funktionen sammelt und diese Erkenntnisse nutzt, um die Priorisierung seiner Nutzerforschung regelmäßig auf den Prüfstand zu stellen.

Dual-Track Agile funktioniert, wenn nur ein einziges Team beteiligt ist

Am besten stellen Sie sich Dual-Track als zwei Tätigkeitsbereiche vor – Produkterkundung und Produktlieferung –, die von einem *einzigen* Team übernommen werden (siehe Abbildung 16.2). Die Erkundungsarbeit besteht aus aktivem Lernen durch Design- und Forschungsaktivitäten sowie aus passivem Lernen durch Inbound-Analysen von bereits auf dem Markt befindlichen Features und Produkten. Um ein gemeinsames Verständnis aufzubauen, sollten so viele Teammitglieder wie möglich an beiden Aktivitäten teilnehmen. Der Aufwand für die Erkundung und die Bereitstellung wird von Sprint zu Sprint schwanken. Das ist normal, und Sie können sich darauf einstellen, wenn Sie Pläne machen.

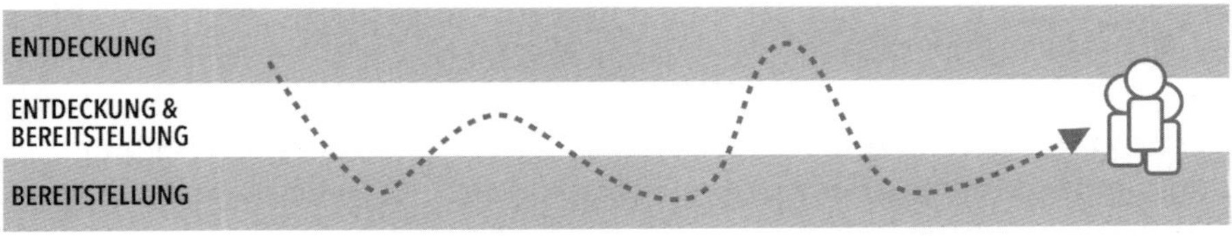

Abbildung 16.2: Dual-Track Agile funktioniert, wenn nur ein einziges Team beteiligt ist. Bildkonzept: Gary Pedretti und Pawel Mysliwiec

Wenn Sie die Projekterkundung richtig durchführen, verändern Sie viele Ideen und verwerfen sie möglicherweise auch. Es geht dabei nicht einfach nur darum, jedes Feature in unserem Backlog zu validieren. Stattdessen testen und lernen wir, und manchmal müssen wir dann Features verwerfen, bevor wir sie überhaupt bereitstellen. Auch das ist Agile, und genau das ist der Grund, warum Agile überhaupt erst entwickelt wurde. Ohne Erkundungsarbeit ist Agile am Ende nur der Motor der Softwarefabrik.

Dual-Track-Projekte planen

In jahrelanger Praxis haben wir viele verschiedene Möglichkeiten ausprobiert, sowohl Erkundung als auch Bereitstellung im Scrum-Prozess zu berücksichtigen. Wir haben versucht, in jedem Sprint eine bestimmte Zeit für die Erkundungsarbeit einzuplanen, aber das war unbefriedigend, denn in einigen Sprints gab es nichts zu tun, während in anderen der Großteil des Projekts stattfand. Wir haben Marty Cagans Ansatz ausprobiert, die Arbeit zwischen den Disziplinen aufzuteilen (Design und PM übernehmen die Erkundung, die Ingenieure die Umsetzung), aber der Overhead an Übergaben, Verhandlungen und Debatten schränkte die Möglichkeiten des Teams ein, auf Veränderungen zu reagieren. Insgesamt stellten wir fest, dass das gesamte Team seine Arbeitslast je nach den Erfordernissen des aktuellen Sprints verlagert. Das ist sogar die agilste Option. So kann das Team seine Aktivitäten auf Grundlage der gewonnenen Erkenntnisse anpassen und damit sicherstellen, dass die wichtigste Aufgabe als Nächstes erledigt wird. Manchmal ist diese Aufgabe die Erkundung, manchmal ist es die Bereitstellung.

Damit Dual-Track Agile erfolgreich ist und Lean UX in den täglichen Arbeitsablauf Ihres Scrum-Teams integriert werden kann, sind einige strukturelle Elemente entscheidend dafür, dass diese Integration die von Ihrem Team angestrebten Resultate liefert.

Ein spezialisierter Designer in jedem Team: Gehen Sie hier keinen Kompromiss ein. Ohne einen spezialisierten Designer im Scrum-Team haben Sie nur ein Softwareentwicklungsteam. Dieses Team wird zwar auf jeden Fall eine Benutzererfahrung bereitstellen, aber ohne einen Designer wird das Qualitätsniveau nicht stimmen. Hinzu kommt, dass dieses Team nicht über die Möglichkeiten verfügt, gute Erkundungsarbeit zu leisten: Es wird sich ausschließlich auf das Schreiben von Code konzentrieren. Wie bereits erwähnt, ist die Codeproduktion nicht mehr das Ziel einer gelungenen digitalen Produktentwicklung – sie ist das Mittel zum Zweck. Das Ziel besteht darin, sinnvolle Änderungen im Verhalten unserer Kunden zu bewirken. Ohne ein tiefes Verständnis für den Kunden und dafür, wie man ihn am besten zufriedenstellt, wird Ihr Produkt scheitern. Deshalb brauchen Sie Designer im Team.

Die Design- und Erkundungsarbeit spielt im Backlog eine Hauptrolle. Die Faustformel lautet: ein einziges Backlog. Entwicklung, Qualitätssicherung, Design, Nutzerforschung, was auch immer – alles kommt in ein Backlog, das gemeinsam mit genau dem Team priorisiert wird, das alle diese Aufgaben ausführt. Sobald die Aufgaben auf mehrere Backlogs aufgeteilt sind, wird das Team eines davon als das »primäre« ansehen und das/die andere(n) vernachlässigen. Sie können natürlich die verschiedenen Aufgabenarten in Ihrem Backlog unterscheiden (siehe »Experiment Storys« weiter unten), aber alles muss im selben Projektmanagement-Tool landen, egal ob Sie ein physisches Scrum-Board oder JIRA oder etwas anderes verwenden.

Die Verwendung eines Backlogs und die Gleichbehandlung aller Aufgaben stellen sicher, dass das Team versteht, dass alle diese Komponenten für den Erfolg Ihres Produkts notwendig sind. Es visualisiert Lean UX in einer Form, die sie auf dieselbe Ebene wie die Softwareentwicklungsarbeit stellt (die unserer Erfahrung nach sonst immer am höchsten gewichtet wird). Sie hebt auch die Kompromisse hervor, die eingegangen werden müssen, damit die Erkundungsarbeit stattfinden kann.

Dies wirft oft Fragen zum Tempo auf. »Bremsen wir uns nicht aus, wenn wir diese ganze Erkundungsarbeit machen?« Wenn Sie nur die Bereitstellung in die Waagschale werfen, lautet die Antwort: Ja. Ausgereifte Dual-Track-Teams messen sowohl die Bereitstellungsgeschwindigkeit als auch die Erkundungsgeschwindigkeit (oder Lerngeschwindigkeit). Diese Teams sind sich bewusst, dass die zunehmende Lernarbeit zwangsläufig zu einer Verringerung der Bereitstellungsgeschwindigkeit führt. Das liegt daran, dass dieselbe Gruppe von Mitarbeitenden beide Aufgaben erledigt. Das ist auch in Ordnung, denn schließlich geht es darum, die Effektivität des Teams zu maximieren – und diese können wir an den Ergebnissen ablesen und nicht daran, wie viele Storys es fertigstellt oder wie viel Software es entwickelt.

Es gibt mehrere Möglichkeiten, Lean-UX-Arbeit in Ihrem Backlog darzustellen (siehe Abbildung 16.3). Sie können sie als eigenständige Story darstellen. (Im *Scrum Guide* werden Storys als Product Backlog Items oder PBIs bezeichnet.) Oder Sie können die Aufgabe in die Story selbst integrieren, um sicherzustellen, dass kein Feature bereitgestellt wird, ohne dass Erkundungs- und Designarbeit stattgefunden hat.

Abbildung 16.3: Typische Muster zur Verwaltung der UX-Aufgaben im Backlog

Interdisziplinäre Beteiligung an Lernaktivitäten: Lean UX bringt zahlreiche Lernaktivitäten mit sich. Diese können von Designern, Forschern oder sogar Produktmanagern geleitet werden, aber das gesamte Team sollte sie praktizieren und an ihnen teilnehmen. Je mehr das Team gemeinsam lernt, desto weniger Zeit verbringt es mit dem Austausch und der Diskussion über das Gelernte und desto mehr Zeit hat es für die Entscheidung, was mit den erlernten Dingen geschehen soll. Letzteres ist viel produktiver. Das soll nicht heißen, dass sich jedes Teammitglied an jeder Forschungsaktivität beteiligen muss. Wir sind jedoch der Meinung, dass sich jeder bis zu einem gewissen Grad beteiligen sollte und dass dies ein regelmäßiger Teil der Projekttätigkeit sein sollte – und kein besonderes Ereignis.

Machen Sie die Teilnahme am Erkundungsprozess zum Weg des geringsten Widerstands. Übertragen Sie Ihre Kundengespräche intern, damit andere vom Schreibtisch aus mit zusehen können. Wenn es einem Kollegen unangenehm ist, mit einem Kunden zu sprechen, nehmen Sie ihn mit und machen Sie ihn zum Protokollführer. Messen Sie, was Jared Spool als »Exposure Hours« bezeichnet.[3] Die Exposure Hours sind ein Maß für die Zeit, die jedes Mitglied Ihres Teams direkt mit Nutzern zu tun hat. Sorgen Sie dafür, dass jedes Teammitglied alle sechs Wochen mindestens zwei Stunden Zeit im direkten Kundenkontakt verbringt. Das können zwei Stunden im Callcenter sein, in denen die Teammitglieder Anrufe entgegennehmen oder sie mithören. Das können zwei Stunden im Laden oder in der Fabrikhalle sein, um Kunden und Nutzer zu beobachten. Oder Sie könnten Ihr Produkt persönlich in einer öffentlichen Umgebung verkaufen. Diese Aktivitäten schaffen Einfühlungsvermögen, und das wiederum fördert die Neugierde. Je neugieriger das gesamte Team darauf ist, ob es die Kunden wirklich zufriedenstellt, desto größer ist die Wahrscheinlichkeit, dass Lean-UX-Aktivitäten in Ihrem Backlog landen.

Lean UX und der Scrum-Rhythmus

Im Laufe der Jahre haben wir sinnvolle Möglichkeiten gefunden, Lean-UX-Ansätze in den Rhythmus von Scrum zu integrieren. Sehen wir uns an, wie Sie die Meeting-Struktur von Scrum und Lean UX zu einem effizienten Arbeitsablauf verbinden können.

Einer unserer Ansätze bestand darin, die Teams zu bitten, die Lean-UX-Aktivitäten auf einem Diagramm des Scrum-Frameworks abzubilden, um ihre Integration besser zu verstehen. Einen typischen Versuch sehen Sie in Abbildung 16.4. Wir finden ihn ziemlich gut, möchten Sie aber ermutigen, dies selbst mit Ihrem Team auszuprobieren. Beachten Sie Folgendes:

- Diese Auflistung der Designaktivitäten ist keineswegs vollständig – dazu gäbe es nicht genügend Post-its (digital oder anderweitig) auf der Welt.
- Wir verwenden das Wort Design als Oberbegriff für sämtliche Tätigkeiten, die Designer aller Art normalerweise ausüben oder an denen sie teilnehmen.

Wie bei jeder Empfehlung in diesem Buch handelt es sich um einen Ausgangspunkt. Er zeigt Ihnen, wie Sie bestehende Aktivitäten auf Scrum aufsetzen können. Probieren Sie es aus. Schauen Sie, was für Sie und Ihr Team funktioniert, und passen Sie die Technik dann an die Entscheidungen an, die Sie während Ihrer Retrospektiven treffen.

3 Jared M. Spool, »Fast Path to a Great UX – Increased Exposure Hours«, Center Centre UIE, 30. März 2011, *https://oreil.ly/cvfcF*.

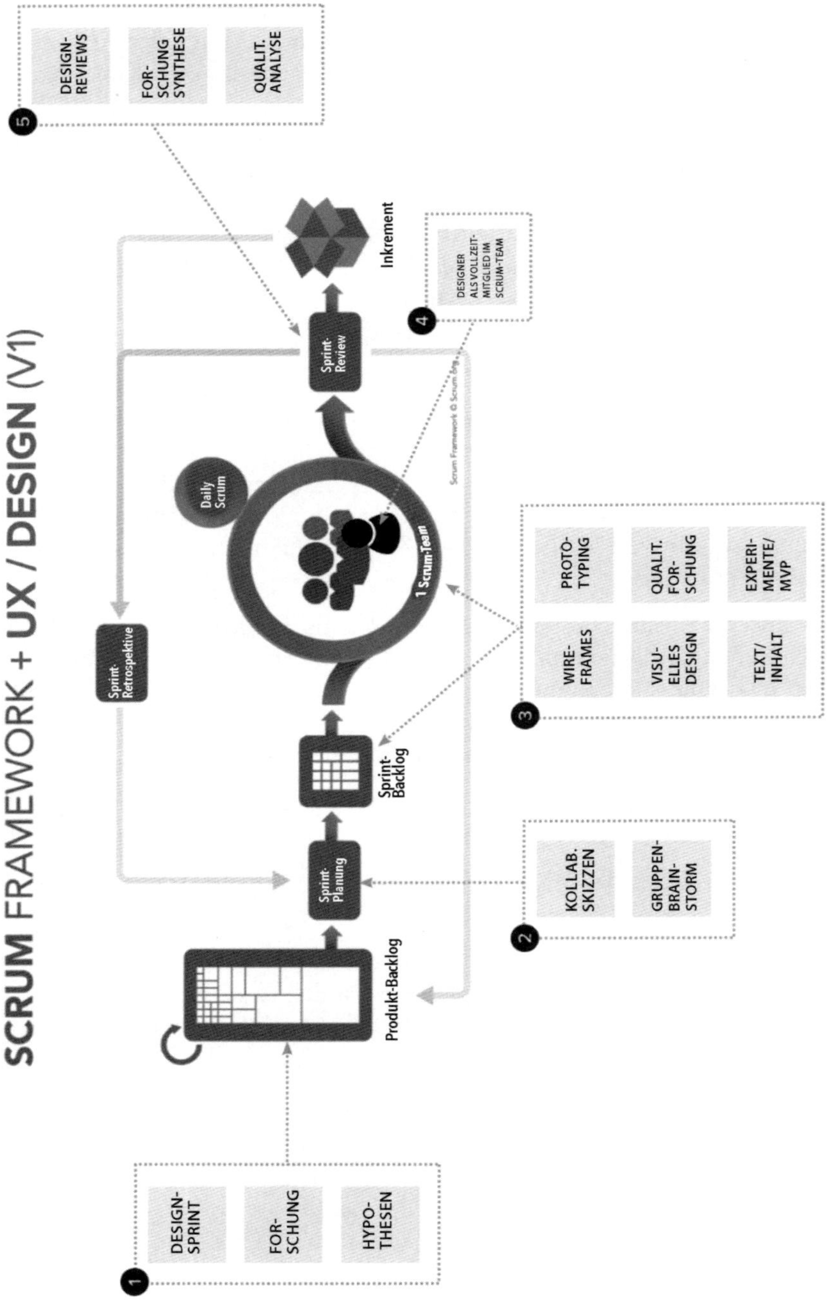

Abbildung 16.4: Abbildung der Lean-UX-Aktivitäten auf das Scrum-Framework

Sprintziele, Produktziele und Multi-Sprint-Themen

Angenommen, Ihr Unternehmen hat sich für die nächsten zwei Quartale auf eine bestimmte strategische Ausrichtung festgelegt. Ihr Team hat sich auf eine riskante Hypothese als ersten Versuch zur Umsetzung der Strategie geeinigt. Sie können anhand dieser Hypothese ein Thema für mehrere Sprints erstellen, das die Aufgaben in den nächsten Sprints skizziert. Scrum nennt diese Themen »Produktziele«. (Stellen Sie sich ein Produktziel als ein Multi-Sprint-Thema vor, mit dem Sie eine Abfolge von Sprints miteinander verbinden.) Der Erfolgsmaßstab für Ihr Thema sind Ergebnisse, wie in Abbildung 16.5 gezeigt.

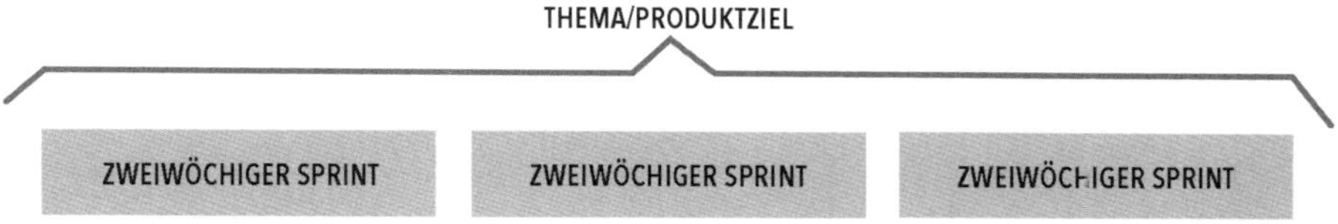

Abbildung 16.5: Mit einem Thema oder einem Produktziel verknüpfte Sprints

Starten Sie mit einem kollaborativen Design

Beginnen Sie die Arbeit an den einzelnen Themen mit dem Lean UX Canvas und vielleicht einer Design-Studio-Übung oder verwenden Sie einen »Design-Sprint« im Stil von Google – eine verwirrende Bezeichnung in diesem Zusammenhang. In diesem Fall plädieren wir nicht dafür, einen ganzen Sprint mit Design zu verbringen. Stattdessen plädieren wir für den Prozess namens »Design-Sprint«, den wir in Kapitel 14, »Kollaboratives Design«, beschreiben (siehe Abbildung 16.6).

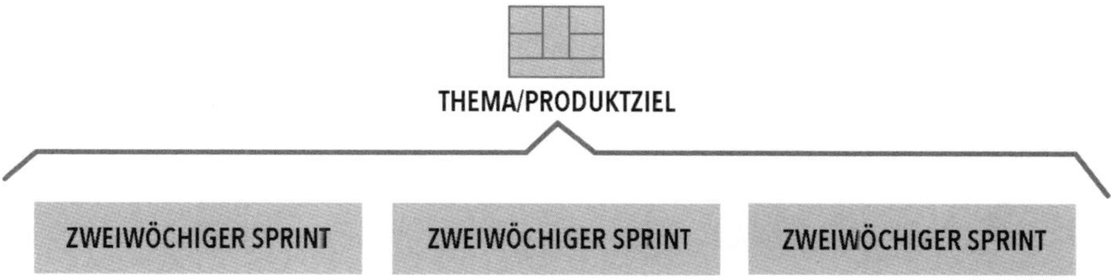

Abbildung 16.6: Das Lean UX Canvas kann Ihr Sprint-Thema erfassen.

Je nach Umfang der Hypothese kann die kollaborative Design-Sitzung einen Nachmittag oder eine Woche dauern. Sie können sie mit Ihrem engeren Team durchführen, sollten jedoch eine größere Gruppe einbeziehen, wenn es sich um ein umfangreicheres Projekt handelt. Ziel dieser Auftaktveranstaltung ist es, das gesamte Team zum gemeinsamen Skizzieren, der Entwicklung von Ideen und der Kommunikation mit Kunden zu bewegen. Daraus entsteht eine Ideensammlung, die dann getestet werden kann. Darüber hinaus hilft diese Aktivität, den Umfang Ihres Themas besser zu definieren – vorausgesetzt, Sie haben einige Kundenfeedbackschleifen eingebaut.

Nachdem Sie mit Ihren regelmäßigen Sprints begonnen haben, testen und validieren Sie Ihre Ideen: Sie erhalten neue Erkenntnisse und müssen entscheiden, was Sie damit anfangen wollen. Diese Entscheidungen treffen Sie, indem Sie zu Beginn jedes neuen Sprints kürzere Brainstorming-Sitzungen und kollaborative Erkundungsaktivitäten durchführen (siehe Abbildung 16.7). So kann das Team die neuesten Erkenntnisse nutzen, um das Backlog für den nächsten Sprint zu erstellen.

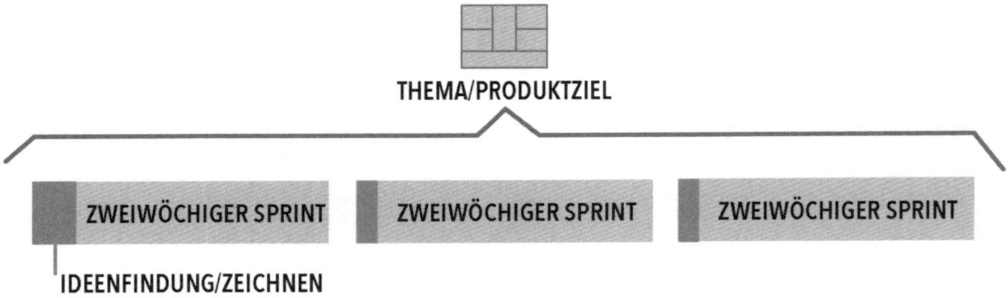

Abbildung 16.7: Zeitplan und Umfang der Skizzen- und Ideensitzungen

Sprint-Planungstreffen

Bringen Sie Ihr Lean UX Canvas zum Sprint-Planungsmeeting mit, genauso die Ergebnisse Ihres Design-Sprints. Ihr Sammelsurium an Haftnotizen, Skizzen, Wireframes, Papierprototypen und anderen Artefakten mag für Außenstehende nutzlos erscheinen, ist aber für Ihr Team von Bedeutung. Sie haben diese Artefakte gemeinsam erstellt, und deshalb haben Sie das gemeinsame Verständnis, das notwendig ist, um daraus Storys zu extrahieren. Nutzen Sie sie in Ihrem Planungstreffen, um gemeinsam User Storys zu schreiben und diese dann einzuschätzen und zu priorisieren (siehe Abbildung 16.8).

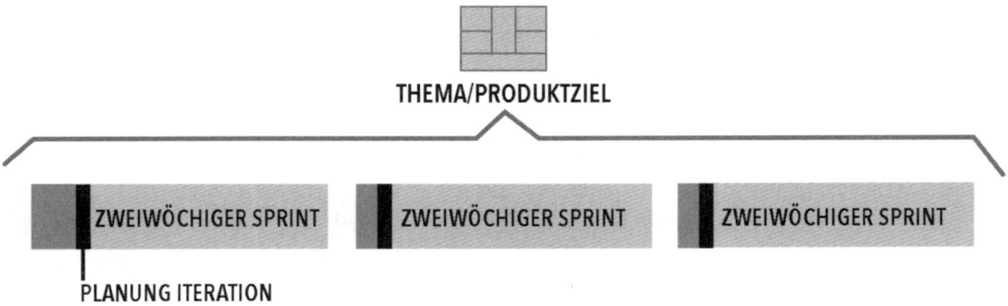

Abbildung 16.8: Halten Sie Sprint-Planungssitzungen unmittelbar nach Brainstorming-Sitzungen ab.

Experiment Storys

Wenn Sie Ihre Iterationen planen, kann es sein, dass während der Iteration zusätzliche Erkundungsarbeiten durchgeführt werden müssen, die nicht im Design-Sprint oder in den kollaborativen Erkundungsaktivitäten behandelt wurden. Um dies in Ihrer Sprint-Kadenz unterzubringen und die gesamte Arbeit im selben Backlog zu erfassen, verwenden Sie Experiment Storys. Experiment Storys werden mit der gleichen Methode erfasst wie User Storys und haben zwei entscheidende Vorteile:

Sie visualisieren die Erkundungsarbeit. Erkundungsarbeit ist nicht so unmittelbar greifbar, wie es die Bereitstellung sein kann. Experiment Storys schaffen hier Abhilfe, indem sie das Spielfeld vorbereiten. Alles, woran Ihr Team arbeitet – Erkundung oder Bereitstellung –, wird als Story in das Backlog aufgenommen.

Sie sorgen für eine Priorisierung gegenüber der Bereitstellung. Nachdem sich diese Storys im Backlog befinden, müssen Sie sie in eine sinnvolle Reihenfolge bringen. Dies führt zu Diskussionen darüber, *wann* das Experiment durchgeführt werden soll und, was ebenso wichtig ist, woran wir in dieser Zeit *nicht* arbeiten werden.

Experiment Storys sehen genauso aus wie User Storys, wie in Abbildung 16.9 dargestellt.

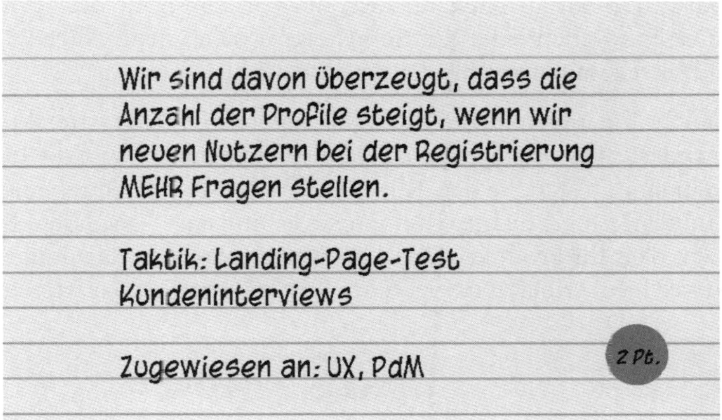

Abbildung 16.9: Experiment Storys

Experiment Storys enthalten die folgenden Elemente:

1. die zu testende Hypothese oder der Aspekt, den Sie in Erfahrung bringen möchten
2. Lerntaktik(en) (z.B. Kundenbefragungen, A/B-Tests und Prototypen)

3. Wer übernimmt die Aufgabe?
4. eine Aufwandsschätzung (falls Sie Einschätzungen vornehmen)

Nach ihrer Erstellung kommen die Experiment Storys ins Backlog. Wenn ihre Zeit im Sprint gekommen ist, werden sie zur Hauptaufgabe der Person, der sie zugewiesen wurden. Ist das Experiment beendet, sollten Sie die Ergebnisse sofort im Team vorstellen und diskutieren. Ihr Team sollte bereit sein, den Kurs zu ändern, sogar innerhalb des laufenden Sprints, wenn die Ergebnisse der Experimente zu Erkenntnissen führen, die Ihre derzeitige Prioritätensetzung entkräften.

Profitipp: Manchmal wissen Sie, dass Erkundungsaufgaben anstehen, aber die genaue Form oder das Format ist zu Beginn des Sprints unklar. Damit das Team während des Sprints genügend Zeit für diese Aufgabe hat, legen Sie eine leere Experiment Story in Ihr Backlog. Wenn sich die Erkundungsarbeit im Laufe des Sprints herauskristallisiert, füllen Sie sie mit Details und setzen entsprechende Prioritäten. Wenn sie am Ende ungenutzt bleibt, hat Ihr Team während des Sprints etwas mehr Spielraum. Eine Win-win-Situation.

Den Ablauf der Nutzertests planen

Damit Sie ständig über Kundenfeedback für Ihre Experimente verfügen, sollten Sie jede Woche Nutzerforschungssitzungen planen (siehe Abbildung 16.10). Auf diese Weise ist Ihr Team nie mehr als fünf Arbeitstage von Kundenfeedback entfernt und hat ausreichend Zeit, um vor dem Ende des Sprints zu reagieren. Dieser wöchentliche Rhythmus eignet sich gut für Ihre Experiment Storys und bietet ein natürliches Lernziel im Sprint.

Verwenden Sie die in den Ideenfindungssitzungen erstellten Artefakte als Ausgangsmaterial für Ihre Benutzertests. Denken Sie daran: Wenn die Ideen noch unausgereift sind, testen Sie den Nutzen. (Das heißt: »Wollen die Leute mein Produkt nutzen?«, und nicht: »Können sie es nutzen?«) Nachdem Sie festgestellt haben, dass Ihr Produkt wünschenswert ist, werden nachfolgende Tests mit höherwertigen Artefakten zeigen, ob Ihre Lösung nutzbar ist.

Abbildung 16.10: Gespräche mit den Nutzern finden in jedem Sprint statt.

Designer müssen an der Planung beteiligt werden

Agile Methoden können für Designer einen hohen Zeitdruck bedeuten. Manche Aufgaben lassen sich leicht in den Kontext einer User Story einordnen. Für andere braucht man mehr Zeit, um sie richtig durchzuführen. Zweiwöchige Zyklen, in denen Entwicklung und Design gleichzeitig stattfinden, bieten den Designern wenig Gelegenheit, über große Probleme nachzudenken. Und obwohl einige agile Methoden einen flexibleren Ansatz als Scrum verfolgen (z. B. verzichtet Kanban auf die Vorstellung eines zweiwöchigen Arbeitspakets und legt den Schwerpunkt auf einen kontinuierlichen Fluss), fühlen sich die meisten Designer unter Druck gesetzt, ihre Aufgaben in den Zeitrahmen des Sprints einzupassen. Aus diesem Grund müssen die Designer am Sprint-Planungsprozess teilnehmen.

Designer fühlen sich vor allem deshalb in agilen Prozessen unter Druck gesetzt, weil sie sich (aus welchen Gründen auch immer) nicht voll in den Prozess einbringen. Das ist in der Regel nicht ihre Schuld: Wenn Agile einfach als eine Methode zur Erstellung von Software verstanden wird, scheint es überflüssig zu sein, Nicht-Techniker in den Prozess einzubeziehen. Ohne die Beteiligung von Designern werden ihre Anliegen und Bedürfnisse in den Projektplänen jedoch nicht berücksichtigt. Infolgedessen erstellen viele agile Teams keine Pläne, die es Designern ermöglichen, ihr Bestes zu geben.

Damit Lean UX funktioniert, muss das gesamte Team an sämtlichen Aktivitäten teilnehmen – Stand-ups, Retrospektiven, Planungsbesprechungen, Brainstorming-Sitzungen –, die in der Regel die Anwesenheit aller erfordern, um vom Erfolg gekrönt zu sein. Die funktionsübergreifende Beteiligung ermöglicht es Designern und Entwicklern nicht nur, die komplexen Anforderungen bestimmter Features zu verstehen, sondern auch, eine effektive Priorisierung des Backlogs vorzunehmen.

Stellen Sie sich zum Beispiel vor, dass zu Beginn eines Sprints die erste, vom Team priorisierte Story eine starke Designkomponente hat. Nehmen wir an, die Designerin ist nicht anwesend, um ihre Bedenken zu äußern. Dieses Team wird scheitern, sobald es sich am nächsten Tag zum Stand-up trifft: Die Designerin weist darauf hin, dass es mindestens zwei bis drei Tage dauern wird, bis das Design fertig ist und die Story entwickelt werden kann. Nehmen wir stattdessen vor, die Designerin hat sich an der Priorisierung des Backlogs beteiligt. Ihre Bedenken sind bei der Planung zur Sprache gekommen. Das Team hat eine Storycard ausgewählt, die weniger Designvorbereitung erfordert, um sie zuerst zu bearbeiten – und so hat die Designerin die für die Fertigstellung des Projekts benötigte Zeit gewonnen.

Ein weiteres Opfer spärlicher Beteiligung ist das gemeinsame Verständnis. Teams treffen Entscheidungen in Sitzungen. Diese Entscheidungen beruhen auf Diskussionen. Selbst wenn 90 % einer Besprechung für Ihren unmittelbaren Bedarf nicht relevant sind, werden die 10 relevanten Prozent im weiteren Verlauf viele Stunden Zeit sparen. Die Teilnahme an Besprechungen gibt Ihnen die Möglichkeit, über die für Ihre Aufgabe benötigte Zeit zu verhandeln. Das gilt für UX-Designer genauso wie für alle anderen Teammitglieder.

Stakeholder und das Risiko-Dashboard

Check-ins durch das Management sind eines der größten Hindernisse für die Teamdynamik. Designer sind es gewohnt, ihre Entwürfe zu überprüfen, aber leider ist es damit nicht getan. Product Owner, Stakeholder, CEOs und Kunden – sie alle wollen wissen, wie es läuft. Sie alle wollen den voranschreitenden Projektplan absegnen. Die Herausforderung für ergebnisorientierte Teams besteht darin, dass ihre Projektpläne davon abhängen, was sie lernen. Sie sind reaktionsschnell, sodass ihr typischer Plan jeweils nur kleine Arbeitspakete vorsieht. Diese Teams planen höchstens eine oder zwei Iterationen im Voraus. Diese vermeintliche »Kurzsichtigkeit« gefällt den meisten Mitgliedern der Chefetagen nicht, was zu Mikromanagement führen kann. Wie können Sie also die Check-ins unter Kontrolle halten und gleichzeitig das Tempo Ihrer Lean-UX- und Scrum-Prozesse aufrechterhalten?

Zwei Wörter: proaktive Kommunikation.

Jeff leitete einmal ein Team, das den Arbeitsablauf für ein bestehendes Produkt mit Tausenden von zahlenden Kunden radikal veränderte. Das Team war von den vorgenommenen Änderungen so begeistert, dass es mit der Markteinführung begann, ohne jemand anders im Unternehmen zu informieren. Nur eine Stunde, nachdem das neue Produkt in Betrieb genommen worden war, saß die stellvertretende Leiterin des Kundendienstes wutentbrannt an Jeffs Schreibtisch und wollte wissen, warum sie nicht über diese Änderung informiert worden war. Das Problem war: Wenn Kunden auf Schwierigkeiten mit dem Produkt stießen, riefen sie an und baten um Hilfe. Die Mitarbeitenden des Callcenters verwendeten Skripte, um die Probleme der Kunden zu beheben und Lösungen anzubieten – nur für dieses neue Produkt hatten sie kein Skript. Denn sie wussten ja nicht, dass es sich geändert hatte.

Dieses nahrhafte Stück Demutskuchen diente als wertvolle Lektion. Wenn Sie möchten, dass Ihre Stakeholder – sowohl diejenigen, die Sie führen, als auch diejenigen, die von Ihnen abhängig sind – Ihnen nicht im Weg stehen, müssen Sie dafür sorgen, dass sie über Ihre Pläne und Ihre Fortschritte informiert sind.

Während der Zusammenarbeit in unserer Agentur Neo hat unsere Kollegin Nicole Rufuku ein bemerkenswert einfaches und leistungsfähiges Instrument genau dafür entwickelt: das Risiko-Dashboard (siehe Abbildung 16.11).

RISIKO-DASHBOARD

Vielleicht gefällt den Nutzern unsere Dienstleistung nicht gut genug, um für ein Abonnement zu bezahlen.	Tendenz positiv	Preisprüfung im Gange.
Die Nutzer benötigen unseren Dienst vielleicht nur gelegentlich.	nicht genug Daten	Längsschnittstudie über Tracking-Daten läuft.
Unser Branding könnte die Nutzer verwirren.	offen	Wird noch ausgewertet.
Es könnte ihnen peinlich sein, unsere Dienste in Anspruch zu nehmen.	offen	Tests für nächste Woche geplant.
Technisches Risiko: Wir haben möglicherweise nicht genügend Daten, um jeden einzelnen Fall zu bewerten.	Tendenz positiv	Technisches Pilotprojekt mit positiver Tendenz.
Regulatorisches Risiko: Wir könnten uns auf rechtswidrige Daten stützen.	Tendenz positiv	Im Gespräch mit den Aufsichtsbehörden.

Abbildung 16.11: Das Risiko-Dashboard

Das Risiko-Dashboard ist nichts anderes als eine dreispaltige Tabelle, die Sie in PowerPoint, Excel oder Google Docs erstellen können.

- In der ersten Spalte sind die wichtigsten Risiken aufgeführt, die mit Ihrem aktuellen Vorhaben verbunden sind – Dinge, die für den Erfolg des Produkts entscheidend sind.
- Die mittlere Spalte enthält eine Skala, die angibt, wie schwerwiegend dieses Risiko sein könnte, und eine farbcodierte Darstellung der Tendenz dieses Risikos. Ist vielleicht nur eine kleine Korrektur erforderlich? Oder ist es existenziell für den Erfolg des Produkts? Zeigt uns unsere Forschungsarbeit, dass es zu erwarten ist oder nicht so schlimm ist, wie wir dachten?
- In der dritten Spalte steht, was wir gegen dieses Risiko unternehmen.

Dieses Dashboard ist ein lebendiges Dokument, das Sie zur Kommunikation mit Ihren Stakeholdern und Kunden über den Status Ihres Projekts verwenden. Nutzen Sie dieses Dashboard in den Planungsbesprechungen mit Ihrem Team. Verwenden Sie es in Ihren Sprint-Demos mit den Stakeholdern, um wichtige

Entscheidungen zu treffen. Auf diese Weise informieren Sie Ihre Stakeholder über:

- den Fortschritt des Projekts
- das bisher in Erfahrung Gebrachte
- das Risiko, auf das Sie sich als Nächstes konzentrieren werden
- Ergebnisse (wie Sie sich Ihrem Ziel nähern) statt Features
- von Ihnen abhängige Abteilungen (Kundendienst, Marketing, Betrieb usw.) und die Notwendigkeit, diese über bevorstehende Änderungen zu informieren, von denen sie betroffen sein könnten

Oft taucht im Dashboard ein Risiko mit einer leeren dritten Spalte auf. Mancher Stakeholder wird dann fragen, warum wir nichts gegen dieses Risiko unternehmen. Manchmal ist dies einfach eine Frage der Prioritätensetzung. Manchmal kann es aber auch sein, dass Sie hier einfach nicht weiterkommen. Die Frage eines Stakeholders bietet Ihnen also die perfekte Gelegenheit, alle Probleme anzusprechen, die Sie bei der Durchführung der Erkundungsarbeiten, der Festlegung von Prioritäten oder der Beschaffung von Mitteln oder Genehmigungen haben. Mit dem Risiko-Dashboard stellen Sie einen Bezug zwischen den Erkundungen und den Auswirkungen auf das Unternehmen her. Die Auswirkungen auf das Unternehmen finden bei den Stakeholdern in der Regel großen Anklang, sodass dies ein effektives Instrument ist, um eine bessere Integration Ihrer Lean-UX-Arbeit mit Ihrem agilen Bereitstellungsprozess zu erreichen.

Ergebnisorientierte Roadmaps

Eine der größten Herausforderungen bei Agile ist die lineare, visuelle Planung des Projekts. Sicher, wir arbeiten schon lange mit »Roadmaps«, aber sie werden der wahren Natur der Softwareentwicklung nicht gerecht. Die Entwicklung digitaler Produkte verläuft nicht linear, sondern iterativ. Wir entwickeln etwas. Wir stellen es bereit. Wir sehen, wie es sich auf das Kundenverhalten auswirkt. Wir iterieren und stellen das Produkt erneut bereit.

Das herkömmliche lineare Roadmap-Modell, bei dem es einen Startpunkt und einen klaren, funktionsspezifischen Endpunkt (fast immer mit einem festen Datum) gibt, ist überholt. Es spiegelt eine leistungsorientierte Art und Weise wider, ein digitales Unternehmen zu betreiben. Wie wir in diesem Buch erörtert haben, konzentrieren sich erfolgreiche produktorientierte Unternehmen statt auf Ergebnisse auf Leistungen. Wie können wir also in einer Welt der kontinuierlichen Verbesserung, des Lernens und der Agilität Produkt-Roadmaps erstellen? Und wie kann diese Art der Visualisierung sicherstellen, dass Lean UX in unserem agilen Prozess zum Tragen kommt? Wir verwenden ergebnisorientierte Roadmaps.

So sollte eine agile Produkt-Roadmap aussehen (siehe Abbildung 16.12):

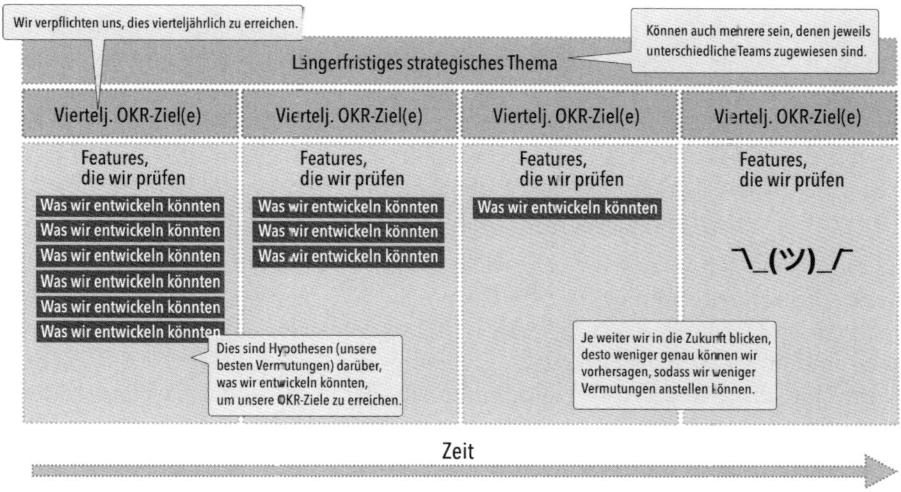

Abbildung 16.12: Eine agile Produkt-Roadmap

Sie werden in dieser Grafik einige Schlüsselkomponenten erkennen:

Strategische Themen. Dies sind die Produktstrategien der Organisation, die von den Führungskräften festgelegt werden und den Teams eine bestimmte Richtung vorgeben. Dabei kann es sich beispielsweise um den »Ausbau unseres Marktanteils in Europa« oder die »Nutzung der nicht ausgelasteten Zeit, in der unsere Flotte keine Passagiere befördert, um andere Waren und Lebensmittel zu liefern« handeln. In einer größeren Organisation können mehrere Themen parallel laufen.

Vierteljährliche OKR-Ziele. Gut gemachte Objectives & Key Results nutzen das Kundenverhalten als Messgröße für die »Key Results«. Diese vierteljährlichen Ergebnisziele sind der Bereich, auf den sich jedes Team konzentriert, um das strategische Thema zu erreichen. Dies ist das Ziel, das die Teams anstreben. Es ist ihre Definition von Erfolg und ihre eigentliche Definition of Done. Die Teams sollten mit den Führungskräften zusammenarbeiten, um sicherzustellen, dass diese Ziele aufeinander abgestimmt sind und auf einem angemessenen Niveau liegen.

Funktions-/Produkthypothesen. Dies sind die besten Vermutungen eines jeden Teams darüber, wie es die OKR-Ziele dieses Quartals erreichen wird. Ein Quartal im Voraus kann ein Team gute, fundierte Vermutungen darüber anstellen, mit welchen Produkt- oder Funktionsideen es seine Quartalsziele erreichen kann. Zwei Quartale im Voraus werden diese Vermutungen weniger sicher, sodass die Teams weniger Vermutungen anstellen und weniger Zusagen machen. Mit Blick auf das dritte und vierte Quartal haben die Teams keine Ahnung, woran sie arbeiten werden, sodass diese Vermutungen immer weniger werden. Genau so sollte es auch sein. Die Teams werden in den nächsten ein oder zwei Quartalen erfahren, wie gut ihre Ideen funktioniert haben, wohin sich die Kompassnadel bewegt und was ihre nächsten Vermutungen sein sollten. Die Felder für Q3 und Q4 werden sich füllen, wenn die Erkenntnisse aus Q1 und Q2 zusammengeführt und umgesetzt werden.

Diese Visualisierung des Projekts rückt die Unsicherheit der Softwareentwicklung sofort in den Mittelpunkt des Gesprächs. Wenn Stakeholder fragen: »Wie können wir feststellen, ob dies die richtigen Hypothesen sind, an denen wir jetzt und in Zukunft arbeiten sollten?«, lautet die Antwort: Lean UX. Ihr Team wird in jeden Sprint Lernprozesse einbauen, damit Sie immer auf das strategische Thema hinarbeiten und keine Zeit mit Initiativen verschwenden, die Sie nicht weiterbringen. Kombinieren Sie dies mit den oben beschriebenen agilen Kadenzen, und Sie haben ein leistungsstarkes Rezept, um Ihren Kunden wertvolle Erfahrungen zu bieten.

Frequenz der Reviews

Jedes Team sollte diese Art von ergebnisbasierter Roadmap zu Beginn eines Jahreszyklus zur Prüfung vorlegen. Er sollte sich an den strategischen Zielen orientieren, die die Unternehmensführung festgelegt hat, und sicherstellen, dass die Messgrößen der OKRs sich an diesen Zielen orientieren.

Zwar obliegt es dem Team, kontinuierlich darzulegen, was es tut, lernt und entscheidet, doch sollte ein offizielles Review vierteljährlich stattfinden. Die Teams treffen sich mit den Führungskräften, um festzustellen, wie gut sie ihre Ziele erreicht haben, was sie im letzten Quartal in Erfahrung gebracht haben und was sie für das nächste Quartal planen. Dies ist die perfekte Gelegenheit, die Gültigkeit der Ziele des Teams für die Zukunft zu bestätigen und Anpassungen aufgrund neuer Erkenntnisse, Marktbedingungen oder anderer Faktoren vorzunehmen, die die Richtung des Unternehmens beeinflussen könnten.

Fortschritt messen

Es sollte inzwischen klar sein, dass der Fortschritt bei dieser Art von Roadmap nicht daran gemessen wird, wie viele Features bereitgestellt oder ob sie rechtzeitig bereitgestellt wurden. Stattdessen wird der Fortschritt daran gemessen, wie gut wir das Kundenverhalten zum Positiven verändert haben. Wenn unsere Ideen den Kunden nicht zufriedengestellt haben, verwerfen wir sie und widmen uns neuen Ideen. Die gewonnenen Erkenntnisse sind die Grundlage für neue Ideen für künftige Quartalsberichte. Das fördert auch unsere Agilität als Team und als Unternehmen.

Diese Roadmaps sind lebendige Dokumente. Wir legen sie nicht zu Beginn eines Jahreszyklus fest und lassen sie dann so stehen, als ob sie in Stein gemeißelt wären. Die Bereitstellung digitaler Produkte und Dienstleistungen ist mit zu viel Unsicherheit und Komplexität verbunden. Produktorientierte Unternehmen, die sich mit eigenverantwortlichen Teams auf den Kundenerfolg konzentrieren, müssen sicherstellen, dass sie immer die richtige Richtung einschlagen. Das bedeutet, dass die Roadmaps angepasst werden müssen, wenn sich die Realität vor Ort ändert. Ergebnisorientierte Roadmaps stellen sicher, dass Führungskräfte und Teams transparent miteinander umgehen, ihre Ziele realistisch einschätzen und vor allem den Erfolg realistisch messen können.

Lean UX und Agile im Unternehmen

Viele der in diesem Buch vorgestellten Strategien sind auf ein Team ausgerichtet. In der Praxis arbeiten in großen Unternehmen jedoch mehrere Produktentwicklungsteams parallel. Wie lässt sich Lean UX skalieren, wenn die Anzahl der Teams auf Dutzende oder sogar Hunderte von gleichzeitigen Arbeitsabläufen ansteigt?

Diese Skalierungsfrage ist in der Agile-Gemeinschaft ein ständiges Thema. Da Lean und Agile zum Standard geworden sind, beschäftigen sich viele Menschen mit dieser Frage. Große Organisationen haben das legitime Bedürfnis, die Aktivitäten mehrerer Teams zu koordinieren – und Prozesse, die Ungewissheit zulassen und Fortschritt durch Lernen fördern, stellen eine Herausforderung für die meisten traditionellen Projektmanagementmethoden dar.

Lassen Sie uns den Elefanten im Raum ansprechen – das Scaled Agile Framework oder SAFe. SAFe gibt es seit 10 Jahren, und für viele große Organisationen ist es die erste Wahl, wenn es um die Implementierung eines unternehmensweiten agilen Ansatzes geht. SAFe ist ein umfassender, detaillierter, hierarchischer Satz von Prozessen, Diagrammen und Vokabular, der darauf abzielt, große Organisationen agiler zu machen. Die Aufgaben werden von oben nach unten aufgeteilt und an »Agile Release Trains« delegiert, die einem festen Zeitplan folgen. Leider fehlen in diesen Prozessen weitgehend das Feedback der Benutzer und das Lernen.

Vielleicht waren Sie genauso überrascht wie wir, als wir erfuhren, dass die Version 4.5 des SAFe-Frameworks Lean UX beinhaltet. Aus diesem Grund bekommen wir viele Fragen dazu, wie man Lean UX in einem Unternehmen, das SAFe eingeführt hat, umsetzen kann. Die kurze Antwort lautet: Man kann es nicht. SAFe ist für die Produktion konzipiert, nicht für die Erkundung. Es soll eine kontinuierliche Leistungserbringung gewährleisten und die Änderungsanforderungen an die Führungskräfte minimieren. Es führt zu einem starren Softwareentwicklungsprozess, der im Ergebnis in keiner Weise als agil bezeichnet werden kann.

SAFe ist nicht agil

Seitdem das Scaled Agile Framework (kurz SAFe) in der Version 4.5 Lean UX übernommen hat, erreicht uns ein stetiger Strom an Fragen, wie genau diese beiden Methoden zusammen funktionieren sollen.

Die kurze Antwort lautet: Wir haben keine Ahnung.

Die etwas längere Antwort ist, dass alle Prinzipien, die wir in Lean UX eingeführt haben, in SAFe nicht zu existieren scheinen.

Kontinuierliches Lernen und kontinuierliche Verbesserung, Kundenorientierung, Bescheidenheit, interdisziplinäre Zusammenarbeit, evidenzbasierte Entscheidungsfindung, Experimente, Design und Kurskorrekturen – um nur einige zu nennen – gibt es in SAFe offensichtlich nicht. Stattdessen konzentrieren sich Organisationen, die diese Arbeitsweise übernehmen, auf starre Teamstrukturen, strenge Rituale und Veranstaltungen sowie eine ungleiche Verteilung der Anforderungen an Verhaltensänderungen, je nachdem, wie hoch man in der Organisation angesiedelt ist.

Kurz gesagt: SAFe ist nicht agil.

Angesichts der umfangreichen Schulungen, die Teams absolvieren müssen, um »SAFe-zertifiziert« zu werden, ist es kein Wunder, dass sie sich gegen Veränderungen sträuben. Sie wurden darauf trainiert, auf eine ganz bestimmte Art und Weise zu arbeiten – eine Art und Weise, die sich ausschließlich auf vorhersehbare Bereitstellung konzentriert, nicht auf Lernen, nicht auf Kurskorrekturen und schon gar nicht auf Agilität. Die Aktivitäten, die Teams wirklich agil machen, erfordern Flexibilität in der Planung. Sie erfordern eine Ausrichtung auf die Zufriedenheit des Kunden und nicht auf eine vorgegebene Anzahl von Features. Sie erfordern einen kontinuierlichen Erkundungsprozess, der unweigerlich zu ungeplanten Kurskorrekturen führt. Diese Korrekturen würden einen Release Train in kürzester Zeit zum Entgleisen bringen.

Große Organisationen, die Agilität anstreben, sind sich der damit verbundenen Unsicherheit bewusst und klammern sich an die vertrauten Wasserfallprozesse. SAFe vermittelt die Illusion, »agil« zu werden, während die vertrauten Managementprozesse intakt bleiben. In einer Welt des schnellen, kontinuierlichen Wandels, des sich verändernden Konsumverhaltens, der geopolitischen Instabilität und des exponentiellen technologischen Fortschritts ist diese Arbeitsweise unhaltbar.

Wenn Sie in einer großen Organisation arbeiten, die SAFe eingeführt hat oder gerade einführt, fragen Sie sich, was sich während dieses Übergangs verändert hat. Sind Sie näher an Ihren Kunden dran? Wie lange dauert es, bis Sie erfahren, ob Sie etwas von Wert bereitgestellt haben? Noch besser: Wie messen Sie den »Wert«? Fragen Sie sich, wie einfach es wäre, eine Initiative auf der Grundlage einer neuen Erkundung zu verändern? Vergleichen Sie diese Antworten dann mit der Situation, bevor Sie Begriffe wie »Big Room Planning«, »PI« und »Release Train Engineer« verwendet haben.

Die Skalierung jeder Arbeitsweise in einem großen Unternehmen ist schwierig und uneinheitlich. Der Versuch, einen pauschalen Prozess auf das gesamte Unternehmen anzuwenden – einen Prozess, der sich strikt auf die Bereitstellung und nicht auf die kontinuierliche Erkundung und Kurskorrektur konzentriert – verfestigt nur traditionelle Arbeitsweisen. SAFe ist deshalb so attraktiv, weil es scheinbar ein Patentrezept für Agilität in großem Maßstab bietet. In Wirklichkeit belohnt es Vorhersehbarkeit und Konformität, während es den Führungskräften die Antwort auf die Frage »Wie werden wir agiler?« liefert.

Eine umfassende Diskussion darüber, wie man eine wirklich agile und Lean Organisation schafft, würde den Rahmen dieses Buchs sprengen. Wir bieten in unserem Buch *Sense & Respond* (Harvard Business Review Press, 2017) einen umfassenden Überblick über dieses Thema.[4] Und ehrlich gestanden, es ist ein schwieriges Problem mit wenigen einfachen Antworten. Es erfordert von der Führung ein radikales Umdenken bei der Festlegung der Strategie, der Zusammenstellung von Teams und der Planung und Zuweisung von Aufgaben. Im Wesentlichen müssen Organisationen das Gerüst, das sie vorgeben, reduzieren und den Teams erlauben, organische Wege zu finden, die grundlegenden Werte, Prinzipien und Methoden von Agile in kleinen Teams zu nutzen, um einen produktiven Arbeitsrhythmus aufzubauen und dann diese organisationsspezifischen Ansätze in kleinen Schritten zu skalieren.

Dennoch können einige Techniken dazu beitragen, dass Lean UX in agilen Unternehmensumgebungen skaliert und diese Skalierung sogar ausgenutzt werden kann. Nachfolgend nur einige Probleme, die typischerweise auftreten, und Möglichkeiten, sie zu bewältigen:

Problem: Projekte werden größer, mehr Teams werden ihnen zugewiesen. Wie stellen Sie sicher, dass alle Teams auf dieselbe Vision ausgerichtet sind und nicht lokal optimieren?

Lösungsansatz: Das Konzept des ergebnisorientierten Managements gilt für eine Gruppe von Teams ebenso wie für einzelne Teams. Damit alle Teams, die an demselben Projekt arbeiten, eine gemeinsame Vision haben, weisen Sie ih-

---

4 Siehe *https://senseandrespond.co*.

nen allen dieselbe Erfolgsmetrik zu, die als Ergebnis ausgedrückt wird. In Zusammenarbeit können sie die führenden Indikatoren definieren, die diese Metrik vorantreiben, und diese führenden Metriken unter den Teams des Projekts aufteilen. Die Teams dürfen sich jedoch nicht auf die Leitindikatoren konzentrieren, ohne das übergeordnete Ergebnis zu berücksichtigen: Das gesamte Team ist nur dann erfolgreich, wenn es das übergeordnete Ergebnis gemeinsam erreicht.

Diese Art der Zusammenarbeit verringert das Risiko einer lokalen Optimierung ohne Rücksicht auf die Folgeeffekte dieser Optimierung. Wenn das Marketingteam beispielsweise seine Akquisitionsziele erreichen will, aber zu viele E-Mails einsetzt, um dieses Ziel zu erreichen, kann dies dem Ziel des Produktteams, Kunden zu halten, schaden. Hätten beide Teams dieselben Ziele – eine Mischung aus Akquise und Kundenbindung –, würden sie gemeinsam in Erfahrung bringen, wie sie ihre Anstrengungen und Leistungen ausbalancieren können, um erfolgreich zu sein.

Problem: Wie stellen Sie sicher, dass die Teams das Gelernte gemeinsam nutzen und doppelten Aufwand für das Erlernen derselben Dinge vermeiden?

Lösungsansatz: Es gibt zwar keine Patentlösung für dieses Problem, aber zu den erfolgreichen Praktiken gehören ein zentrales Wissensmanagement-Tool (z.B. ein Wiki), regelmäßige Meetings der Teamleitung (z.B. ein Scrum of Scrums) und offene Kommunikationstools, die sich auf die Forschung konzentrieren (z.B. ein spezieller Kanal auf Slack oder Ihr internes Chat-Tool). Elemente aus der Studiokultur, wie regelmäßige teamübergreifende Besprechungen, können ebenfalls hilfreich sein.

Problem: Teamübergreifende Abhängigkeiten können den Fortschritt aufhalten. Wie können Sie in einer Multiteam-Umgebung ein durchgehendes Lern- und Bereitstellungstempo aufrechterhalten?

Lösungsansatz: Schaffen Sie autarke »Full-Stack«-Teams. Full-Stack-Teams verfügen über alle Fähigkeiten, die sie für ihre Arbeit im Team benötigen. Das bedeutet nicht, dass sie eine Person aus jeder Abteilung brauchen, sondern nur, dass es jemanden im Team gibt, der eine oder mehrere der Aufgaben erledigen kann, die für das Team vielleicht erforderlich sind. Die einzelnen Disziplinen im Team – Designer, Content-Leute, Frontend-Entwickler, Backend-Entwickler, Produktmanager – stimmen sich bei disziplinspezifischen Treffen ab, damit sie in ihrer Praxis auf dem neuesten Stand sind, die Arbeit findet jedoch lokal statt.

Fazit

In diesem Kapitel haben wir einen detaillierten Blick darauf geworfen, wie Lean UX in einen agilen Prozess passt. Außerdem haben Sie sich angesehen, wie interdisziplinäre Zusammenarbeit es einem Team ermöglicht, zügig voranzukommen, und wie man mit Stakeholdern und Managern umgeht, die immer wissen wollen, was vor sich geht. Wir haben erörtert, warum es wichtig ist, dass sich alle Beteiligten an sämtlichen Aktivitäten beteiligen, und wie das Staggered-Sprint-Modell, das einst als der Weg zu echter Agilität galt, die Wurzeln von Dual-Track Agile bildete, das heute das neue Zielmodell für die meisten Teams ist. Wir haben auch im Detail beschrieben, wie Sie Scrum-Artefakte und -Ereignisse zu Ihrem Vorteil nutzen können, um Ihre Lerngeschwindigkeit zu erhöhen.

TEIL IV

Lean UX in Ihrem Unternehmen

Über Teil IV

Die Integration von Design in agile Softwareentwicklung ist nie einfach. Manchmal verursacht es eine Menge Ärger und Kopfzerbrechen. Jeff musste das am eigenen Leib erfahren, als er bei TheLadders beschäftigt war. Nachdem er sich einige Zeit damit beschäftigt hatte, die UX-Arbeit in einen agilen Prozess zu integrieren, fühlte sich Jeff ziemlich gut – bis sein UX-Team ihm eines Morgens das Diagramm in Abbildung IV.1 präsentierte. Es veranschaulichte alle Herausforderungen, mit denen das Team konfrontiert war, als es versuchte, Lean UX und Agile zusammenzuführen. Dieses Diagramm lehrte ihn Demut – aber letztlich war es dann doch der Zündfunke für Gespräche, die Jeff, seinem UX-Team und den übrigen Mitarbeitern der Produktentwicklung bei TheLadders halfen, integrierte, kollaborative Praktiken umzusetzen.

Seit der Präsentation dieses Schaubilds sind viele Jahre vergangen, und wir hatten das Glück, mit zahlreichen Unternehmen an dieser Herausforderung zu arbeiten. Wir haben mit Firmen der unterschiedlichsten Branchen, Unternehmensgrößen und Kulturen zusammengearbeitet. Wir haben Medienunternehmen geholfen, neue Wege für die Bereitstellung und Vermarktung ihrer Inhalte zu finden. Wir haben neue, auf Mobilgeräte ausgerichtete Verkaufstools für einen Möbelhersteller entwickelt. Wir haben Modehändler, Automobilzulieferer und große Banken beraten, um sie beim Aufbau schlanker UX-Praktiken zu unterstützen, mit gemeinnützigen Organisationen zusammengearbeitet, um neue Serviceangebote zu entwickeln. Und wir haben unzählige Teams geschult.

Jedes dieser Projekte bot uns weitere Einblicke in die Funktionsweise von Lean UX in der jeweiligen Umgebung. Diese Erkenntnisse haben wir genutzt, um die nachfolgenden Projekte noch erfolgreicher zu machen. In den letzten fünf Jahren haben wir einen Wissensschatz aufgebaut, der uns ein klares Gefühl dafür vermittelt, was auf Team- und Organisationsebene geschehen muss, damit Lean UX ein Erfolg wird. Darauf konzentrieren wir uns in Teil IV dieses Buchs.

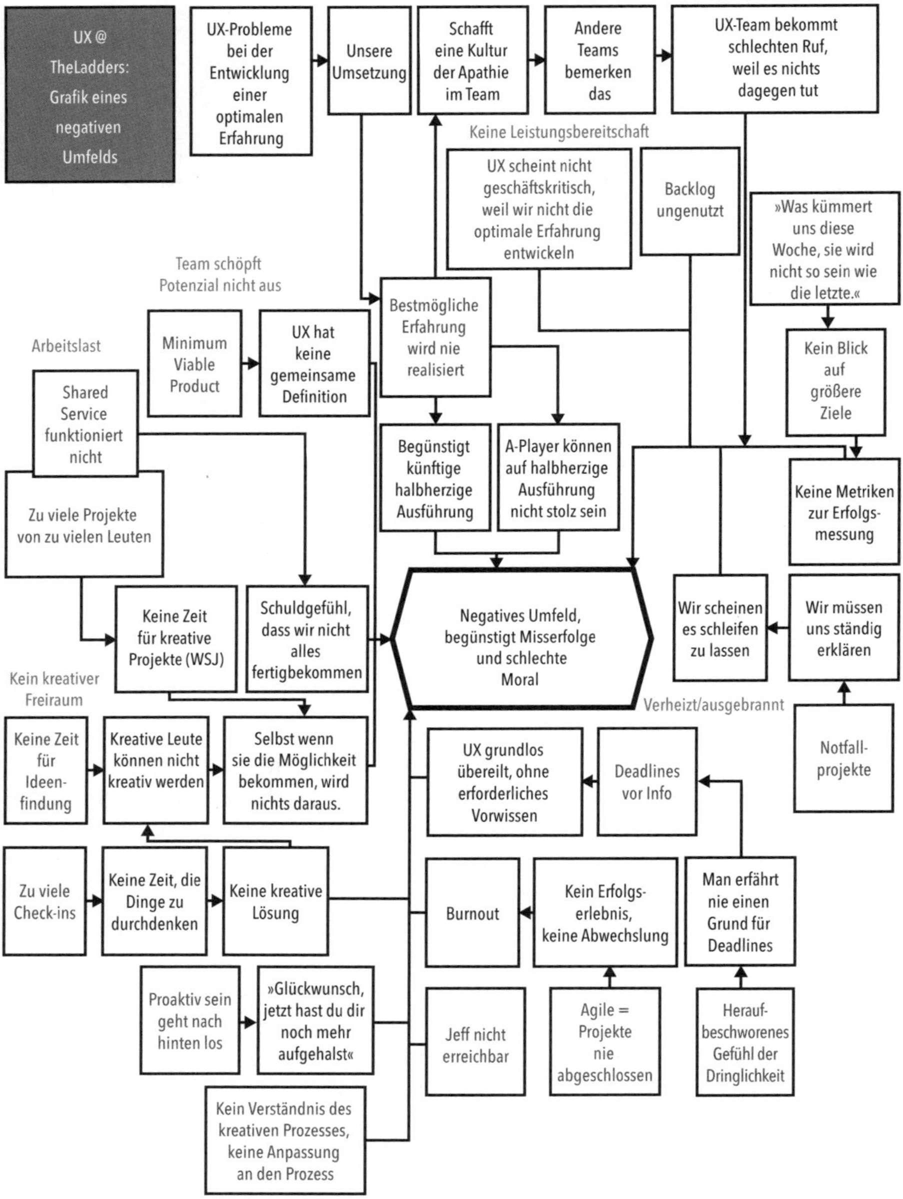

Abbildung IV.1: Das UX-Team bei TheLadders veranschaulicht seine Ansichten zur Agile/UX-Integration.

In Kapitel 17, »Organisatorischer Wandel«, geht es um die spezifischen organisatorischen Veränderungen, die zur Unterstützung von Lean UX stattfinden müssen. Nicht nur Softwareentwickler und Designer müssen Wege der Zusammenarbeit finden. Ihre gesamte Produktentwicklungsmaschinerie muss sich ändern, wenn Sie eine wirklich agile Organisation schaffen wollen.

In Kapitel 18, »Lean UX in einer Agentur«, beschäftigen wir uns mit den Problemen, die bei der Implementierung von Lean UX im Agenturkontext auftreten. Da wir diese Herausforderung selbst erlebt und eine Vielzahl von Design- und Produktentwicklungsunternehmen geschult haben, kennen wir die damit verbundenen Herausforderungen. Wir stellen Ihnen die wichtigsten Punkte vor, die Sie beachten müssen, damit Sie in solchen Unternehmen mit Lean UX Erfolg haben.

Organisatorischer Wandel

Im Baseball weiß man gar nichts.

– Yogi Berra

In Teil I, »Einführung und Grundsätze«, haben wir die Prinzipien hinter Lean UX beschrieben. Wie wir hoffen, haben Sie aus diesem Abschnitt mitgenommen, dass Lean UX eine Denkweise ist. In Teil II, »Der Prozess«, haben wir einige der wichtigsten Methoden von Lean UX beschrieben, denn Lean UX ist auch ein Prozess. Im Laufe unserer Arbeit mit Kunden und der Vermittlung dieser Methoden an Teams wurde deutlich, dass Lean UX auch eine Betriebs- und Managementmethode ist. Aus diesem Grund müssen Sie einige Änderungen in Ihrer Organisation vornehmen, um den größten Nutzen aus dieser Arbeitsweise zu ziehen.

Organisatorische Veränderungen sind nicht einfach, aber Ihnen bleibt keine Wahl: Die Welt hat sich verändert – unsere Organisationen müssen sich mit ihr verändern. Jedes größere Unternehmen (oder jedes Unternehmen, das sich vergrößern möchte) ist, ob es will oder nicht, im Softwaregeschäft tätig. Unabhängig von der Branche, in der Ihr Unternehmen tätig ist, ist Software zum zentralen Bestandteil der Bereitstellung Ihres Produkts oder Ihrer Dienstleistung geworden.

Dies ist sowohl ermutigend als auch bedrohlich. Noch nie war es so einfach, globale Märkte zu erreichen, das Unternehmen zu skalieren, um der gestiegenen Nachfrage gerecht zu werden, und einen ständigen Dialog mit den Kunden zu führen. Diese Macht ist aber auch ein zweischneidiges Schwert: Sie bietet kleineren Wettbewerbern, die vor der breiten Einführung von Software nicht konkurrenzfähig gewesen wären, dieselben Möglichkeiten. Umso dringlicher ist es, Lean UX einzuführen.

Viele Unternehmen sind zu diesem Schluss gekommen und haben daraufhin versucht, ihre Produktentwicklungsteams zu vergrößern. Dabei haben viele die Kernrhythmen der agilen Softwareentwicklungstechniken genutzt, um die Softwareproduktentwicklung zu operationalisieren. Leider sind viele dieser Ansätze nur dem Namen nach agil. Sie übernehmen nicht die zentralen Werte von Agile, zu denen Zusammenarbeit, Transparenz und kontinuierliches Lernen gehören. Diese operativen Ansätze maximieren die Bereitstellungsgeschwindigkeit, zwingen aber die Softwareteams – einschließlich der Designer in diesen Teams – in den Produktionsmodus. Infolgedessen geht ein Großteil des Nutzens des Designs verloren.

Lean UX ist eine Möglichkeit, aus Design-as-Production auszubrechen und den wahren Nutzen aus der Designarbeit in interdisziplinären Teams zu realisieren. Sie schaffen einen kontinuierlichen Verbesserungskreislauf, durch den Ihr Unternehmen der Konkurrenz immer einen Schritt voraus ist. Dieser Kreislauf ermöglicht echte Agilität, sodass Sie auf Marktveränderungen mit einer nie zuvor erreichten Geschwindigkeit reagieren können.

DesignOps und Lean UX

Seitdem große Unternehmen Design in den operativen Kontext von Produktentwicklungsteams aufgenommen haben, ist eine Bewegung namens DesignOps entstanden. Das Ziel von DesignOps ist die praktische Umsetzung von Design in großem Maßstab. Es geht darum, die Designabläufe in großen Unternehmen zu verstehen und zu gestalten. Das bedeutet, dass das DesignOps-Team in Ihrem Unternehmen eine zentrale Rolle bei allen Bestrebungen zur Implementierung von Lean UX spielen muss.

Ein wichtiger Hinweis an dieser Stelle: DesignOps kann neue Arbeitsweisen ermöglichen, kann aber auch alte Herangehensweisen fördern. Viele traditionelle, von der Design-Community entwickelte Arbeitsweisen, sind wunderbar, klug und verdienen, gewürdigt zu werden. Einige Arbeitsweisen sind jedoch sehr spezifisch für die Designarbeit mit älteren Technologien und Unternehmensmodellen. BDUF (Big Design Up Front) und ergebnisorientiertes Arbeiten sind nur zwei Beispiele für herkömmliche, altehrwürdige Designmethoden, die den Interessen von Designern, die in agilen Teams eine maximale Wirkung erzielen wollen, nicht mehr gerecht werden. Während Sie an einer DesignOps-geführten Bewegung in Ihrem Unternehmen arbeiten, hüten Sie sich vor der Vorstellung, dass »Designer das schon immer so gemacht haben«, denn dies verkörpert nicht den wahren Geist von Agile und Lean UX.

Der Wandel

Bei der Schulung von Teams werden wir manchmal gefragt: »Wie können wir diese Methoden in die Praxis umsetzen?« Und an diesem Punkt zögern wir immer etwas. Wir sind zwar zuversichtlich, dass die meisten Organisationen diese Probleme lösen können, aber wir sind uns auch bewusst, dass jede Organisation anders ist. Um die richtige Lösung zu finden, bedarf es einer engen Zusammenarbeit mit Ihren Kollegen und Führungskräften.

Um Sie auf diese Aufgabe vorzubereiten, stellen wir Ihnen in diesem Kapitel einige Veränderungen vor, die sich im Unternehmen vollziehen müssen, um Lean UX zu verwirklichen. Wir werden Ihnen nicht erklären, wie Sie diese Veränderungen vornehmen sollen; das ist Ihre Aufgabe. Wir hoffen jedoch, dass dieses Kapitel Ihnen dabei hilft, über den Tellerrand zu blicken und die Bereiche zu finden, die Sie angehen wollen.

Kultur im Wandel

Berücksichtigen Sie bei der Umsetzung von Lean UX die folgenden kulturellen Dimensionen:

- Seien Sie bescheiden.
- Eignen Sie sich neue Fähigkeiten an.
- Schaffen Sie eine offene, kollaborative Arbeitsumgebung.
- Keine Helden.
- Verlieben Sie sich in das Problem, nicht in die Lösung.
- Entwickeln Sie die Agenturkultur weiter.
- Seien Sie realistisch in Bezug auf Ihr Umfeld.

Wandel der Teamorganisation

Um Lean UX zu implementieren, müssen Sie auch die Teamorganisation neu denken:

- Denken Sie in Kompetenzen statt in Rollen.
- Bilden Sie interdisziplinäre Teams.
- Bilden Sie kleine Teams.
- Arbeiten Sie mit verteilten Teams.
- Gestalten Sie die Beziehungen zu Dienstleistern flexibel.

Wandel der Prozesse

Schließlich werden sich auch Ihre Produktentwicklungsverfahren ändern:

- Planen Sie die Aufgaben anhand der Ergebnisse, nicht anhand der Leistungen.
- Verhindern Sie, dass sich BDUF in agile Umgebungen einschleicht.
- Setzen Sie zuerst auf Geschwindigkeit und dann auf Ästhetik.
- Nehmen Sie UX-Schulden in Angriff.

- Überdenken Sie die Dokumentationsmethoden.
- Kommunizieren Sie in alle Richtungen.

Wandel: Seien Sie bescheiden.

Stellen Sie sich einen Moment lang vor, Sie arbeiten an einem Fließband, auf dem Autos hergestellt werden. Der Endzustand Ihres Produkts ist im Voraus klar umrissen. Die Kosten für die Herstellung dieses Produkts sind klar. Der Herstellungsprozess wurde optimiert, und die Art und Weise, wie die Kunden das Auto nutzen werden, ist aufgrund von mehr als hundert Jahren Beobachtung ebenfalls klar. In solchen Situationen liegt der Schwerpunkt auf Qualität, Effizienz und Kostenkontrolle.

Wir bauen keine Autos.

Unser Medium ist Software, und unsere Produkte und Dienstleistungen sind komplex und unvorhersehbar. Sie haben keinen Endzustand. Wir können unsere digitalen Produkte so lange konzipieren, entwickeln, nutzen und optimieren, wie es wirtschaftlich sinnvoll ist. Am verblüffendsten ist, dass unsere Kunden unsere digitalen Dienste möglicherweise ganz anders nutzen, als wir es uns vorgestellt haben. In vielen Fällen zeigen sich die besten Eigenschaften eines Systems erst im Laufe der Zeit, wenn die Menschen das System nutzen. (Der Hashtag von Twitter ist ein gutes Beispiel dafür: Die Benutzer haben diese Funktion erfunden, und Twitter hat sie dann nachträglich ausgebaut.) Bei so vielen Unbekannten können wir nur ein bestimmtes Maß an Vertrauen in den Umfang, die Roadmap, die Implementierung und den Erfolg unseres Produkts haben. Die gute Nachricht ist, dass wir durch den Aufstieg der Agile- und DevOps-Bewegung von den Fließbandmethoden früherer Generationen abrücken und kontinuierliche Produktionsmethoden übernehmen können. Wenn wir dies mit Lean UX kombinieren, können wir sehr schnell in Erfahrung bringen, wie stichhaltig unsere Ideen sind.

Um diese neuen Möglichkeiten voll ausschöpfen zu können, muss Ihr Unternehmen Bescheidenheit an den Tag legen. Ihr Unternehmen muss akzeptieren, dass wir angesichts all dieser Komplexität und Ungewissheit nicht genau vorhersagen können, welche Form unsere Dienstleistung annehmen muss, um den Kunden zufriedenzustellen. Dies ist kein Verzicht auf eine Vision.

Stattdessen braucht es eine feste Meinung über die Form, die das System annehmen sollte, gepaart mit der Bereitschaft, den Kurs zu ändern, wenn der Markt zeigt, dass die ursprüngliche Vision falsch war. Mit dieser Denkweise können die Teams experimentieren, scheitern und lernen. Nur durch Versuch und Irrtum kann Lean UX gedeihen. Wenn das Unternehmen keinen Raum für Kurskorrekturen lässt, wird das kontinuierliche Lernen, das Lean UX fördert, bestenfalls als Ablenkung und schlimmstenfalls als Zeitverschwendung empfunden.

Wandel: Eignen Sie sich neue Fähigkeiten an

Viele Unternehmen beauftragen Designer mit den grundlegenden taktischen und traditionellen Aufgaben: Wireframing, Spezifikation, UI-Design usw. Sie beschränken ihre Beteiligung an einem Projekt auf die »Designphase« des jeweiligen Prozesses, den das Unternehmen gerade einsetzt. Die Einbindung von Designern in diese bestehenden Arbeitsabläufe schränkt ihre Effektivität ein, da ihr Aufgabenbereich begrenzt ist, und dies führt wiederum zu einer Verstärkung eines isolierten Teammodells.

Der Erfolg eines kollaborativen Teams verlangt mehr. Obwohl Teams auch weiterhin über grundlegende UX-Kompetenzen verfügen müssen, muss zusätzlich die Moderation zu den Kernkompetenzen von Designern gehören. Dies erfordert zwei signifikante Veränderungen in unserer bisherigen Arbeitsweise:

Designer müssen den Designprozess offen gestalten

Das Team – und nicht der Einzelne – muss die Verantwortung für das Produktdesign übernehmen. Statt sich tagelang hinter einem Monitor zu verstecken, müssen Designer ihre Teams in den Designprozess einbeziehen, ihren Input einholen und diese Erkenntnisse in das Design einfließen lassen. Auf diese Weise werden Silos aufgebrochen und ein interdisziplinärer Austausch wird gefördert. Dazu müssen Designer die unterschiedlichsten Strategien für die Zusammenarbeit nutzen und sowohl kreativ als auch sehr praktisch sein – sie müssen Strategien finden, die die Bedürfnisse des Teams erfüllen, das Gespräch vorantreiben und die Realitäten der Teamkapazität und des Projektzeitplans berücksichtigen.

Designer müssen eine Führungsrolle in ihrem Team übernehmen

Die Kollegen sind es gewohnt, Ihre Designarbeit zu kritisieren. Nicht gewohnt sind sie es, das Design gemeinsam mit Ihnen zu gestalten. Durch die Leitung und Moderation von Gruppen-Brainstorming-Aktivitäten wie Design-Studio können sichere Foren für das gesamte Team geschaffen werden, um das Produkt zu konzipieren und die Synthesefähigkeiten des Designteams zu präsentieren.

Wandel: Schaffen Sie eine offene, kollaborative Arbeitsumgebung

Beseitigen Sie die physischen Barrieren, die eine Zusammenarbeit verhindern. Bringen Sie Ihre Teams zusammen und schaffen Sie Arbeitsbereiche, die für alle sichtbar und zugänglich sind. Schaffen Sie Platz, damit Ihr Team seine Arbeit an Wänden und anderen Arbeitsflächen aufhängen kann. Nichts ist effektiver, als zu einem Kollegen hinüberzugehen, ihm seine Arbeit zu zeigen, zu diskutieren, zu skizzieren, Ideen auszutauschen, Mimik und Gestik zu verstehen und eine Lösung für ein heikles Thema zu finden.

Wenn Sie Mitarbeitende zusammenbringen, sollten Sie interdisziplinäre Gruppen bilden. Das bedeutet, dass Sie die Kollegen aus dem komfortablen »Versteck« ihres Fachbereichs herausholen. Es ist erstaunlich, wie schon eine einzige Bürotrennwand Gespräche behindern kann.

Offene Arbeitsbereiche ermöglichen es den Teammitgliedern, sich gegenseitig zu sehen und sich bei Fragen einfach auszutauschen. Einige Teams gehen sogar so weit, Rollen an ihre Schreibtische zu montieren, damit sie enger mit den Teammitgliedern zusammenrücken können, mit denen sie an dem jeweiligen Tag zusammenarbeiten. Nutzen Sie ergänzend Breakout-Räumen, in denen die Teams Brainstorming betreiben können. Wandgroße Whiteboards oder ein Anstrich der Wände mit Whiteboard-Farbe bieten viele Quadratmeter Diskussionsfläche. Kurz, beseitigen Sie die physischen Hindernisse zwischen den Teammitgliedern. Ihren Raumplanern mag das zunächst nicht gefallen, aber Ihre Stakeholder werden es Ihnen danken.

Da verteilte Teams und »hybride« Arbeitssituationen immer häufiger vorkommen, sollten Sie diese Qualitäten auch auf diese Situationen übertragen. Sorgen Sie dafür, dass Zusammenarbeit einfach wird und dass Ihre Teams die erfolgversprechendsten Werkzeuge erhalten und nicht die, die die IT für sie ausgewählt hat.

Wandel: keine Helden

Da wir mit einer größeren Anzahl von Teams zusammenarbeiten, gibt es immer noch viele Designer, die sich gegen Lean UX sträuben. Einer der Gründe? Viele Designer wollen Helden sein.

In einer Umgebung, in der Designer schöne Deliverables erstellen, können sie eine heroische Aura bewahren. Die Anforderungen gehen an einem Ende der Designmaschine ein und ein wunderschönes Kunstwerk kommt heraus. Die Leute sagen »oooh« und »aaah«, wenn das Design enthüllt wird. Designer leben seit vielen Jahren von diesen Reaktionen.

Wir wollen damit nicht sagen, dass alle diese Designarbeit oberflächlich ist. In jedes Photoshop-Dokument, das Designer erstellen, fließen Schulung, Ausbildung, Erfahrung und eine gesunde Portion Inspiration ein – und oft sind die Resultate intelligent, gut durchdacht und wertvoll. Allerdings können diese Hochglanzdokumente zu schlechten Unternehmensentscheidungen führen – sie können das Urteilsvermögen beeinflussen, gerade weil sie so überzeugend schön sind. Oft basiert die Bewertung auf der Ästhetik der Entwürfe (und nicht auf dem Ergebnis, das das Design erzielt). Personalentscheidungen werden aufgrund der Qualität der Wireframes getroffen, und das Gehalt hängt von den Markennamen ab, die im Portfolio zu finden sind.

Das Ergebnis ist, dass die Schöpfer dieser Dokumente als Vordenker gefeiert werden und zur Speerspitze des UX-Bereichs werden. Sie gelten als Ansprechpartner, wenn es um eine schnelle Problemlösung geht. Aber kann ein einzelner Design-Held für den Erfolg der Benutzererfahrung, des Unternehmens und des Teams verantwortlich sein? Sollte eine Person als alleiniger Garant für den Erfolg einer Initiative gefeiert werden?

Kurz: Nein.

Damit Lean UX in Ihrem Unternehmen erfolgreich sein kann, müssen alle Mitarbeitenden – Designer und Nicht-Designer – auf breiter Basis zusammenarbeiten. Dies kann für manche eine schwierige Umstellung sein, insbesondere für Grafikdesigner mit einem Hintergrund in Interaktivagenturen. Dort ist der Creative Director unantastbar. Bei Lean UX ist das Einzige, was unantastbar ist, der Einblick in die Kundenbedürfnisse.

Lean UX hat einfach keine Zeit für Helden. Das gesamte Konzept von Design als Hypothese setzt die Vorstellung von Heldentum unmittelbar außer Kraft; als Designer müssen Sie damit rechnen, dass viele Ihrer Ideen beim Testen scheitern werden. Helden geben kein Scheitern zu. Aber Lean-UX-Designer nehmen Scheitern als Teil des Prozesses an.

Wandel: Verlieben Sie sich in das Problem, nicht in die Lösung

Lean UX bringt uns dazu, die Qualität unserer Designarbeit infrage zu stellen.

Wenn Sie dies als Designer lesen, haben Sie sich wahrscheinlich schon einmal eine Frage gestellt, die häufig aufkommt, wenn Geschwindigkeit vor ästhetischer Perfektion geht:

Wenn meine Aufgabe jetzt darin besteht, Konzepte und Ideen statt fertiger Arbeiten zu veröffentlichen, wird alles, was ich produziere, halbherzig wirken. Ich fühle mich, als würde ich nur nach der Bronzemedaille greifen. Nichts, was ich produziere, wird jemals fertig sein. Nichts ist ein Hinweis auf die Art Qualität, die ich liefern kann. Wie kann ich Stolz und Verantwortung für unfertige Entwürfe empfinden?

Für einige Designer stellt Lean UX die Werte ihrer Arbeit infrage und gefährdet ihr Portfolio. Vielleicht haben sie sogar das Gefühl, dass es ihre künftigen Karrierechancen beeinträchtigt. Diese Emotionen beruhen auf den Dingen, die viele Personalverantwortliche bisher geschätzt haben – sexy Deliverables (d. h. Lösungen). Grobe Skizzen, »Version eins« eines Projekts und andere Low-Fidelity-Artefakte eignen sich nicht für ein »Killer-Portfolio«. Mit der Erkenntnis, dass sich Softwarelösungen im Laufe der Zeit weiterentwickeln, ändert sich all dies nun.

Auch wenn Ihr Unternehmen weiterhin Wert auf Ästhetik, Eleganz und Liebe zum Detail legen muss, sind andere Dimensionen des Designs ebenso wichtig. Die Fähigkeit, den Kontext eines Unternehmensproblems zu verstehen, schnell zu denken und ein gemeinsames Verständnis aufzubauen, muss gefördert werden. Designer können ihre Problemlösungskompetenz unter Beweis stellen, indem sie aufzeigen, wie sie von der Idee über validiertes Lernen zur Benutzererfahrung gelangt sind. Auf diese Weise können sie ihre hohe Qualifikation als Designer unter Beweis stellen. Unternehmen, die nach Problemlösern suchen und entsprechend honorieren, werden solche Designer bevorzugen – und von ihnen bevorzugt werden.

Wandel: Entwickeln Sie die Agenturkultur weiter

Die Anwendung von Lean UX in einer Digitalagentur ist keine kleine Herausforderung. Das Unternehmensmodell der meisten Agenturen ist mit Lean UX nicht vereinbar. Das traditionelle Unternehmensmodell ist einfach: Kunden zahlen für Deliverables – Entwürfe, Spezifikationen, Code, PowerPoint-Präsentationen – und nicht für Resultate. Aber auch die Agenturkultur ist ein großes Hindernis. Die Kultur des Heldendesigns ist dort stark ausgeprägt, wo Einzelpersonen in Positionen wie Executive Creative Director aufsteigen. Die interdisziplinäre Zusammenarbeit kann auch in großen Agenturen schwierig sein, wo die Notwendigkeit, die Auslastung hochzuhalten, zu Prozessen geführt hat, die funktionale Silos fördern. Diese wiederum führen zu »Projektphasen«, die eine Ausrichtung auf Deliverables fördern.

Das vielleicht schwierigste Hindernis ist die Erwartung des Kunden, dass er der Agentur den Auftrag einfach hinwirft und sich das Resultat erst dann ansieht, wenn es fertig ist. Die Zusammenarbeit zwischen Kunde und Agentur kann sich in solchen Situationen auf uninformierte und unproduktive Kritik beschränken, die auf persönlicher Voreingenommenheit, Politik und Schutzbehauptungen beruht.

Damit Lean UX in einer Agentur funktioniert, müssen sich alle Beteiligten auf die Maximierung von zwei Faktoren konzentrieren: die Verbesserung der Zusammenarbeit zwischen Kunde und Agentur und die Verlagerung des Schwerpunkts von den Leistungen zu den Ergebnissen.

Einige Agenturen versuchen, sich auf die Ergebnisse zu konzentrieren, indem sie mit einer Abkehr von fest vereinbarten Verträgen experimentieren. Ihre Aufträge basieren stattdessen auf einfachen Zeit- und Sachleistungsvereinbarungen oder, noch radikaler, auf ergebnisorientierten Verträgen. In beiden Fällen haben die Teams mehr Zeit, sich auf ein bestimmtes Ziel hin zu orientieren. Die

Kunden geben die Illusion der Kontrolle auf, die ein ergebnisorientierter Vertrag bietet, gewinnen aber die Freiheit, sinnvolle und hochwertige Lösungen zu erarbeiten, die in Form von Ergebnissen und nicht in Form von Funktionslisten definiert sind.

Um die Zusammenarbeit zu verbessern, können die Agenturen versuchen, die Barrieren, die sie von ihren Kunden trennen, abzubauen. Die Kunden können früher und häufiger in den Prozess einbezogen werden. Check-ins können um weniger formale Meilensteine herum aufgebaut werden. Und gemeinsame Arbeitssitzungen können so gestaltet werden, dass sowohl die Agentur als auch der Kunde von den zusätzlichen Informationen, dem Feedback und der Zusammenarbeit mit dem jeweils anderen profitieren.

Dies sind keine einfachen Umstellungen – weder für die Agentur noch für den Kunden, der sie beauftragt –, aber nach diesem Modell werden die besten Produkte entwickelt.

Eine kurze Anmerkung zu den Entwicklungspartnern. In Agenturbeziehungen werden Softwareentwicklungsteams (entweder in der Agentur, beim Kunden oder als Drittpartei) oft als Außenseiter behandelt und häufig erst am Ende einer Designphase hinzugezogen. Das müssen Sie unbedingt ändern: Die Entwicklungspartner müssen während der gesamten Projektdauer beteiligt sein – und nicht nur als passive Beobachter. Stattdessen sollten Sie versuchen, so früh wie möglich mit der Softwareentwicklung anzufangen. Auch hier geht es darum, eine tiefe und sinnvolle Zusammenarbeit mit dem gesamten Projektteam zu schaffen – und dazu müssen Sie tatsächlich Seite an Seite mit den Entwicklern arbeiten.

Wandel: Seien Sie realistisch in Bezug auf Ihr Umfeld

Veränderung ist beängstigend. Der Lean-UX-Ansatz bringt eine Menge Veränderungen mit sich. Das kann vor allem für Manager beunruhigend sein, die ihre Position schon eine Weile innehaben und sich in ihrer derzeitigen Rolle wohlfühlen. Manche fühlen sich von Vorschlägen für eine neue Arbeitsweise bedroht – was negative Folgen für Sie haben könnte. Bitten Sie in solchen Situationen lieber um Verständnis als um Genehmigung. Probieren Sie einige Ideen aus und beweisen Sie ihren Wert durch quantifizierbare Erfolge. Ganz gleich, ob Sie bei dem Projekt Zeit und Geld gespart haben oder eine erfolgreichere Aktualisierung als je zuvor herausgebracht haben, diese Erfolge können Ihnen helfen, Ihre Argumente zu untermauern. Wenn Ihre Vorgesetzten den Nutzen dieser Arbeitsweise immer noch nicht erkennen und Sie den Eindruck haben, dass Ihr Unternehmen weiterhin »blindlings designt«, ist es vielleicht an der Zeit, über eine andere Beschäftigung nachzudenken.

Wandel: Denken Sie in Kompetenzen statt in Rollen

In den meisten Unternehmen werden die Aufgaben, für die Sie verantwortlich sind, durch Ihre Berufsbezeichnung bestimmt. Dies ist mit einer Stellenbeschreibung verbunden. Allzu oft halten Mitarbeiter in Unternehmen andere davon ab, außerhalb der Grenzen ihrer Stellenbeschreibung zu arbeiten (z. B. »Du bist kein Entwickler, was kannst du schon über JavaScript wissen?«). Dieser Ansatz ist zutiefst kollaborationsfeindlich und lässt das gesamte Spektrum der Fähigkeiten, Talente und Kompetenzen der Menschen ungenutzt.

Die Behinderung von fachübergreifenden Beiträgen fördert organisatorische Silos. Je abgegrenzter die Aufgabe einer Person ist, desto leichter kann sie sich in die sicheren Grenzen ihrer Disziplin zurückziehen. In der Folge nimmt der Austausch zwischen den Disziplinen ab und Misstrauen, Schuldzuweisungen und Schutzbehauptungen nehmen zu.

Silos bedeuten für kooperative Teams den Tod.

Damit Lean UX erfolgreich ist, muss Ihr Unternehmen das Mantra »Kompetenzen statt Rollen« übernehmen. Jedes Teammitglied verfügt über eine Kernkompetenz – Design, Softwareentwicklung, Forschung usw. – und muss diese Fähigkeiten auch ausüben. Die Mitglieder können jedoch auch über sekundäre Kompetenzen verfügen, die die Arbeit des Teams effizienter machen.

Erlauben Sie Ihren Kollegen, an den Bereichen mitzuarbeiten, in denen sie über Fachwissen und Interesse verfügen. Sie werden feststellen, dass dadurch ein engagierteres Team entsteht, das Aufgaben effizienter erledigen kann. Sie werden auch feststellen, dass dies die Kameradschaft zwischen den Angehörigen verschiedener Berufsgruppen fördert, da Menschen mit unterschiedlichen Fachgebieten Interesse an den Aufgaben ihrer Kollegen zeigen. Teams, die gerne zusammenarbeiten, leisten bessere Arbeit.

Wandel: Bilden Sie interdisziplinäre Teams

Für viele Teams beschränkt sich Zusammenarbeit auf eine einzige Disziplin. Entwickler lösen Probleme mit anderen Entwicklern, während Designer auf Sitzsäcken Platz nehmen, Lavalampen anzünden und mit ihren Freunden im schwarzen Rollkragenpullover »Ideen entwickeln«. (Wir scherzen. Na ja ... nur ein bisschen. Wir lieben Designer.)

Die Ideen, die aus der Zusammenarbeit einzelner Disziplinen entstehen, sind einseitig. Sie spiegeln nicht die ganze Perspektive des Teams wider, die ein breiteres Spektrum von Bedürfnissen, Möglichkeiten, Risiken und Lösungen beleuchten kann. Noch schlimmer ist, dass diese Arbeitsweise von den disziplinären Teams verlangt, ihre Arbeit zu erklären. Das Ergebnis ist allzu oft eine starke Abhängigkeit von detaillierter Dokumentation und eine Verlangsamung des Lerntempos des gesamten Teams.

Lean UX erfordert eine interdisziplinäre Zusammenarbeit. Indem Sie die Interaktion zwischen Produktmanagern, Entwicklern, QS-Ingenieuren, Designern und Marketingfachleuten fördern, bringen Sie alle auf dieselbe Seite. Ebenso wichtig ist, dass Sie alle auf die gleiche Stufe stellen. Keine einzelne Disziplin diktiert der anderen etwas. Alle arbeiten auf ein gemeinsames Ziel hin. Erlauben Sie Ihren Designern, an »Entwicklerbesprechungen« teilzunehmen, und umgekehrt. Halten Sie einfach Teambesprechungen ab.

Wir wissen schon lange, wie wichtig die interdisziplinäre Zusammenarbeit ist. Robert Daileys Studie aus den späten 70er-Jahren mit dem Titel »The Role of Team and Task Characteristics in R&D Team Collaborative Problem Solving and Productivity« stellte einen Zusammenhang zwischen der Problemlösungsproduktivität eines Teams und den von ihm sogenannten »vier Prädiktoren« fest, zu denen »Aufgabensicherheit, Aufgabenverflechtung, Teamgröße und Teamzusammenhalt« gehörten.[1]

Sorgen Sie für den Zusammenhalt Ihres Teams, indem Sie die disziplinären Grenzen aufheben.

Wandel: Bilden Sie kleine Teams

Größere Gruppen von Menschen sind weniger effizient als kleinere. Das ist intuitiv einleuchtend. Aber weniger offensichtlich ist die Tatsache, dass ein kleineres Team an kleineren Problemen arbeiten muss. Diese geringe Größe macht es einfacher, die Disziplin aufrechtzuerhalten, die für die Produktion von Minimum Viable Products (MVPs) erforderlich ist. Teilen Sie Ihre großen Teams in die vom Amazon-Gründer Jeff Bezos sogenannten »Zwei-Pizza-Teams« auf: Wenn das Team mehr als zwei Pizzen zum Mittagessen braucht, ist es zu groß.

Eine umfangreiche Aufgabe unterteilen Sie in zusammenhängende Teile, die von mehreren kleinen Teams gleichzeitig bearbeitet werden können. Richten Sie diese Teams auf ein einziges zu erreichendes Ergebnis aus. Auf diese Weise arbeiten sie alle auf das gleiche Ziel hin. Dies zwingt die kleinen Teams dazu, sich selbst zu organisieren und effizient zu kommunizieren, und verringert gleichzeitig das Risiko einer lokalen Selbstorganisation des Teams.

---

1 Robert C. Daley, »The Role of Team and Task Characteristics in R&D Team Collaborative Problem Solving and Productivity« (Die Rolle von Team- und Aufgabenmerkmalen bei der kollaborativen Problemlösung und Produktivität von F&E-Teams), Management Science 24, Nr. 15 (November 1, 1978): 1557–1676, *https://oreil.ly/hnN7a*.

Wandel: Arbeiten Sie mit verteilten Teams

Wie uns die COVID-19-Pandemie gezeigt hat, ist die räumliche Konzentration nicht immer möglich. Geben Sie verteilten Teams die Werkzeuge an die Hand, die sie zur Kommunikation und Zusammenarbeit benötigen. Dazu gehören Videokonferenzsoftware (z.B. Zoom), Echtzeit-Kommunikationsdienste (z.B. Slack), Online-Whiteboard-Tools (z.B. Mural und Miro), einfache File-Sharing-Software (z.B. Dropbox, Google Docs), Remote-Pairing-Software (z.B. Screenhero) und alles andere, was die Zusammenarbeit einfacher und produktiver macht.

Wenn es möglich ist, zu reisen, sollten Sie nicht vergessen, dass gelegentliche Flugtickets, um sich persönlich zu treffen, einen wichtigen Beitrag zur Zusammenarbeit über große Entfernungen leisten. Der vielleicht bedeutsamste Punkt, den Sie beim Versuch, Lean UX mit verteilten Teams umzusetzen, bedenken sollten: Die Mitglieder dieser Teams müssen zur gleichen Zeit wach sein. Die Überschneidung muss sich nicht über einen ganzen Arbeitstag erstrecken, aber es muss jeden Tag einen Zeitblock geben, in dem die Kollegen Gespräche führen und an gemeinsamen Aktivitäten teilnehmen können.

Wandel: Gestalten Sie die Beziehungen zu Dienstleistern flexibel

Dienstleister in der Softwareentwicklung stellen eine große Herausforderung für Lean UX dar. Wenn ein Teil Ihrer Aufgaben an einen Dienstleister ausgelagert wird – unabhängig vom Standort des Anbieters –, ist die Wahrscheinlichkeit größer, dass der Lean-UX-Prozess scheitert. Das liegt daran, dass die vertragliche Beziehung zu den Dienstleistern die für Lean UX erforderliche Flexibilität erschweren kann.

Wenn Sie mit Dienstleistern zusammenarbeiten, sollten Sie versuchen, Projekte auf der Grundlage von Zeit und Material zu erstellen. So können Sie eine flexible Beziehung zu Ihrem Entwicklungspartner aufbauen. Dies ist notwendig, um auf die Änderungen zu reagieren, die Teil des Lean-UX-Prozesses sind. Denken Sie daran, dass Sie Software entwickeln, um zu lernen, und dass dies zu Planänderungen führen wird. Kalkulieren Sie diese Änderungen ein und strukturieren Sie Ihre Beziehungen zu Dienstleistern entsprechend.

Denken Sie bei der Auswahl von Dienstleistern daran, dass viele eigenständige Entwicklungsunternehmen auf die Produktion ausgerichtet sind und Nacharbeit eher als Problem denn als Lernmöglichkeit betrachten. Wenn Sie Partner für Lean-UX-Projekte suchen, sollten Sie nach Teams Ausschau halten, die bereit sind, zu experimentieren und zu iterieren, und die den Unterschied zwischen Prototyping zum Lernen und der Entwicklung für die Produktion klar verstehen.

Wandel: Planen Sie Ihre Aufgaben anhand der Ergebnisse, nicht anhand der Leistungen

Kapitel 3 erörtert die Rolle von Ergebnissen in Lean UX. Lean-UX-Teams messen ihren Erfolg nicht an den fertiggestellten Features, sondern an den Fortschritten in Richtung bestimmter Ergebnisse. Die Definition von Ergebnissen ist eine Führungsaufgabe, die viele Unternehmen nicht gut oder gar nicht erfüllen. Allzu oft lenkt die Führung das Produktteam durch eine funktionsorientierte Produkt-Roadmap – eine Reihe von Leistungen und Features, die das Produktteam bis zu einem bestimmten Datum produzieren soll.

Lean-UX-Teams müssen selbst entscheiden dürfen, welche Features die von ihrem Unternehmen geforderten Ergebnisse bereitstellen. Dazu muss die Kommunikation zwischen Team und Führung auf Ergebnissen basieren. Diese Umstellung ist ein radikaler Schritt. Die Produktmanager müssen herausfinden, welche Unternehmenskennzahlen die größte Aufmerksamkeit erfordern. Welche Wirkung wollen sie erzielen? Versuchen sie, das Kundenverhalten zu beeinflussen? Wenn ja, wie? Versuchen sie, die Leistung zu steigern? Wenn ja, durch welche Maßnahmen? Diese Metriken müssen mit einer größeren unternehmerischen Wirkung verbunden sein.

Die Führungsebene muss diese Richtung vorgeben. Tut sie das nicht, müssen die Teams diese Veränderung von ihr verlangen. Sie müssen fragen: »Warum arbeiten wir an diesem Projekt?«, und »Woran können wir erkennen, dass wir gute Arbeit geleistet haben?« Die Manager müssen darin geschult werden, ihren Teams die Antworten auf diese Fragen geben zu können. Sie müssen die Freiheit haben, gemeinsam mit ihren Teams zu bestimmen, welche Features diese Ziele am besten erreichen. Die Teams müssen von Feature-Roadmaps zu Backlogs mit zu testenden Hypothesen übergehen. Die Aufgaben sollten auf der Grundlage von Risiko, Durchführbarkeit und potenziellem Erfolg nach Prioritäten geordnet werden.

Wandel: Hüten Sie sich vor BDUF, das sich in agile Umgebungen einschleicht

In der agilen Gemeinschaft spricht man manchmal von Big Design Up Front oder BDUF. Wir plädieren schon seit Jahren dafür, von BDUF wegzukommen. Aber das war nicht immer so.

In den frühen 2000er-Jahren war Jeff UI-Designer bei AOL und arbeitete an einem neuen Browser. Das Team suchte nach Möglichkeiten, die bestehenden Browserfunktionen zu erneuern. Sie mussten mit der Implementierung jedoch immer warten, bis Jeff die entsprechenden Mockups, Spezifikationen und Flussdiagramme erstellt hatte, die diese neuen Ideen beschrieben.

Ein Entwickler wurde des Wartens müde und begann, einige dieser Ideen umzusetzen, bevor eine vollständige Dokumentation vorlag. Jeff war wütend! Wie konnte er ohne Designvorgaben arbeiten? Woher sollte er denn wissen, was er bauen sollte? Was, wenn es falsch war oder nicht funktionierte? Er würde den gesamten Code neu schreiben müssen!

Es stellte sich heraus, dass seine Arbeit dem Team ermöglichte, einige der Ideen viel früher als zuvor zu realisieren. Die Teammitglieder bekamen einen Einblick in die tatsächliche Produkterfahrung und konnten ihre Entwürfe schnell iterieren, um sie benutzbarer und praktikabler zu machen. Von diesem Moment an wurden die BDUF-Anforderungen gelockert, vor allem als das Team sich mit Features beschäftigte, die Animationen und neue UI-Muster erforderten.

Die Ironie der Dokumentenabhängigkeit des Teams und der »Inspiration«, die sie bei diesem einen Entwickler auslöste, ging nicht verloren. Tatsächlich erhielt Jeff am Ende des Projekts eine symbolische Urkunde (siehe Abbildung 17.1) für die Anregung von »undokumentierter Kreativität«.

Abbildung 17.1: Jeffs »Urkunde« für die Anregung nicht dokumentierter Kreativität bei Ingenieuren

Auch wenn die meisten agilen Teams heutzutage von sich behaupten, dass sie das BDUF-Konzept meiden, haben wir ein Wiederaufleben dieser Praxis in vermeintlich agilen Umgebungen beobachtet. Diese neue, heimtückische Version von BDUF wird manchmal Agilefall genannt. (Oder Agile-Scrum-Fall, Water-Scrum-Fall oder Wagile. Sie verstehen schon.) Agilefall ist eine Kombination aus einer vorgelagerten Designphase, die zu einem Projekt führt, das im Wasserfallstil an ein Ingenieurteam weitergegeben wird, das sie dann in Storys aufteilt und auf »agile« Weise entwickelt. Das Argument für diese Arbeitsweise ist der Wunsch des Ingenieurteams, während der Implementierung auf Kurs zu bleiben und mit einem gewissen Maß an Sicherheit vorhersagen zu können, wann das Ergebnis bereitgestellt wird. Dies geschieht im Namen der Vorhersehbarkeit und Effizienz.

Das Problem ist natürlich, dass Agilefall die Zusammenarbeit zwischen Design und Technik behindert, während diese für den Erfolg von Lean UX erforderlich ist. Am Ende sind die Teams gezwungen, umfangreiche Dokumentationen zu erstellen, um das Design zu kommunizieren, gefolgt von noch langwierigeren Verhandlungen zwischen Designern und Entwicklern. Kommt Ihnen das bekannt vor? Das ist BDUF in einem neuen Gewand. Die Verschwendung, die durch Agilefall entsteht, ist ein Symptom für ein größeres Managementproblem, das Teams zu einem festen Projektumfang und festen Terminen drängt. Ingenieure sind zu Recht der Ansicht, dass sie sich nur dann auf Projektumfang und Termine festlegen können, wenn sie genau wissen, was entwickelt werden muss, und wenn sie die Zusage haben, dass sich nichts ändern wird. (Egal, dass es bei Agile darum geht, Veränderungen zuzulassen!) Natürlich ist Software, wie wir inzwischen wissen, komplex und unvorhersehbar, und selbst bei einem fest definierten Design ist die Fähigkeit, genau vorherzusagen, was und wann es bereitgestellt wird, eher mit Wahrsagerei als mit Projektmanagement zu vergleichen.

Wenn Ihr Team nach der Agilefall-Methode arbeitet, sollten Sie mit Ihren Stakeholdern das Gespräch über ergebnisorientiertes Management vertiefen. Lenken Sie das Gespräch weg von einem festen Zeitrahmen und Projektumfang und hin zum Kundenverhalten als Maßstab für den Erfolg. Damit sollten sich die Forderungen, die gesamte Designarbeit im Voraus fertigzustellen, allmählich von selbst erledigen.

Wandel: Setzen Sie erst auf Geschwindigkeit, dann auf Ästhetik

Jason Fried, CEO von Basecamp, sagte einmal: »Erst die Geschwindigkeit, dann die Ästhetik.«

Es ging ihm nicht darum, Kompromisse bei der Qualität einzugehen, sondern er wollte seine Ideen und seinen Prozess auf den Kern reduzieren. Bei Lean UX bedeutet schnelles Arbeiten die Erstellung vieler Artefakte. Verschwenden Sie keine Zeit damit, darüber zu debattieren, welche Art von Artefakten erstellt werden soll, und verschwenden Sie keine Zeit damit, diese bis zur Perfektion aufzupolieren. Stellen Sie sich stattdessen die folgenden Fragen:

- Mit wem muss ich kommunizieren?
- Was muss ich dabei sofort vermitteln?
- Mit welchem geringstmöglichen Aufwand kann ich das kommunizieren?

Wenn Sie mit einem Entwickler zusammenarbeiten, der neben Ihnen sitzt, kann eine Skizze am Whiteboard ausreichen. Wenn eine Führungskraft detaillierte Fragen zum Produkt stellt, müssen Sie vielleicht ein visuelles Mockup erstellen. Kunden benötigen vielleicht Prototypen. Wie auch immer das Szenario aussieht: Erstellen Sie das Artefakt, das am wenigsten Zeit in Anspruch nehmen wird. Denken Sie daran, dass diese Artefakte ein vorübergehender Teil des Projekts sind – wie ein Gespräch. Erledigen Sie es. Bringen Sie es raus. Diskutieren Sie. Machen Sie weiter.

Ästhetik – im Sinne von visuellem Design – ist ein wesentlicher Bestandteil des fertigen Produkts und der User Experience. Die Gestaltung und die Qualität dieser Elemente tragen entscheidend zur Marke, zur emotionalen Erfahrung und zur Professionalität bei. In der Verfeinerungsphase des visuellen Designs macht es durchaus Sinn, sich um diese Präsentationsebene zu kümmern. Allerdings ist es (in der Regel) reine Zeitverschwendung, diesen Aufwand für die Artefakte der frühen Phase – Wireframes, Sitemaps, Workflow-Diagramme – zu betreiben.

Durch den Verzicht auf die Perfektionierung von Design-Artefakten erreicht Ihr Team schneller den Markt und bringt schneller in Erfahrung, welche Elemente der Gesamt-UX (Design, Arbeitsablauf, Text, Inhalt, Leistung, Wertversprechen usw.) bei den Nutzern ankommen und welche nicht. Und Sie sind eher bereit, Ihre Ideen zu ändern und zu optimieren, wenn Sie weniger Aufwand in ihre Präsentation gesteckt haben.

Wandel: Nehmen Sie UX-Schulden in Angriff

Es kommt oft vor, dass Teams, die in agilen Prozessen arbeiten, nicht auf die Benutzeroberfläche der Software zurückkommen. Aber, wie unser Freund Jeff Patton zu sagen pflegt: »Einmal ist keine Iteration.« Die Teams müssen sich der kontinuierlichen Verbesserung verschreiben, und das bedeutet nicht nur Refactoring von Code und Beseitigung technischer Schulden, sondern auch eine Überarbeitung und Verbesserung der Benutzeroberfläche. Die Teams müssen sich das Konzept der UX-Schulden zu eigen machen.

James O'Brien, ein in London arbeitender Interaktionsdesigner, schildert, was sich änderte, als sein Team anfing, UX-Schulden auf die gleiche Weise zu bewerten wie die technischen Schulden. »Der Effekt war dramatisch. Sobald wir Überarbeitung als UX-Schulden betrachteten, fiel jeder Widerstand. Es stand außer Frage, dass Schulden nicht getilgt waren – und sie wurden sogar konsequent priorisiert.«[2]

Um mit der Erfassung von UX-Schulden zu beginnen, können Sie einfach eine Story-Kategorie in Ihrem Backlog mit der Bezeichnung »UX-Schulden« erstellen. Manchmal können Experience-Probleme jedoch nicht von einem einzelnen Team gelöst werden – die Lösung größerer Probleme erfordert möglicherweise die koordinierte Anstrengung vieler Teams. Probieren Sie für solche größeren Aufgaben – Experience-Probleme, die sich über große User Journeys erstrecken – Folgendes:

- Erstellen Sie eine Customer Journey Map der aktuellen Erfahrung.
- Erarbeiten Sie mit Ihrem Team eine zweite Journey Map, die die ideale Erfahrung zeigt.
- Bringen Sie diese beiden Artefakte gut sichtbar (an einer Wand) nebeneinander an.
- Bestimmen Sie die Teams, die für Teile dieser Customer Journey verantwortlich sind, und bitten Sie sie, die Lücke zwischen dem aktuellen und dem gewünschten Zustand zu analysieren.
- Arbeiten Sie mit diesen Teams an UX Debt Storys, die in ihre Backlogs aufgenommen werden.
- Kennzeichnen Sie auf den Journey Maps eindeutig, wann die aktuelle Erfahrung verbessert wurde und wer an weiteren Verbesserungen arbeitet.

Wandel: Überdenken Sie die Dokumentationsmethoden

Je nachdem, in welchem Bereich Sie tätig sind, kann Ihr Unternehmen strenge Dokumentationsstandards vorschreiben, die sowohl interne als auch gesetzliche Vorschriften erfüllen. Diese Dokumente bringen vielleicht keinen oder nur einen geringen Nutzen für das laufende Projekt, aber das Team muss sie trotzdem erstellen. Viele Teams haben Schwierigkeiten, ihre Projekte voranzubringen, wenn sie mit diesen Vorschriften konfrontiert werden. Sie warten, bis die Dokumente vollständig sind, bevor sie mit dem Design und der Umsetzung des Projekts beginnen, was den Fortschritt und den Lerneffekt im Team behindert. Wenn die Dokumente dann fertig sind, wird von jeglicher Anpassung der darin beschriebenen Aufgaben abgeraten, weil der Dokumentationsaufwand zu groß wäre.

Genau in dieser Situation sollten Sie, wie Designer und Coach Lane Goldstone es ausdrückt, »mit Kommunikation führen und mit Dokumentation nachfas-

---

2 James O'Brien, Interview mit Joshua Seiden und Jeff Gothelf, 2012.

sen«. Die grundlegenden Philosophien und Konzepte von Lean UX können während der frühen Phasen des Projektlebenszyklus umgesetzt werden – Gespräche, gemeinsame Problemlösungen, Skizzen, Experimente usw. Wenn sich die Hypothesen bewahrheiten und die Design-Richtung verfestigen, sollten Sie von den informellen Dokumentationspraktiken zurück zum Dokumentationsstandard wechseln, den Ihr Unternehmen verlangt. Verwenden Sie diese Dokumentation aus genau dem Grund, den Ihr Unternehmen vorgibt: um die Entscheidungshistorie zu erfassen und zukünftige Teams, die an diesem Produkt arbeiten, zu informieren.

Wandel: Kommunizieren Sie in alle Richtungen

Lean UX gibt den Teams viele Freiheiten, um effektive Lösungen zu finden. Dies geschieht durch die Abkehr von einem Feature-Roadmap-Ansatz. Stattdessen werden die Teams ermächtigt, die Funktionen zu erkunden, die nach ihrer Ansicht dem Unternehmen am besten dienen. Der Verzicht auf die Feature-Roadmap hat jedoch seinen Preis: Damit entfällt ein wichtiges Instrument, das das Unternehmen zur Koordinierung der Aktivitäten der Teams einsetzt. Mit der Freiheit, die eigene Agenda zu verfolgen, geht also auch die Verantwortung einher, diese zu kommunizieren.

Sie müssen ständig auf Mitglieder Ihrer Organisation zugehen, die derzeit nicht an Ihrer Arbeit beteiligt sind, um sie über die anstehenden Aufgaben zu informieren. Durch diese Kommunikation erfahren Sie auch, was andere planen, und können sich besser abstimmen. Kundendienstleiter, Vermarkter, parallele Unternehmensbereiche und Vertriebsteams: Alle profitieren davon, wenn sie wissen, was die Produktorganisation vorhat. Indem Sie proaktiv auf sie zugehen, ermöglichen Sie ihnen, ihre Aufgaben besser zu bewältigen. Im Gegenzug wird ihr Widerstand gegen die Veränderungen, die Ihr Produktdesign mit sich bringt, deutlich geringer ausfallen.

Hier zwei wertvolle Lektionen, die einen reibungslosen Validierungszyklus gewährleisten:

- Es gibt immer andere Abteilungen, die von Ihrer Arbeit betroffen sind. Ignorieren Sie sie auf eigene Gefahr.
- Stellen Sie sicher, dass Ihre Kunden über alle wichtigen bevorstehenden Änderungen informiert sind, und geben Sie ihnen die Möglichkeit, diese (zumindest vorübergehend) abzulehnen.

Lean UX in einer Agentur

Ein Großteil dieses Buchs befasst sich ausdrücklich mit der Umsetzung von Lean UX in einem Produktunternehmen oder einer Produktgruppe innerhalb eines größeren Unternehmens oder einer Organisation. Obwohl die meisten Ratschläge in jeder Umgebung angewandt werden können, sollten wir ausdrücklich auf die Besonderheiten hinweisen, die notwendig sind, damit Lean UX in einer Agentur funktioniert.

Wenn wir hier von »Agentur« schreiben, meinen wir damit jede Organisation, die Dienstleistungen an einen Kunden verkauft. Das kann ein kleines Design-Studio mit vier Mitarbeitenden in Portland, Oregon, oder eine Marketingagentur mit tausend Mitarbeitenden in London sein. Was Lean UX in diesem Umfeld zu einer besonderen Herausforderung macht, sind, kurz, die Kunden. Für Agenturen ist es schwierig, neue Arbeitsweisen an den Kunden zu bringen, wenn dem diese Arbeitsweisen fremd sind. In einigen Fällen ist dies genau der Grund, warum Ihre Agentur beauftragt wurde. In anderen Fällen wird es sich um einen befremdenden Ansatz handeln, der ständig von unternehmenseigenen Antikörpern bedroht wird, die gegen andere Arbeitsweisen resistent sind. In beiden Fällen wird es schwierig.

In diesem Kapitel behandeln wir fünf wesentliche Elemente, die Sie bei der Einführung moderner Arbeitsmethoden in Ihrem Unternehmen berücksichtigen sollten.

Wie möchten Sie arbeiten?

Agenturen arbeiten fast immer in der Deliverables-Branche. Sie werden dafür bezahlt, ein Design, einen Prototyp, eine Studie oder eine funktionierende Software bereitzustellen. Dieses Unternehmensmodell steht im Widerspruch zu Lean UX und seinem Fokus auf Ergebnisse.

Das traditionelle Unternehmensmodell einer Agentur ist einfach: Die Kunden zahlen für die erbrachten Leistungen – Entwürfe, Spezifikationen, Code, PowerPoint-Präsentationen –, und nicht für das Ergebnis. Der andere Teil des Unternehmensmodells einer Agentur ist die Auslastung: Sie muss ihr Personal in

Rechnung stellen. Die Notwendigkeit, die Auslastung hochzuhalten, kann zu Prozessen führen, die funktionale Silos fördern. Diese wiederum führen zu »Projektphasen«, die ein ergebnisorientiertes Arbeiten fördern. Interdisziplinäre Teams lassen sich wunderbar verkaufen, solange alle Teammitglieder jederzeit in Rechnung gestellt werden können.

Wenn Sie die Arbeitsweise Ihrer Agentur auf Lean UX umstellen wollen, müssen Sie diese beiden Herausforderungen berücksichtigen. In erster Linie können Sie sich nicht mehr ausschließlich auf die Bereitstellung von Ergebnissen konzentrieren. Werden Sie Wireframes, Prototypen, Forschung und funktionierende Software bereitstellen? Natürlich. Aber das kann nicht das Maß für Ihren Erfolg sein, nicht das Kriterium, das bestimmt, ob Sie Ihr Geld bekommen oder nicht. Überlegen Sie stattdessen, ob Sie Ihr Geschäftsmodell in ein zeit- und sachbezogenes Modell umwandeln wollen. Sie verkaufen nicht »eine App« oder »ein Design«, sondern Sie arbeiten mit Ihrem Kunden zusammen, um eine Lösung für sein Kunden- und Unternehmensproblem zu finden. Wie sieht diese Lösung aus? Die ehrliche Antwort lautet: Sie wissen es nicht. Stattdessen finden Sie gemeinsam mit dem Kunden heraus, wie die Lösung aussehen sollte. Lean UX ist der perfekte Prozess für diese Erkundung und die kontinuierliche Bereitstellung einer Lösung für Ihre Kunden.

Um die Auslastung hoch zu halten, verkaufen Sie kleine Teams für begrenzte Zeiträume mit klaren Verlängerungsklauseln. In der Agentur, die wir vier Jahre lang gemeinsam leiteten, schlugen wir für fast jedes Projekt ein vierköpfiges Team bestehend aus einem Produktmanager, einem Designer und zwei Entwicklern als Anfangsteam vor. Dieses Team hatte einen festen Preis pro Woche, und wir verkauften normalerweise ein dreimonatiges Engagement, das in Dreimonatsblöcken verlängert werden konnte. Dies half uns, das Mantra der kurzen Zyklen zu untermauern, da der Kunde jedes Quartal eine Ausstiegs- oder Verlängerungsoption hatte. Außerdem verringerte sich dadurch unser Risiko, da wir die Möglichkeit hatten, einen Kunden ziehen zu lassen, der nicht zu unserer Arbeitsweise passte. Da wir einen festen Satz für »das Team« und nicht für die einzelnen Mitarbeitenden hatten, konnten wir außerdem den Personalbestand des Teams je nach Projekt anpassen, ohne den Kunden um Genehmigung bitten zu müssen.

Die Festlegung Ihres Unternehmensmodells im Vorfeld einer vollständigen Umstellung auf einen Lean-UX-Arbeitsstil ist wichtig, da sich dies auch auf Ihre derzeitigen sowie auf potenzielle neue Mitarbeitende auswirken wird. Diese sind das einzige Kapital einer Agentur. Designer, Produktmanager, Softwareentwickler usw. kommen zu Ihnen, weil Sie eine bestimmte Arbeitsweise für bestimmte Arten von Kunden versprechen. Wenn Sie eine Lean-UX-Arbeitsweise versprechen und am Ende Kunden unter Vertrag nehmen, die nicht auf diese Weise arbeiten wollen, werden Ihre Mitarbeitenden irgendwann abwandern.

Beim Verkauf von Lean UX an Kunden geht es darum, Erwartungen zu wecken

Ihre Kunden beauftragen schon seit Jahren Agenturen. Viele Kunden erwarten, dass sie der Agentur den Auftrag »hinwerfen« und dann die fertigen Ergebnisse sehen werden. In diesem Fall kann sich die Zusammenarbeit zwischen Kunde und Agentur auf uninformierte und unproduktive Kritik beschränken, die auf persönlicher Voreingenommenheit, Politik und Selbstverteidigung beruht. In Anbetracht der hochgradig kollaborativen Natur von Lean UX ist dies natürlich keine akzeptable Beziehung. Wie können Sie dies vermeiden?

Jeder Kontakt mit bestehenden und potenziellen Kunden ist eine Gelegenheit, Erwartungen zu wecken, wie sich die Zusammenarbeit mit Ihnen unterscheidet. Das beginnt mit Ihrer Marke, Ihrem Marketing, Ihrer Positionierung und vor allem mit Ihrer Website. Gestalten und schreiben Sie sie so, dass kein Zweifel daran besteht, dass Sie auf eine Art und Weise arbeiten, die Sie von traditionellen Agenturen abhebt. Untermauern Sie diese Erwartungen mit konsistentem Content in Blogs, Publikationen und sozialen Medien. Sorgen Sie dafür, dass man Ihre Agentur als »die Lean-UX-Leute« kennt. Wenn Sie das erste Mal persönlich mit einem Kunden sprechen, sollten Sie ihm erklären, wie Sie mit ihm arbeiten. Wenn Sie das Glück haben, den Kunden zu pitchen, sollten Sie Ihre Arbeitsweise klar und deutlich in der Präsentation darlegen.

Sobald Sie mit der Planung von Aufträgen beginnen, sollten Sie verdeutlichen, wie Sie zusammenarbeiten werden und warum dies für den Aufbau einer kundenorientierten Arbeitsweise so wichtig ist. Wenn der Kunde Fragen stellt, die darauf hindeuten, dass er noch nicht ganz verstanden hat, dass Ihre Agentur kein Outsourcing-Partner für ihn sein wird, unterbrechen Sie den Prozess und gehen Sie ihn noch einmal durch. Es ist äußerst wichtig, dies frühzeitig und oft zu vermitteln, denn sobald der Vertrag unterzeichnet ist, könnte jede radikale Veränderung der Voraussetzungen bei Ihrem Kunden schlecht ankommen.

Niemand will Experimente kaufen

Wenn Sie die Erwartungen an die Zusammenarbeit mit Ihnen definieren, denken Sie an diese wichtige Aussage: *Niemand will Experimente kaufen*. Ihre Kunden wollen Features. Sie wollen Software. Sie wollen Design. Was sie definitiv nicht von Ihnen kaufen wollen, ist ein Experiment. Experimente sind riskant und scheitern gerne mal. Sie sind sicherlich nicht die marktreife Produktionssoftware, die Ihrem Kunden hilft, seinen Marktanteil oder seine Rentabilität zu steigern. Zumindest sieht der Kunde das so.

Als wir unsere Agentur ins Leben riefen, begannen wir in unserem Verkaufsprozess mit der Idee des Experiments. Ein Kunde sagte: »Ich habe 100.000 Dollar, damit Sie eine mobile App für mein Unternehmen entwickeln.« Und wir antworteten: »Großartig! Wir werden 10.000 Dollar davon nehmen, Experimente durchführen und herausfinden, wie wir die restlichen 90.000 Dollar ausgeben.« Unweigerlich sagte jeder Kunde, der dieses Angebot erhielt: »Nein. Verwenden Sie einfach das gesamte Budget, um die App zu entwickeln. Ich kenne mein Geschäft und meine Kunden. Wir müssen nicht experimentieren.«

Dies war ein klares Zeichen dafür, dass wir uns auf dem Markt nicht richtig differenziert, bei den potenziellen Kunden nicht die richtigen Erwartungen geweckt hatten und eher eine Taktik als das gewünschte Endergebnis in den Vordergrund stellten.

Experimente sind ein Teil von Lean UX, aber sie sind nur eine Strategie. Sie sind Teil eines Prozesses, der darauf abzielt, Lernen, gute Entscheidungen und positive Ergebnisse zu erzielen. Unser Verkaufsgespräch mit dem Ergebnis zu beginnen (z.B. »Unser Prozess stellt sicher, dass wir die besten Entscheidungen treffen, um Ihre Probleme im Bereich des mobilen Handels zu lösen«) erwies sich als weitaus erfolgreichere Arbeitsweise.

Sie haben den Zuschlag erhalten! Jetzt kommt die Beschaffungsabteilung ins Spiel

Manchmal machen Sie alles richtig. Ihre Website erzählt Ihre Geschichte. Ihr Verkaufsargument kommt an. Der Kunde nickt mit dem Kopf. Sie kommen ins Geschäft! Sie klopfen sich selbst auf die Schulter und machen sich daran, den Vertrag und Dach und Fach zu bringen – nur um dann den Satz zu hören, den alle Dienstleister fürchten: »Okay, ich werde unsere Beschaffung darauf ansetzen.«

Wenn Sie schon einmal mit der internen Beschaffungsabteilung eines großen Unternehmens zu tun hatten (oder, schlimmer noch, mit der eines Dienstleisters), dann wissen Sie, wie sich das anfühlt. All die Überzeugungsarbeit, die Sie beim Kunden geleistet haben, bedeutet für die Leute, die den Vertrag und die Gelder genehmigen müssen, nichts. Unweigerlich heißt es sofort wieder: »Okay, wir geben Ihnen also 100.000 Dollar. Welche Leistungen erhalten wir noch einmal genau? Und wann?«

Auch dies muss im Vorfeld mit den Kunden abgestimmt werden. Sie sollten von Verträgen mit festem Umfang und auf der Grundlage von Leistungen abrücken. Erstellen Sie stattdessen zeit- und sachbezogene Vereinbarungen oder, noch radikaler, ergebnisorientierte Verträge. Ergebnisorientierte Verträge oder

Verträge mit wertorientierter Preisgestaltung sind selten. Sie sehen eine variable Honorierung vor, die davon abhängt, wie viele Ergebnisse die Agentur erzielen kann. Dieses Risiko gehen Kunden (und Agenturen) nur selten ohne vertragliche Obergrenze ein.

Unabhängig davon, ob Sie sich für eine zeit- und sachbezogene oder eine ergebnisorientierte Vereinbarung entscheiden, das Agenturteam kann seine Zeit auf ein bestimmtes Ziel hin orientieren. Die Kunden geben die Illusion der Sicherheit auf, die ein an Leistungen orientierter Vertrag bietet, gewinnen aber die Freiheit, sinnvolle und qualitativ hochwertige Lösungen zu erarbeiten, die in Form von Ergebnissen und nicht in Form von Feature-Listen definiert sind und die eine bessere Chance haben, die Kunden zufriedenzustellen.

Sie sind kein Outsourcing-Partner mehr

Der Aufbau eines Lean-UX-Prozesses mit Ihren Kunden bedeutet, dass Sie nicht mehr deren Outsourcing-Agentur sind. Sie sind ein Kooperationspartner, der an der Lösung eines Unternehmensproblems arbeitet. Ihre Rolle besteht nicht darin, das Personal des Kunden zu verstärken oder einen Teil des Projekts zu übernehmen, das der Kunde nicht intern erledigen kann. Ihre Aufgabe besteht darin, den Kunden zu einem aktiven Partner in Ihrem Team zu machen. Das muss auch der Kunde verstehen. Er wird an den Besprechungen teilnehmen. Er wird regelmäßig in die Entscheidungsfindung einbezogen. Er wird sich an der Produkterkundung beteiligen. In unserer Agentur haben wir nur sehr wenige Entscheidungen über die Priorisierung des Produkt-Backlogs getroffen. Dies lag ausdrücklich in der Verantwortung des Kunden. Die einzige effektive Möglichkeit bestand für ihn darin, bei den Daily Stand-ups anwesend zu sein, gemeinsam mit dem Team an dessen Lernaktivitäten teilzunehmen und zu Status-Updates und Entscheidungsfindungsmeetings zu kommen. Wir gingen noch einen Schritt weiter und bestanden darauf, dass der Kunde für die Dauer des Auftrags in unserem Studio untergebracht wurde. Warum? Um ihn von den täglichen Ablenkungen zu befreien, ihn in einen kreativen Raum zu versetzen und daran zu erinnern, dass wir als Team zusammenarbeiten.

Diese Erwartungen an die Beziehung müssen in Ihrem Vertrag festgehalten werden. Ihr Kunde muss sich zu diesem hohen Maß an Engagement verpflichten, wenn Lean UX funktionieren soll. Denken Sie daran, dass es Ihr Ziel ist, ein gemeinsames Verständnis aufzubauen. Wenn der Kunde bei der Erkundungsarbeit, der Synthese und der Entscheidungsfindung nicht anwesend ist, müssen Sie alles für ihn dokumentieren, zur Genehmigung weiterleiten und auf das Feedback warten, bevor Sie fortfahren. Und damit wären wir wieder bei der traditionellen Arbeitsweise einer Agentur angelangt.

Wir hatten einmal einen Kunden aus dem Finanzdienstleistungsbereich, der allen unseren Bedingungen für die Zusammenarbeit zustimmte. Er unterzeichnete den Vertrag und sie richteten sich sofort in unserem Büro ein. Sie brachten Windows-Rechner mit (hey, wir waren ein Mac-Studio) und versuchten von Anfang an, ihre Kultur bei uns aufzubauen. Sie schufen jedes nur erdenkliche Hindernis, um uns davon abzuhalten, mit ihren Kunden zusammenzukommen. Sie schränkten unseren Zugang zu den Deployment-Servern ein und hinderten uns eigentlich daran, die vertraglich vereinbarte Aufgabe zu erledigen. Nach acht Wochen hoben wir die Hand, um den Prozess zu unterbrechen. Wir trafen uns mit dem Kunden und brachten unsere Besorgnis zum Ausdruck, dass die Arbeitsweise, auf die wir uns geeinigt hatten, auf heftigen Widerstand stieß. Der Kunde sagte uns, dass er es nicht ändern könne. Wir schlossen alles in den nächsten zwei Wochen sauber ab und kündigten den Vertrag mit dem Kunden. Es ging nicht darum, dass wir nicht so weiterarbeiten konnten, wie sie es wünschten. Vielmehr riskierten wir in diesem Fall, unser Team aufgrund des Verhaltens des Kunden zu verlieren. Das war für uns inakzeptabel.

Ein kurzer Hinweis zu Entwicklungspartnern und Dienstleistern

In Agenturbeziehungen werden Softwareentwicklungsteams (entweder in der Agentur, beim Kunden oder als Drittpartei) oft als Außenseiter behandelt und erst am Ende einer Designphase hinzugezogen. Das müssen Sie unbedingt ändern: Die Entwicklungspartner müssen während der gesamten Projektdauer beteiligt sein – und nicht nur als passive Beobachter. Stattdessen sollten Sie so früh wie möglich mit der Softwareentwicklung anfangen. Auch hier geht es darum, eine tiefgehende und sinnvolle Zusammenarbeit mit dem gesamten Projektteam zu schaffen – und dazu müssen Sie tatsächlich Seite an Seite mit den Entwicklern arbeiten.

Dienstleister in der Softwareentwicklung stellen eine große Herausforderung für Lean UX dar. Wenn ein Teil Ihrer Aufgaben an einen Dienstleister ausgelagert wird – unabhängig vom Standort des Anbieters –, ist die Wahrscheinlichkeit größer, dass der Lean-UX-Prozess scheitert. Das liegt daran, dass die vertragliche Beziehung zu den Dienstleistern die für Lean UX erforderliche Flexibilität erschweren kann.

Wenn Sie mit Dienstleistern zusammenarbeiten, sollten Sie versuchen, Projekte auf der Grundlage von Zeit und Material zu erstellen. So können Sie eine flexible Beziehung zu Ihrem Entwicklungspartner aufbauen. Dies ist notwendig, um auf die Änderungen zu reagieren, die Teil des Lean-UX-Prozesses sind. Denken Sie daran, dass Sie Software entwickeln, um zu lernen, und dass dies zu Planänderungen führen wird. Kalkulieren Sie diese Änderungen ein und strukturieren Sie Ihre Beziehungen zu Dienstleistern entsprechend.

Denken Sie bei der Auswahl von Dienstleistern daran, dass viele eigenständige Entwicklungsunternehmen auf die Produktion ausgerichtet sind und Nacharbeit eher als Problem denn als Lernmöglichkeit betrachten. Wenn Sie Partner für Lean-UX-Projekte suchen, sollten Sie nach Teams Ausschau halten, die bereit sind, zu experimentieren und zu iterieren, und die den Unterschied zwischen Prototyping zum Lernen und der Entwicklung für die Produktion klar verstehen.

Fazit

Die Arbeit in einer Agentur bringt andere Herausforderungen für die Umsetzung von Lean UX mit sich. Denken Sie daran, dass dies für Ihre Agentur ebenso ein kultureller Wandel ist wie eine Änderung des Unternehmensmodells. Es ändert sich nicht nur die Art und Weise, wie Sie verkaufen, sondern auch, wie und wen Sie einstellen. Sie müssen Ihren Kunden unbedingt klarmachen, dass Ihre Arbeitsweise ihre Vorstellung von der Zusammenarbeit mit einer Agentur infrage stellen wird. Ein wenig Kreativität und eine Prise Vertrauen können den Vertrags- und Beschaffungsprozess erfolgreicher machen. Schließlich ist ein schlechter Kunde ein schlechter Kunde, unabhängig davon, wie Sie zusammenarbeiten. Die Gewährleistung der Integrität Ihres Teams hat oberste Priorität.

Abschließende Worte

Nach dem Erscheinen der ersten Auflage von Lean UX freuten wir uns über das Feedback der Leserinnen und Leser. Schließlich geht es bei Lean UX darum, den Nutzern zuzuhören – wir wollten also verstehen, was die »Nutzer« des Buchs zu sagen hatten. Sie hatten *viel* zu sagen (herzlichen Dank!), aber ein Thema kristallisierte sich aus allen anderen heraus und hat sich über die Jahre hinweg hartnäckig gehalten. Dieses Thema hat mit der Notwendigkeit zu tun, Organisationen und Prozesse zu entwickeln, die diese Arbeitsweise wirklich umsetzen können.

Wir wissen, dass die Arbeit mit Lean UX Veränderungen notwendig macht. Was uns erst mit dem Leser-Feedback klar wurde, war, dass die Veränderungen in zwei Kategorien fallen: Veränderungen, die die Leser selbst vornehmen können, und Veränderungen, die die Beteiligung von Führungskräften erfordern – Führungskräfte, die vielleicht keine Veränderung wollen, aus welchen Gründen auch immer.

Unsere Leser erklärten: *Ja, bestimmte Veränderungen können wir selbst herbeiführen, aber bei anderen müssen wir uns darauf verlassen, dass sich die Einstellung unserer Führungskräfte ändert. Wir müssen nicht nur uns selbst ändern, sondern auch die Funktionsweise unserer Firma.*

Die Veränderung einer Organisation, selbst einer kleinen, ist eine große Herausforderung. Es ist eine Herausforderung, für die es den meisten Designern und Produktverantwortlichen an Ausbildung oder Erfahrung mangelt. Selbst Menschen mit Erfahrung in der Organisationsentwicklung wissen, dass es schwierig ist, Unternehmen zu verändern. Sie fühlen sich damit also möglicherweise überfordert. Und genau das haben wir von unseren Lesern gehört. Sie wollten wissen, wie sie etwas verändern können, und sie wussten nicht, wo sie anfangen sollten. Sie suchten Hilfe.

Ziemlich blöd, was?

Nun gut – dieses Kapitel soll Sie nicht deprimieren. Wir glauben fest daran, dass Menschen, Teams und Unternehmen sich verändern können. Mehr noch: Wir glauben, dass Sie Lean UX nutzen können, um diese Veränderungen zu erreichen! Wir helfen Teams nicht nur beim Erlernen von Lean UX, sondern haben in den Jahren seit dem Erscheinen der ersten Auflage auch an solchen Transformationsproblemen gearbeitet, und wir haben aus erster Hand gesehen, dass Veränderungen möglich sind.

Das Warum und Wie und Wo der organisatorischen Umgestaltung würde den Rahmen dieses Buchs sprengen, aber wir möchten Ihnen einen Ausgangspunkt bieten.

Das Produkt macht das Produkt

Um es mit den Worten unseres Freundes Barry O'Reilly auszudrücken, ist eine Produktentwicklungsorganisation »das Produkt, das das Produkt macht«. Mit anderen Worten: Sie können die Organisationsentwicklung oft mit denselben Werkzeugen angehen, die Sie auch für die Produktentwicklung verwenden. Und wir sind fest davon überzeugt, dass Sie die Methoden von Lean UX im Dienste der Organisationsentwicklung einsetzen können.

Was möchten Sie in Ihrer Organisation verändern? Können Sie die Veränderung im Hinblick auf das angestrebte Ergebnis beschreiben? Vielleicht möchten Sie die Zusammenarbeit in der Forschung verbessern. Ihr Ergebnis könnte sein: Stellen Sie bei künftigen Forschungsprojekten sicher, dass jedes Teammitglied an mindestens einem direkten Kundengespräch teilnimmt. Oder vielleicht wollen Sie die Art und Weise verändern, wie Ihrem Team Aufgaben zugewiesen werden. Ihr Ergebnis könnte sein: Im nächsten Quartal wird die Hälfte unserer Projekte durch ein Nutzerergebnis und nicht durch eine Funktionsliste definiert.

Wissen Sie was? Sie verwenden Lean UX! Wie werden Sie nun diese Änderungen vornehmen? Nun, Sie werden eine Reihe von Experimenten durchführen wollen, bis Sie den richtigen Weg finden, Ihr Ziel zu erreichen. Betrachten Sie diese Experimente als *Minimum Viable Process*.

Auch wenn Sie die Arbeitsweise Ihrer Organisation nicht komplett ändern können, hält Sie nichts davon ab, eine kleine Gruppe von Kolleginnen und Kollegen zu gewinnen und die Werkzeuge von Lean UX zu nutzen, um die Organisation zu schaffen, die Sie sich wünschen. Sie werden neue Dinge (wie Arbeitsprozesse) für neue Menschen (Stakeholder, Kollegen, Mitarbeitende) entwerfen müssen, aber das können Sie doch, oder? Ja, das können Sie.

Wir haben uns sehr gefreut, dass so viele Teams diese Methoden im Laufe der Jahre übernommen haben, und wir sind überzeugt, dass Sie das auch können. Und wie immer freuen wir uns darauf, von Ihnen zu hören. Viel Glück auf Ihrer Lean-UX-Reise, und lassen Sie uns wissen, wie es läuft!

Wie wir zu Beginn dieses Buchs geschrieben haben: Bitte halten Sie Kontakt zu uns und teilen Sie uns Ihre Gedanken mit. Schreiben Sie uns unter *jeff@jeffgothelf.com* und *josh@joshuaseiden.com*. Wir freuen uns immer, von Ihnen zu hören.

Index

Z